正道・法治

——寫在黎明之前

陳文敏 著

目錄

II 《基本法》篇

III 專題篇

IV 法庭篇

V 民主篇

VI 佔中篇

VII 中國篇

自序

二〇〇三年，董建華政府提出就第二十三條立法，機緣巧合，我和一班朋友走在一起，大家都對這條法例深感憂慮。由於涉及的條文相當複雜，作為法律界的一份子，我們認為有責任向公眾解釋相關的法例和我們的憂慮。我的這班朋友包括張健利、湯家驊、余若薇、李志喜、梁家傑、吳靄儀、戴維斯教授及陸恭蕙等，其後我們為這個團隊改了一個名字，叫做「二十三條關注組」。

我們就各自專業範疇所涉及的各項議題，提出我們的擔憂和建議，並於整理後透過深入淺出的文字，以單張的形式向公眾發布。陸恭蕙將這些單張以七種顏色印刷，一套七份，稱之為「彩虹單張」。我們團隊更親自到社區派發這些單張，在當時大律師走入人群，在街上派發傳單還屬首次，引起社會不少的關注。由於我們這群人包括五位前大律師公會主席及多名資深大律師，他們的法律意見具一定的份量，有些傳媒甚至形容「二十三條關注組」為最具影響力的非政府組織。

二〇〇三年七月一日，五十萬人上街反對第二十三條修例，但董建華政府堅持進行立法程序，直至自由黨黨魁田北俊倒戈，政府失去立法會內自由黨的八票，以致沒有足夠票數通過修訂後，政府才決定撤回修例。

歷史似乎不斷重演，十六年後，林鄭政府面對一百萬人上街仍堅持推動《逃犯條例》的修訂工作。只是，這一次再沒有自由黨的倒戈，市民只能靠建制以外的抗爭逼令政府撤回《逃犯條例》的修訂，但社會亦付上了沉重的代價，修例風波至今仍未平息。二〇一九年十一月舉行的區議會選舉中，建制派幾乎全軍覆沒，再次證明選舉制度仍然是一個有效表達民意的方法，以選票爭取議席，有足夠的議席便足以左右大局，這是民主制度的遊戲規則。街頭抗爭可能爭取得一時的勝利，卻無法達成長治久安。要改變現狀，始終要從制度着手，改變才能持久。

二〇〇三年一役後，《明報》決定開設一個名為「法政隨筆」的專欄，邀請「二十三條關注組」的成員每人輪流每星期寫一篇專欄文章。我一寫便是十六年，早年的文章部分收錄在《法政敏言》及《翰林隨筆》兩書之內，但近十年的文章則疏於整理，今年正值六十歲退休之年，覺得是時候梳理這些文章。原先是打算將這些文章全收錄於一本書內，但十年的文章涉獵範圍相當廣泛，最終在明報出版社的支持下，決定分別出版兩本書。第一本《正道．大學——寫於風雨之後》已於早前出版，書內集中談及我在大學三十多年的教學雜感和曾經歷的風風雨雨。

這本書則主要談論法治和香港法制面臨的困境，大部分的文章均經過修飾，不少部分是新增或改寫的文章，除令讀者可以對一些具爭議的案件及社會事件有多一個角度的了解，亦希望透過這些評論，可以加深讀者對法治和本港法律制度的認識。

全書共分為七部分：第一部分為「法制篇」，希望為讀者提供一些法制的基本知識，尤其着重司法獨立的問題。第二部分為「《基本法》篇」，當中涉獵一些相當具爭議的問題，例如人大釋法及釋法所應受到的限制、人大釋法的追溯力、三權分立及第二十三條立法的憲制責任等。第三部分為「專題篇」，集中討論一些特定議題，如學術自由、「一地兩檢」和公民抗命，亦有一個專門系列，反思《逃犯條例》風波的前因後果。第四部分為「法庭篇」，討論一些有趣或值得反思的案件，從中檢視我們的法律制度。第五部分為「民主篇」，談到香港的核心價值如廉潔及良好管治，對歷任特首的評價，及從法律角度看何謂民族自決等。第六部分的「佔中篇」，由佔中事件談到《逃犯條例》風波，當中特別收錄部分在佔中期間發表的文章，作為歷史的紀錄，亦為自己當日對佔中問題看法作存檔。佔中和《逃犯條例》風波有不少相同之處，回顧當日對佔中的評論，不少建議在今天仍然適用。政府沒有在佔中事件中汲取教訓，才會造成《逃犯條例》的軒然大波。最後一部分為「中國篇」，當中對一些具爭議的案件如「劉曉波案」的判詞作出評論，從中探討中國當前的法治問題。「南海仲裁案」、「孟晚舟案」，以至中國對《聯合聲明》的看法，均顯示中國對法制問題的處理仍相當不成熟。今天的中國已富強起來，但要成為一個令人尊重的泱泱大國，而非淪為一個恃財橫行的暴發戶，中國在法治的發展和對法律的尊重方面，還有很長的路要走。

此書得已出版，還要感謝明報出版社的大力支持，特別是周詩韵小姐與明報出版社的同事在編輯方面的協助及對我的忍耐，並借此感謝同事鄭惠敏小姐及高國研女士多年來協助處理《法政隨筆》專欄的文章。

由風雨至黎明，太太和女兒一直默默支持，謹將這兩冊書獻給她們，謝謝她們與我風雨同路，更感謝女兒靖欣為此書設計封面，封面照片是我們當日一起在石澳石灘等待黎明時她拍攝的。

陳文敏

二〇一九年十一月

獻給

家玲

靖欣

I 法制篇

對權力的約制，正是法治的核心。這些制約，建基於對人的尊嚴和基本權利的尊重。沒有這些約制，法律只會淪為赤裸裸的權力，法治亦無從談起。

二 法律的分類

一般人知道醫生分普通科和專科，專科中又再細分腎科、心臟科、腸胃科、耳鼻喉科、眼科等等，幾乎每個器官均有專科。相對而言，大部分人對律師行業的認識便較有限，可能只知有事務律師與訟務律師（亦稱為大律師），當中有些是出庭代表當事人，有些是專責房地產或處理商業文件等，對於法律本身的分類印象更是模糊。

大體而言，法律可分為公法與私法兩大類。公法是泛指個人與政府或社會的關係，對政府在行使權力時作出的規限，例如市民熟悉的司法覆核便屬公法的範圍。其他公法包括憲法、行政法、刑法、稅法等。私法則泛指人與人之間的權利與義務，也包括政府與私人之間的民事關係，例如合約法、侵權法、信託法、公司法、物權法、勞工法、保險法、銀行法、家事法等等。

此外，法律又可分為國際法與國內法，國內法一般指在同一主權國內的法律，處理的是主權國內的法律問題。國際法則泛指跨越一個國家或法域的法律，例如涉及領空、領海、國際電訊，甚至外太空的法律。國際法又可分為國際公法與國際私法，前者涉及國家與國家之間，或國家與國際機構之間如聯合國或歐盟的關係的法律，政治色彩較濃的有涉及國家主權的爭議，領海的範圍，外交豁免權等，例如國際法庭對新加坡與馬來西亞就一系列島嶼的主權爭議的判決，或處理違反人道罪行如種族清洗的刑事法院。國際私法則主要涉及跨國之間的民事紛爭，當中較重要而又經常出現的，是法律衝突的問題，這是指當兩個或以上的法域原則同時適用時，如何解決不同法例之間的衝突的原則。例如，在海外訂立的婚姻是否受香港法律所承認，或香港人過身後在海外的遺產處理等。香港作為國際金融中心，幾乎所有涉及海外資產或海外投資者的業務均會遇上法律衝突的問題。由於國際間所有主權國均享有平等地位，國際法沒有凌駕於主權國的國際法院或國際警察，任何國際法院或機構須獲得有關國家的同意才能對該國行使管轄權，因此有些人認為國際法相當脆弱。對於一些非常具爭議的國際糾紛，這種觀感是無可厚非，但就如在任何國家，守法的情況總多於違法的事件，在國際關係上，同樣是遵守國際法的情況遠多於違法的例子，若航空公司不遵從協定航道，或國家電訊機關不理會國際間對電訊頻道的分配，國際秩序便會大亂。即使在戰爭期間，國際法仍有規管，例如對醫療機構，重大影響平民的水利設施，或對傷兵和平民的待遇等均有規管，而且在絕大部分的情況下均受涉及的國家或衝突各方所尊重。

然而，這些皆只屬基礎的法律知識，在日新月異的商業環境下，律師的專業也愈來愈細分。於是，法律學院為增強學生的競爭力，便得在課程中增加一些較專門的學科，例如仲裁與調解、金融與上市、知識產權法等。全球一體化的趨向，除令法律教育的趨向專門化外，亦令法律教育得在專業的基礎上兼顧法律與道德、倫理、宗教、政治、經濟、社會，甚至與文學等的關係，以擴闊學生的學識與視野。

二

法治

「法治」相信是近年來最常聽到的一個詞彙，但對不少人而言，這仍是個很模糊的概念！

法治是對權力的一種制約，它既是一個制度，也是對行使權力的法律規範。故此，它既適用於政府，亦適用於所有行使公權的機構。權力令人腐化，絕對的權力則令人絕對腐化，因此，法治要求以法律規範權力，政府和執法者的權力必須有明確的法律依據，而且這些法律必須是公開透明的，這就是為何立法會通過的法律要在刊憲後才生效的原因，刊憲令公眾知悉法律的內容，知法才能守法，這對帶有懲罰性的法律規範尤為重要，公眾得知曉法律的規範才不會誤墮法網；同樣地，在公營機構以程序守則規範員工的行為，法治便要求有關的程序守則必須清楚列明，不能在事後才訂出一些含糊不清的準則對員工作出譴責。

要避免濫權，法治要求掌權者公平合理地行使法律賦予的權力。於是，警察行使拘捕的權力必須基於合理的懷疑，向疑犯盤問的權力不包括使用暴力逼供。當掌權者作出一些影響他人生計或聲譽的決定前，必須給予受影響人士陳詞答辯的機會。例如在「周庭案」中，選舉主任沒有給予周庭機會提出辯解便取消她的參選資格，法院便以違反程序公義的理由推翻選舉主任的決定。程序公義還包括向受影響人士披露一切相關的資料，若掌權者只向受影響人士選擇性地披露資料，便可構成程序不公義。當受影響人士作出答辯後，掌權者還須認真考慮這些陳詞，包括要有足夠時間作考慮而非倉促草率作出決定，若最後決定不接受這些陳詞，法治要求掌權者作出解釋，讓公眾及受影響人士可以判斷掌權者有沒有濫用權力。

法治對行使權力的程序有嚴謹的要求，例如掌權者必須公平公正地作出決定。若法官在開審前已表示被告有罪，便違反自然公義的原則。同樣地，公共機構或其成員在未考慮有關文件前已宣告其取態，也同樣違反自然公義的原則。現今不少行政決定是由一個委員會作出，委員會成員的變更亦會影響裁決的公平，就如法庭審案不能由一個法官聽審卻由另一位法官作判決，過往的案例便曾指出，若參與裁決的委員並沒有參與前期的調查或沒有聆聽相關的陳詞，而他們的缺席並不能依賴事後閱覽文件作補足，例如在缺席時正值證人作供而有關決定須取決於對證人的誠信的評估，或這部分涉及相當複雜的事實或證據，那裁決便可因部分成員的缺席而被推翻。

在法治社會中，沒有絕對的權力，也沒有任何人或機構可以凌駕法律之上。對權力的約制，正是法治的核心。這些制約，建基於對人的尊嚴和基本權利的尊重。沒有這些約制，法律只會淪為赤裸裸的權力，法治亦無從談起。而對權力的約制，亦正是中港兩地法制最大差異的地方。

二

司法獨立

在法治的社會，立法機關負責制訂法律，行政機關負責執行法律、制訂和落實政策，但當人們就其權利或義務發生爭執時，解決紛爭的角色便落在司法機關身上。市民是否願意接受法院的裁決，很大程度取決於法院能否不偏不倚地作出裁決。司法獨立，在涉及政府的民事訴訟和刑事檢控中尤其重要。法院不是政府的喉舌或工具，亦不會針對政府。政府享有公權和龐大的資源，獨立的法院在訴訟中扮演平衡政府與市民的利益的角色，既要維護公眾利益，亦要保障個人的權利和自由。司法獨立確保政府不會濫用權力，逾越法律的規限。沒有司法獨立，法治便難以彰顯。

香港享有司法獨立，法院亦普遍受到市民的尊重和信任，儘管近日法院有些判決頗具爭議，但這是絕對正常的。正因為司法獨立，法院不可能每一個判決都會為不同政見人士所接受，在衡量司法是否獨立，更重要的是法院的理據是否站得住腳，在判決的過程中沒有受到任何法庭以外的因素影響，而非判決的結果是否符合我們的政治理念。就正如我們不應因為某位法官輕判一位社運人士，便認為該法官是有黃絲背景，我們同樣地不應因為某位法官重判社運人士，便認為該法官是受到政治壓力。我相信我們法院的每一位法官都是堅守法治，獨立無畏地執行公義。

然而，法院能堅守司法獨立並不表示司法獨立沒有受到壓力。在行政、立法和司法三權當中，行政機關手握行政和執法大權，立法機關掌管立法和財政，司法機關則是最脆弱的一環。它既不掌握財政大權，亦不指揮軍政機關。它沒有民意的授權，卻可以裁定有民意授權的立法機關所通過的法律違憲。它要依賴行政機關去執行判決，卻同時可以裁定行政機關的行為違法。法院所能依賴的，只有其獨立和不偏不倚的立場，以公開的程序作出公平的裁決，以其公正和獨立的道德力量，面對來自不同方面的壓力。司法獨立並非必然，並且不斷受到挑戰，並須靠公民社會來捍衛。就正如前終審法院首席法官李國能指出，我們必須時刻保持警覺，不要讓司法獨立受到侵蝕。

當政府不再尊重法治時，司法獨立是難以維繫的。馬來西亞是一個普通法國家，秉承司法獨立的傳統。在上世紀八十年代，法院曾在多宗司法覆核案中判政府敗訴，結果觸怒了政府，首相決定召開聆訊委員會罷免首席法官。首席法官不服，提出司法覆核。最高法院召開緊急聆訊，裁定啟動罷免的決定違法及無效。政府一怒之下，再罷免最高法院五名法官。首席法官最終遭罷免，而主持聆訊委員會的法官則獲任命為繼任的首席法官。

人大釋法和司法獨立便存在一定的矛盾。在尊重一國的大前題下，我們接受人大常委會對《基本法》有最終的解釋權，其釋法亦對香港的法院具約束力。但若行使這權力時沒有同時兼顧兩制的分別，在法院審理案件期間人大對法院要處理的問題作出釋法，那就儼如由一個政治機關指示法院應該如何判案，司法獨立便無從說起。故此，人大就「宣誓案」所作的釋法，便嚴重蠶蝕和破壞香港的司法獨立。當時案件正由法院處理當中，律政司司長沒要求人大釋法，並公開表明香港的法院有能力處理宣誓的爭議，案件亦沒有任何迫切性或嚴重影響國家的利益，但人大仍匆匆趕在法院作出判決前夕通過釋法，意圖影響法院的判決。

在「剛果案」後，新加坡隨即向國際社會表示，新加坡沒有人大釋法，商界大可選擇新加坡作為仲裁和解決商業紛爭的法域。「剛果案」尚且涉及主權國的豁免權和中國在非洲的龐大經濟利益，「宣誓案」不論在深度和廣度方面的影響，均遠不及「剛果案」，但人大仍然決定以釋法來影響法院的判決，那商界和國際社會又如何能相信人大在以後不會隨便行使釋法權來影響香港的司法獨立？人大當然有權釋法，但若果人大不約束它自己的權力，香港的司法獨立將會面對嚴峻的挑戰。

二
司法獨立與法官任命

上一章談到司法獨立的重要性，司法獨立是法治的基礎，也是香港賴以繁榮的基石，更是一國兩制中兩個制度的最大分別。自回歸以來，法官一直享有崇高的地位，亦普遍受到社會人士和政府的尊重。但司法獨立是怎樣維繫的？當然，法官的個人質素與操守極為重要，但制度上的配合同樣重要。在普通法內，法官多來自具豐富執業經驗的大律師，他們一般在行內已頗負盛名，個人色彩比較濃厚，不易為其他人影響或容易受到壓力。法院審訊一般均公開進行，受公眾人士和傳媒的監察，法官的判詞更須詳細解釋判決的理由，這皆有助保障司法獨立。

司法獨立包括法院不受外來的壓力，如其他政府機關或有影響力人士的壓力，亦包括不受來自法院內部的壓力。判案的權力在主審法官，即使是法院院長或首席法官亦不能干預主審法官的判決，若對主審法官的判決不滿，只能透過上訴推翻原判。

為避免來自內部或政府的壓力，法官的任命和升職，均取決於一個獨立的司法人員推薦委員會的推薦。委員會主席由終審法院首席法官出任，成員包括律政司司長，兩名高等法院以上的法官，兩名分別由兩個專業團體推薦的律師和大律師，及三名由特首任命的公眾人士。委員會一共九名成員，任何任命必須獲至少七票才能通過。換言之，要成功推薦一個任命絕不容易，但三名由特首任命的非法律界人士卻可以左右一位受所有法律界人士推薦的任命。筆者在多年前已曾指出，非公眾人士的數目應減為最多兩名，若公眾人士反對任命，最少須得到另一位法律界人士的支持。早前梁振英政府曾建議所有公職或諮詢架構的任命須通過由他任命的中央政策組全職顧問高靜芝，這建議絕不可取，尤其涉及司法人員推薦委員會的成員。司法人員的任命直接影響司法獨立，任命和升遷權一旦失去其獨立性，司法獨立則危矣！

二

法官的來源

香港實行普通法制，這法制的主要特色是以法院為中心。法院對維持法治和推動法制發展至為關鍵，它不單是解決糾紛的地方，法院在判詞內所確立的原則和理據，更會成為法律的一部分。普通法內一些根基的法律領域如合約法、侵權法、信託法、平衡法，以至行政法等，均主要由判例的原則所組成。即使是成文法，法院對條文的解釋，演繹和應用，往往可以澄清法律的意思，填補法律上的空隙，或進一步推展法例的領域。由於法院的角色舉足輕重，普通法對法官的質素的要求便非常嚴謹。

歐陸法制（包括內地）的法官主要由司法學院培訓，學員畢業（一般相當於大學學位）後便可獲聘為法官。歐陸法制下法院的角色以解決紛爭為主，沒有太大的空間發展法律原則。普通法制的法官則主要來自執業律師，需要有一定的執業和人生經驗，而高等法院或以上的法官，一般均有十五至二十年的執業經驗，傳統上不少已是資深大律師，在專業界別內早已享負盛名。這種來源，加上獨立的任命制度，令司法界得以維持極高專業質素的法官，但同時亦意味法官只有一個頗狹窄的來源，這問題在較細小的法域如香港便顯得更為嚴重。

香港人口超過七百萬，律師只有約一萬，當中只有千多名訟務律師，而且不少年資尚淺。資深大律師則只有近一百名，故可供選擇，有能力和願意出任法官的合資格人士並不太多。以往香港會在其他普通法地區招聘法官，不少海外法官來港後在香港長期定居，為香港作出貢獻。回歸以後，香港漸漸不再在海外招聘法官（除終審法院的海外法官）。近年司法界開始出現法官人手不足，以致案件排期的時間愈來愈長，排期動輒是一年以上。案件積壓，工作量大，亦令一些有意加入司法界的人士望而卻步。有法官便曾打趣地說，他們的工作條件很好，每星期有兩天寫判詞，即周末和周日！近日司法界增加薪酬和延遲退休年齡是可取的方向，但對有資格出任法官的人士，薪酬往往並非最重要的考慮。在積極主動招攬人才時，是否也該重啟海外招聘，不要拘泥國籍，而是貫徹用人唯才的原則？

二

法官的素養

近年案件候審的輪候時間愈來愈長，究其原因，一方面是案件的數量增加；二是沒有律師代表的與訟人愈來愈多，他們對司法程序的認識，較好的是一知半解，較具挑戰性的則是一無所知，以致法院得花上不少時間解釋程序和要求，因而大幅拖慢訴訟的進度。三是法官人手不足，不足以應付與日俱增的案件。法院近年已着手簡化程序，鼓勵以調解解決紛爭，但法官人手未見顯著增加，案件積壓的情況亦未見改善！

普通法制度對法官的要求十分嚴謹，除法律學養之外，對個人的操守亦有極高的要求。一來普通法制度是以法院為中心，法官的質素直接影響法制的質素和普通法的發展。二來為保障司法獨立，地方法院及以上的法官的任命是終身制的，除非法官嚴重失職或因身體狀況無力履行職務，否則不能被罷免。高等法院的法官，除由法院內部晉升外，主要是從經驗豐富，聲譽良好的執業訟務律師中任命，這對法官的專業質素有一定的保證。然而，好的訟務律師並不一定適合當法官，好的法官必須願意聆聽，儘管在閱覽文件和書面陳詞後法官對案件可能有些初步的看法，但他必須把持開放的態度，願意被說服。故此，主觀意識太強或缺乏耐性聆聽的人士並不適合當法官。此外，為保障司法獨立，司法界一般不會任命曾經從政的律師，泛民陣營中便有多位出色的資深大律師，從政亦意味他們難以獲司法任命。

司法獨立亦意味法官需與各界保持一定的距離，以前法官不能在判詞外抒發任何意見。英國著名法官丹靈勳爵（Lord Denning）在七十年代著書立說，解釋一些他的判詞，一度被視為離經叛道。今天，不少法官均願意在大學就法律問題作演講，但對其他問題，法官一般仍不會表示任何意見。

司法獨立不單要求法官獨立判案，並要求法院的超然獨立能向公眾彰顯。故此，當案件在審訊期間或在判決前，法官一定不能私下與訴訟任何一方單獨會面或傾談。曾聽過一些內地朋友說，打官司時律師可直接打電話或發電郵聯絡法官討論案件，這在香港是絕對不可能的。記得有一次出席一位朋友的私人晚宴，在坐者包括一名法官，另一位獲邀出席晚宴的大律師剛好在代表一宗由該位法官主審的案件，該名大律師抵步後馬上向主人家解釋，並在致歉後離席！在另一次朋友的家庭聚會中，主人家邀請了近五十名嘉賓，當中有名大律師所代表的個案已審結但仍待法官的判決，但當晚大家均分別要求主人家將他們安排於不同席桌，而整晚兩人均沒正面交談。

即使是公眾場合，碰面有時無可避免，但大家仍會主動迴避對方，或避免談及相關案件。為免瓜田李下，法官一般會減少出席社交場合。故此，法官的生活是較單調的，喜歡社交的律師對這種生活可能會望而卻步。我們制度還規定，地院以上的法官離開司法界後不能重返律師或大律師行業。故此，出任法官對律師和大律師而言是一項榮譽，也是一條不歸路。

二 透明的英國最高法院

香港終審法院於二〇一五年九月遷往舊立法會大樓，舊立法會大樓前身本就是高等法院，大樓頂部豎立的正是正義女神像。蒙眼的女神一手執劍，一手持天秤，象徵法律的權威和公平。終審法院重回娘家，座落中環的中心地帶，正好反映法治在特區的重要性。

前一陣子參觀英國最高法院，對它的設計留下頗深刻的印象。英國數百年來均以上議院法院為終審法院，雖然這法院的權威和獨立性均毋庸置疑，但畢竟制度上它仍屬上議院的一部分，令人感覺司法並不獨立。二〇〇五年，上議院法院終於脫離國會，並易名為最高法院。法院亦遷離國會，新居座落於西敏寺旁一座獨立的新歌德式古典建築內。法院樓高三層，只有三個法庭，地下第三號法庭為樞密院司法委員會的居所，它原址在唐寧街，這是九七年前香港的終審法院，現今仍是約二十多個地區的終審法院。二樓第一號及一樓第二號法庭為英國最高法院。第一號法庭的設計儼如一會議室，法官席為一列半圓的長桌，律師席則在另一邊的半圓長桌，雙方的距離相當接近，並在同一高度，不像傳統法院法官席較高，予人有點高高在上與群眾保持距離的感覺。第二號法庭更採取透明玻璃牆設計，寓意法院的運作高度透明，而最高法院的大部分審訊均透過電視轉播或由網上直播，進一步減低法院的神秘感。一些極具爭議的案件如英國脫歐案及首相延長國會休假案，市民均可透過直播，觀看審訊過程及聆聽雙方的陳詞和理據，大大增加市民對法院判決的認受性。

法院低層設有咖啡座和展覽館，展覽館除介紹法院歷史外，更有一互動系統介紹法院的一些重要案例。參觀者先在電腦屏幕選擇欲瀏覽的案件（如安樂死），屏幕會依次介紹案情撮要，法院要裁決的問題，相關的法律，然後參觀者可選擇如何裁決，跟着是法院的裁決和理據，參觀者選擇的裁決可能與法院吻合，也可能只與持反對意見的法官的意見相同。系統還可播出法官宣讀相關判詞的片段，這是上佳的普及法律知識的途徑，而且法院全面對外開放，肩負普及法律的功能。相比之下，香港終審法院的設計較莊嚴肅穆，但卻予人有點冰冷和令人望而卻步的感覺。英國最高法院那種走入人群的取態，值得香港終審法院借鏡。

二 海外法官

終審法院最近任命兩位海外法官，分別是加拿大和英國首位女性首席法官。在出任法官前，兩位均曾在大學法律學院任教。

何熙怡女男爵（Lady Hale）出身於英國北部一個小康之家，於英國劍橋大學畢業後，成為大律師，並在曼徹斯特大學任教近十八年，一九八九年獲委任為御用大律師。她至今獲無數次「首位」：首位女性法律改革專員，首位上議院法庭的女性上訴法院常任高級法官（Lord of Appeal in Ordinary，亦是至今唯一一位），首位英國最高法院女性首席法官。數年前她在港大法律學院作座談演講，當時我是主持。個子矮小的她，為人隨和，打扮樸素，坦率直接，她主張法官多元化，給我留下深刻的印象。

麥嘉琳法官（Justice McLachlin）也是在執業數年後轉投學術界，在英屬哥倫比亞大學任教七年。一九八一年她開始長達三十六年的司法生涯，於二千年成為加拿大首位女性首席法官，並為任期最長的首席法官。她獲獎無數，包括三十一所大學的榮譽博士學位。麥嘉琳法官溫文爾雅，剛直敢言，熱愛文學，在出任法官前她剛完成一本懸疑小說的首稿，但因出任法官而放棄，直至二〇一八年卸任後才完成並出版。

在普通法制度下，首席法官地位顯赫，上述這兩位女士都是蜚聲國際的法官，難得她們願意出任終審法院非常任法官，這是正面肯定香港司法制度在國際間的地位。事實上，終審法院每一位海外法官均聲名顯赫，難得她們願意出任終審法院的海外法官，為香港作出貢獻。一些無知之徒和議員還在質疑香港是否需要海外法官和這兩位法官是否合適。坐井觀天，曰天小者，非天小也，其所見小也！

二 律師行業

中國有幾千年的歷史，但律師專業是近年才出現，以往的狀師如方唐鏡或陳夢吉之流，形象均是較負面或只是強詞奪理之輩。即使今天，國內的律師仍未能建立一種正面與獨立的形象。香港雖然承襲英國的普通法，但律師的形象仍是比較模糊。一九八五年後香港政治發生巨大變化，李柱銘、張健利、余若薇、李志喜、梁家傑、吳靄儀、何俊仁等一批律師和大律師，勇於捍衛人權法治，令不少人對律師的觀感有所改變，但儘管如此，社會對律師專業仍是所知甚少，不少轟動一時的官司，傳媒的報道很多時仍停留在律師的收費方面，部分人更將律師神話化，以為只要有知名的律師代表，便可指鹿為馬，顛倒是非黑白。

其實，很多案件的成敗取決於案情，法律界名宿余叔韶便曾說過，九成的案件有沒有律師代表對結果均沒有影響。當然，好的律師會考慮周詳，準備充足。普通法採取辯論式的制度，律師既要力陳對己方有利的觀點，亦要反駁對方的論點，而對方的論點往往是己方的弱點。法庭的辯論和學界的辯論一個最大的分別是學界辯論注重技巧，論點甚至有時可以天馬行空，辯論的目的並非為說服評判，評判的角色亦較為被動，不會參與辯論。法庭的辯論則受制於法律和證據，辯論的目的是要說服法官，法官不單不會將律師的陳詞照單全收，更往往為了測試這些論點而對律師的論據提出諸般質疑，這些質疑甚至可以是咄咄逼人，這亦是不少大律師上庭面對最大的壓力。好的大律師為準備案件而往往廢寢忘餐，不能有半點鬆懈，更沒有什麼上班或下班的分別。即使是經驗豐富的資深大律師，亦往往夜半夢迴，醒來時發覺在睡夢中仍然在思索案情論據。

此外，普通法的法官不少來自執業大律師，他們飽經練歷，經驗豐富，對於巧言令色的技術性論據，法官一般不會輕易接受，尤其是當結論超乎常理和公義時，法官往往挑剔刁難，強詞奪理或想蒙混過關絕不容易。上庭猶如考試，不少法律學生不願投身大律師行業，多少亦與這種壓力有關。

誠然，出色的大律師收費不菲，但大家見到的僅是他們在法庭內那幾小時的表現，大家看不到的是他們日以繼夜的準備功夫和那份廢寢忘餐的專業精神。成功絕對需要付出，亦絕對沒有捷徑。

二

專業守則：大律師和當事人的關係

在我們的法律制度下，公平審訊是一項基本權利，但面對複雜的法律條文和程序，律師代表便成為公平審訊的重要一環。

然而，假若沒有律師願意代表當事人，律師代表的權利便形同虛設。故此，大律師的專業守則中便有所謂「不得拒載」的原則。猶如的士載客，只要乘客願意支付車資，而的士又沒有乘客，那的士司機便不能拒絕接載任何乘客。同樣地，只要當事人願意支付該名大律師的一般收費，案件又屬於該大律師的專業範圍內，而大律師亦有時間接辦該案件，那大律師便必須接受聘任，不能因個人喜惡或政見而選擇當事人。

這項原則旨在保障任何當事人可獲律師代表的權利。任何律師當然希望所代表的當事人是正直公義的，有多少人會喜歡代表謀殺犯、強姦犯，或虐待兒童的犯人？然而，在我們的制度下，即使當事人被控嚴重罪行，在未被法院定罪前，他仍然被假定無罪，有權得到公平審訊和律師代表的權利，他獲律師代表的權利不應因律師個人的喜惡或政見而被剝奪。

不少人會問，當律師明知當事人有罪時，他如何代表當事人？首先，律師的責任並非為當事人洗脫罪名，而是保障當事人獲公平審訊和保護當事人只會因觸犯有關法例才被判罪。在不少證據確鑿的情況下，律師會向當事人作出案情分析，指出抗辯的勝訴機會甚微，並建議當事人承認控罪從而減輕判刑，因為這可能是較佳的選擇。其次，在我們的法律制度下，一個人在未被判罪前是被假定無罪，舉證的責任在控方，辯方毋須證明自己清白，故即使當事人承認控罪，他仍有權質疑控方證據的可信性或疑點。再者，當事人承認犯罪並不一定等如法律上他是犯法，就如一名司機撞傷一名途人後不顧而去，而該途人送院後死亡，被告可能認為已觸犯謀殺或誤殺罪，但若死者被撞後只是受傷，但送院途中因心臟病發而死亡，那當事人所觸犯的可能會是較輕的罪行，律師得維護當事人只會受所觸犯的罪行負上刑責。

當然，有時道德價值和專業守則是不易融和的。印度一名醫學院女學生，乘巴士途中遭六名青年毆打和輪姦，最後傷重不治。事件令舉世震驚，亦令人重新反思在經濟高速發展的印度社會長期存在對女性的歧視與欺壓，由警方的草率調查強姦案至法院的荒謬判決等，這種偏見與歧視瀰漫整個司法制度。

在這宗案件，當地律師會二千五百位律師表明拒絕為被告辯護。一位律師更說：「為這宗強姦案辯護將有違道德。」雖然這種反應可以理解，但為被告辯護是否有違道德？當然，每位律師均會欣然為無辜正直的人士辯護，令正義得以彰顯。然而，「正義」除包括犯罪者得到應得的懲罰，無辜者不會含冤外，也包括公平審訊和程序上的公義。即使表面證據如何強而有力，在未判罪前被告均被假定無罪，他們有權得到公平的審判。面對複雜的司法程序與嚴重的指控時，律師代表是公平審訊中重要的環節，這是被告人而非律師的權利，如果每名律師皆可以選擇理想或可接受的被告，那被控一些令人髮指罪行的被告便難冀望有律師代表，公平審訊的權利便難以彰顯。

同樣地，當大律師代表當事人時，他的責任是提供客觀專業的意見和分析，維護和保障當事人獲公平審訊的權益。他毋須認同當事人的行為，更不會理會當事人的政見立場，否則那個大律師還可以代表遭刑事檢控的當事人？刑事如此，民事亦如此。於是，泛民律師代表當事人質疑政府的決策，並不等如他們認同當事人的政見。近日有些評論文章問有被稱為「人權大狀」的戴啟思會否代表七警，這當然沒有問題。大律師經常代表不同的當事人，不會受個人喜惡或政見所影響，對事不對人，這就是專業。

二

誤導或欺瞞法院

不少人以為，律師的責任是維護當事人的利益，為達此目的，律師可以不擇手段，甚至强詞奪理，指鹿為馬，顛倒黑白。電影中不乏這樣的律師，民間傳奇的陳夢吉，方唐鏡，亦是這種律師的表表者。然而，若然這樣，律師又怎會成為一門專業？舉凡受社會尊重的專業總有其道德操守。英美法制中，律師除對當事人負責外，還有一更高層次的責任，即不能刻意誤導或欺瞞法院。當維護當事人的利益與不欺瞞法院的責任兩者發生衝突時，必然是以向法院的責任為優先。

故此，律師的責任不是盲目附和當事人的意願，而是不能故意誤導或欺瞞法院。例如在行劫案中當事人已向律師承認行劫，律師在盤問控方證人時仍可質問證人會否認錯人，皆因舉證的責任在控方，辯方可質疑控方證供的可信性，但辯方律師卻不能在盤問中指其當事人並沒行劫，更不能傳召證人舉證當事人無辜，例如提出不在場證據，因為，這樣的舉證便等如向法院作出一些他知道與事實不符的陳述，相等於刻意誤導法院。

同樣地，若律師發現有對己方不利的法例或判案先例，他不能視而不見，希望對方律師沒發覺這些條文案例。正確的方法是告知法院，然後力指這些不利的資料為何不適用，若果他無法說服自己這些條文案例並不適用，那他得重新審視對當事人的意見，並向當事人指出他有責任將這些資料告知法院。律師不能刻意誤導或欺瞞法院，亦是公平審訊的基石。

向法院的責任當然亦有其局限，否則律師便會淪為法院的工具而失卻其獨立性，這在具政治性的案件中尤其重要。只要律師不違反誠信，他可以並有責任竭力維護當事人的利益，歷史上便有不少律師因此而失去自由甚至犧牲性命。

以正面的態度面對逆境和處理不利的因素，不去迴避困難，以不卑不亢的態度堅持原則，這是律師的責任。專業如是，人生何嘗不是如是？這是修讀法律其中一個可貴的地方。

資深大律師

某周末高等法院內大律師雲集，業界內的精英傾巢而出。法庭內，大律師站得水洩不通，在這極重視論資排輩的行業，不少資深大律師也得站在法庭後排，有些遲來的甚至不得其門而入！庭內的大律師，除來自私人執業外，不少亦來自律政司，律政司司長和刑事檢控專員亦早已嚴陣以待，大律師公會主席則早已從容就座，法院方面亦毫不怠慢，除了由首席法官率領主審的五位法官外，終審法院和各級法院共二十多名法官亦浩浩蕩蕩地列席在主審席後，這是場世紀官司大對決嗎？

非也！這是一年一度任命資深大律師的儀式，任命是以司法程序進行，合資格的大律師在每年年底向法院提出申請，終審法院首席法官在向法院法官及大律師公會主席作出諮詢，並根據《律師執業條例》的準則作出審核後，才作出任命。資深大律師不單是行內的翹楚，兼具深湛的法律知識和崇高的專業操守外，亦肩負領導法律界發展，扶持後進和推動與維護法治的重要使命。

現時全港只有略超過一百名資深大律師，在大律師行業內所佔的比例不足一成。傳統上不少大律師均會在當天以出庭服飾出席儀式到賀，大律師的專業守則規定大律師不得穿戴假髮和法庭服飾拍照，唯一例外便是在獲任命為大律師和資深大律師那天！

在任命儀式上，首席法官馬道立指出，任命資深大律師乃基於公眾利益，培育本地優秀法律人才對維護法治至為重要，任命亦必須跟從法例所列的準則和程序，而非隨法官的個人喜好，這亦正好反映法官判案只跟從法律獨立裁斷，不會傾斜配合政府，這正是司法獨立和法治的真義。

同樣地，為保障任何人有律師代表的權利，大律師不能基於個人價值取向而拒絕代表當事人，大律師公會主席在發言時便透露其中一位獲任命的資深大律師在「雨傘運動」爆發後，將個人網誌改為黃色，但稍後他成功代表當事人向法院申請禁制令趕走抗命人士，之後他將個人網誌改為灰色和投上一隻恐龍！

二

法律外援

《基本法》在香港實施二十多年，香港的法院在過去按《基本法》所作出的判案不計其數，按道理香港的法律界對《基本法》應該相當熟悉。事實上，在大律師行業中確實不乏《基本法》的專家。然而，時至今天，每當政府遇上重大的憲制案件時，便動輒從英國聘用御用大律師來港打官司，這是香港沒有足夠的人才，還是有其他原因？如果香港沒有足夠的憲制專才，為何在司法覆核中原告總有本地的律師代表，鮮有原告要輸入海外專家，但作為辯方的特區政府，卻不斷尋求海外專家？

香港秉承英國的法律傳統，律師分流為律師（事務律師）和大律師（亦稱為訟務律師）。在二〇一九年，香港大律師的人數只有一千人左右，相對律師便接近八千名。

由於大律師人數不多，在回歸前香港偶爾會申請英國御用大律師來港辦案，這類申請須獲法院批准，申請理由一般為案件涉及極複雜的法律論據或事實爭論。

大律師公會對聘用海外人律師的申請一直持開放態度，只有在少數案情並不複雜的案件中會提出反對。在回歸初期，由於《基本法》引發不少新的憲制爭論，法院對這些申請均採取頗寬鬆的態度，形成在回歸後不少主要憲制案件均有英國外援的參與，這對香港的法律發展基本上是正面的。

然而，二十多年後，這種聘用英國外援的情況似乎有增無減，而且提出申請的往往是特區政府。在近年不少司法覆核案件，原告的代表均是香港出色的資深大律師，可見香港並非沒有這方面的人才，但有趣的是印象中政府似乎從未聘用這批資深大律師作代表，而事有湊巧，這批本地人才大多為政治立場鮮明支持民主運動的人士。於是，問題並非沒有本地人才，而是政府不願聘用。當然，當事人有權決定聘用誰人，但當涉及納稅人的金錢時，是否應該有個較客觀和合理的原因棄用本地人才？而且，長期依賴外援，對培訓本地人才亦會造成窒礙。若回歸二十多年仍無足夠本地憲制人才，那便值得深思問題在那裏？

二

律師信

近年有股歪風，正當公眾在討論一些公眾關心的事務時，總會有人無緣無故收到律師信。發信者意氣風發，沾沾自喜；收信者或茫然失措，或一笑置之。究竟律師信是怎麼一回事？

所謂律師信，即指由律師事務所發出的信件，這其實不過是一封普通的信件，和普通人發出的一封信件並沒有什麼大分別。律師信本身並非法律，不理會律師信一般也不會有什麼後果。發律師信者，故然是想向收信者施加壓力，表示自己態度認真，認為事件嚴重，需要嚴肅處理，並有決心採取進一步的法律行動。有些情況下，律師信亦可清楚陳述發信者對事件的描述和論點，讓收信者明白所須面對的問題。有些法律程序更會要求原告在發出訴訟令狀前發出律師信詳述案情，讓對方有機會考慮其處境以促成雙方能和解了事。至於那些凡事發律師信者，只是表示自己財雄勢大，不介意浪費金錢發律師信而已。

正如上文所述，律師信的效力和一般的信件沒有太大分別，只不過律師懂得用法律的語言書寫信件。至於說若不遵從信內的要求便會採取法律行動，很多時只是空洞的恫嚇，這在誹謗官司尤其常見。發信者希望以律師信威嚇對方收回或不再散播相關的言論，但一旦訴諸法庭，法院便要處理相關言論的解釋，以及這些言論是否有客觀證據可以支持，以決定相關的言論是否構成誹謗及是否有答辯的理由，如言論屬公平評論。這樣，本來沒有太多人注意的言論，反倒惹起更多的關注，甚至被廣泛報道，而這正是發信者所不願見到的事情。

當然，這只是一般的情況，收到律師信，還是該謹慎處理，但亦無需驚惶失措，以平常心面對便可以。至於亂發律師信者，最高興的恐怕還是律師，只要當事人感覺良好，律師何妨開天殺價！

二

特首提誹謗訴訟

特首向《信報》發律師信，指練乙錚發表的一篇評論文章涉及誹謗，事件引起全城關注。此風一長，若特首或各部門首長均動輒對針對他們的評論文章發律師信，日後市民及傳媒還可怎樣監察政府？

有人認為，特首是以個人身分發律師信，即使貴為特首，他仍然享有個人權利，保護一己的名聲。在這問題上英國上議院法庭在一九九三年一宗判案中，便有詳細的分析。在民主社會中，市民和傳媒對政府的監察至為重要，誹謗訴訟對監察政府會產生強烈的寒蟬效應，故從公眾利益的角度出發，中央或地方政府在普通法中並不享有提出誹謗訴訟的權利，政府對不公平的批評應該循政治而非訴訟的途徑解決。況且，政府與個人不同之處是政府擁有大量的資源與途徑，它可以開記者招待會，出新聞稿等方法駁斥相關的言論，甚至可以提出中傷性的虛偽申述的刑事訴訟，但民事的誹謗對保障言論自由與公眾監察社會卻會有深遠的影響，即使日後政府在誹謗訴訟敗訴，但當中涉及的金錢時間已可使不少評論者望而卻步。亞洲一些國家的政要，便是以誹謗訴訟壓制批評的言論而聞名。

於是，問題的焦點不在特首是否以個人身分提出訴訟，而是評論涉及的是他的個人私生活，還是他的公職身分。他當然可以就針對他私人空間的評論提出訴訟，但在政府職位愈高，他的私人空間也愈少，這是身居高位手握大權者所需付出的代價。如果評論者指政府高官貪污瀆職，政府的態度應是就這些指控作出具體反駁，法律上不容許政府以誹謗訴訟作回應，但如果涉及的官員卻可以個人身分提出誹謗打壓這些指控，監察政府便無從說起，類似「水門」的事件也永不會曝光。同樣地，坊間對特首的操守作出一些指控，練乙錚對這些指控的文章提出一些需要探討的問題，特首不去回應這些指控，卻向一些跟進這些指控的評論員施壓，這除涉及打壓言論和新聞自由外，亦突顯發律師信這決定的荒謬與愚蠢。

二

訟費

在民事訴訟中，敗訴一方一般須承擔勝方的律師費（俗稱堂費），這原則保障勝訴一方可追討部分因興訟討回公道時所需支付的費用，但亦同時增添民事訴訟的變數和風險。首先，由於訟費涉及對方的律師費，故即使一方能控制己方的律師費，甚至獲義務律師代表，但一旦敗訴仍可能需要支付對方龐大的律師費。其次，即使初審得值，獲堂費賠償，但若對方上訴得直，上訴法院一般亦會同時推翻原審的堂費頒令，於是敗訴一方便得支付對方上訴及原審的律師費及己方的律師費，若再上訴至終審法院，一來一回之間堂費的風險便更大。而這互動關係，亦往往令欲興訟者望而卻步。

於是，有人倡議採用美國的「成功酬金」制度（Contingency Fee），即勝訴才須付酬金，一般酬金是賠償額的一個百分比，有時可高達百分之三十至四十，但若敗訴便無須支付律師費，這制度幫助那些沒能力負擔高昂律師費的人提出訴訟，但亦有不少弊病。一是由於興訟沒有什麼成本，於是當紛爭出現時大家便會動輒興訟，對薄公堂，令整個社會充斥訴訟，花去大量社會資源。其次，律師接手辦案要承擔一旦敗訴便可能血本無歸的風險，於是律師會偏向選擇那些賠償額高的案件，索償額較少或只涉及原則公義的案件便可能無人問津。第三，這亦是最嚴重的問題，即這收費制度令律師與當事人出現利益衝突，這在和解談判時便最為明顯。案件若能和解，當中總會有一段討價還價的過程，當對方提出一個賠償金額作和解時，律師一方面要考慮這金額是否合理，他有責任為當事人爭取最合理的賠償，但另一方面，雙方達成和解他便馬上可收到部分賠償額作報酬，但若不接受這賠償額而繼續堅持訴訟，一旦敗訴他便會分文也收不到，這令律師處於一個利益衝突的位置。於是，當他向當事人提供意見是否接受對方的賠償方案時，他會以當事人的利益為主，還是一己的利益為依歸？有鑑於這些弊病，另一種「有條件收費」（Conditional Fee）的模式便應運而生。

「有條件收費」這種模式是當事人和律師事前已協議一個基本收費，當事人不論成敗均需支付這筆收費，但若勝訴時，律師便可額外多收取基本費用的一個百分比。這方法雖然可減低當事人一方律師費的支出，但卻仍然得在敗訴時支付對方的律師費，故推行這制度便須同時有相應的保險制度，英國曾一度推行這制度，但結果大部分保險公司均虧蝕離場。香港法改會的研究指出，香港並沒有足夠保險公司有興趣開設這方面的保險，故無法推行這制度。

面對高昂的訟費，要達致法律面前人人平等，法律援助的角色便舉足輕重。香港的法援情況，大體上也算令人滿意。在民事訴訟中，只要申請人符合入息限額而案情又有合理勝訴的機會，法援署便會提供法援。法援署大部分案件均外判予私人執業律師，而且就每宗案件的援助不設上限，申請人不會因案件累積高昂訟費而被中途終止其法律援助，這是香港法援可貴的地方。而且法援署願意因應案情需要而聘用合適的大律師，過往便曾在不少重大的案件中聘用頂尖的資深大律師。

除了針對低收入人士的基本法律援助計劃外，法援署亦有一針對中產階級的輔助法律援助計劃，這輔助計劃的入息限額較高，而且申請人勝訴後須從所獲賠償中繳付一個較高的百分比作為該計劃的營運經費。這其實也是一種有條件收費的模式，只是敗訴時的堂費風險由納稅人承擔。由於該計劃是自負盈虧，故計劃的涵蓋面較窄，只包括一些意外傷亡及專業疏忽的索償，計劃開展至今效果仍算理想，擴大該計劃的涵蓋範圍及提高入息限額，令更多中產人士有資格申請該計劃，相信是目前面對高昂訟費的一個較可行的改善方案。

二

民事程序改革

在過往二十多年，不少普通法地區如英國、澳洲、新西蘭，加拿大等均先後對其民事訴訟程序作出大幅改革，香港亦不例外。首席法官在二千年委任工作小組對民事程序進行檢討，歷時八年，工作小組提出達八十多項的改革，並隨後立法，大部分的改革在二〇〇九年四月二日正式生效，對民事訴訟程序作出了翻天覆地的改變，最後一部分關於調解程序亦於二〇一〇年一月二日正式生效。究竟是什麼原因驅使這些改革？這些改革又是否成功？

普通法的訴訟程序是基於抗辯式的設計，這設計背後的理念是與訟雙方各自提出最佳的證據和論點，由一個獨立的第三者（法官）就這些證據與論點作出裁決，這將是最公平的制度。在這制度下，法官的角色猶如足球比賽的球證，他是一名獨立超然的裁決者，同時保證雙方依從遊戲規則，令雙方能公平地作出辯論。

就如足球比賽，球隊的出賽陣容，戰略部署皆由教練決定，在抗辯式的訴訟中，與訟雙方在證人，證據與策略部署方面便往往取決於雙方的律師，法官的角色是相對被動的。相反，律師的角色變得舉足輕重。與此同時，由於民事訴訟程序複雜，與訟雙方猶如奕棋般，可以在程序上作出多變的部署，如是否要求對方對狀詞提供進一步的澄清，是否循簡易程序申請判決等等，程序的複雜多變，往往令訴訟變得漫長和昂貴，有時候當一方彈盡糧絕時便可能被逼投降，亦可能雙方已陷入無法自拔之地，大家所花的律師費早已超越索償額，由於敗訴一方一般須支付勝方的律師費，於是官司成為律師費（或稱堂費）而非索償之爭。

程序複雜導致民事訴訟變得冗長，程序更往往可以喧賓奪主，令公義無法實踐，再加上高昂的訟費，這些原因導致近年不少普通法地區對民事程序作出大幅改革。

—— 沒有律師代表的案件和法援

除了訴訟冗長、訟費高昂和程序複雜外，民事訴訟程序還要面對另外兩個問題。第一是近年民事訴訟案件的數量不斷增加，民事訴訟包涵的範圍其實非常廣泛，它泛指一切非刑事案件，除一般商貿糾紛外，還包括工商意外賠償，合約或財產的爭議，這些爭議會隨經濟發展而增多。離婚，子女撫養權等則因社會對婚姻觀念的轉變而增加，司法覆核則因公民意識提高而倍增。激增的民事訴訟給司法界帶來不少壓力，加上近年出現大量無律師代表的訴訟人，更令法院的壓力百上加斤。沒有律師代表時，與訟人往往對司法程序一無所知，以致法院往往得在庭上向與訟人解釋這些程序或證據的要求，並將案件一再押後，虛耗大量司法資源。律師有時被指為案件冗長的元兇，但沒律師的事前準備與庭上的發揮，案件可能變得更為冗長，這可是民事訴訟弔詭的地方。

第二個問題是法律援助的覆蓋面。為保證不會因資源不足而將訴訟人拒諸公義的大門外，法律援助便應運而生。法律援助體現了法律面前人人平等的高尚理念。然而，法援的資源受經濟和其他因素的影響。政府在作出財政預算時，往往得同時考慮醫療、教育、社會福利等開支。英國在上世紀末已幾乎完全取消民事法律援助，香港的情況雖未至這樣惡劣，但近年亦有不少壓力要求減低法援的開支。在這問題上，究竟法援是社會服務（於是政府可要求用者自付，自負盈虧），還是社會福利（於是政府須要作出承擔）便至為重要，可惜我們從未認真面對這問題。

在司法界面對冗長的訴訟壓力與法援面對強大的財政壓力下，民事訴訟改革將部分訴訟的壓力轉嫁到司法制度以外，似乎和政府的關注不謀而合，這是為何民事程序改革在不少普通法地區均受政府支持，而這亦正是不少民事程序改革所面對的隱憂。

— 對症下藥

上文經已指出，民事訴訟程序面對三大困難：一是程序複雜，一般人難以跟從，二是提供大量空間讓雙方律師對弈，結果令案件變得冗長，三是訟費高昂。針對第一點，民事程序改革的方向是簡化程序，但為了維護公平審訊，程序方面可以簡化的空間始終有限。第二點困難部分源於普通法抗辯式的審訊，令操控案件進度的權力落於雙方律師代表身上。有鑑於此，改革的方向便是將操控案件進度的權力重置於主審法官身上，並於民事訴訟的不同階段設下一些指標和時間表，希望能藉此提高民事訴訟的效率。至於第三點，法院無意介入律師收費的市場，故改革的目標是儘量鼓勵與訟雙方和解，並以堂費的手段鼓勵雙方在訴訟前進行調解，任何一方若沒合理理由不進行調解，則日後勝訴可能不獲堂費，即敗訴一方無需負擔勝方的律師費。

這些改革能否成功，當然要視乎很多不同的因素。程序方面的改革基本上已完成。在案件管理（Case Management）方面，新的程序改革開宗明義定下了一些基本原則，法院亦曾就案件管理進行多次內部培訓。在過往的一段日子，法院在案件進度方面的態度明顯比以前更嚴謹。與此同時，效率並不等同公義或公平，法官在作出程序上的指示時，亦須同時兼顧效率與公義。

至於訟費方面，法院除在處理堂費時會考慮雙方在進行訴訟時的花費是否合理外，亦要求將案件的準備工作提前進行，並透過調解鼓勵雙方進行和解。英國的經驗是這種方法其實提高了訴訟的費用。民事訴訟中有七成左右的案件均是以和解收場，新的程序可能催化和解，但同時亦逼令雙方提前花費在一些可能因和解而無須花費的前期準備工作上。

調解

調解是民事訴訟程序改革的重點之一。它旨在化解與訟雙方的糾紛，令大家毋須對薄公堂。所謂「調解」，是指由一位獨立的第三者作中間人，在爭辯雙方之間斡旋，希望從中找到一個雙方皆能接受的解決方法。調解與訴訟的主要分別在調解員的角色是尋找大家的共通點，從而嘗試解決紛爭，卻不會裁定孰對孰錯。換言之，他扮演的是魯仲連的角色，而非判斷是非對錯的法官。

中國人重面子，打官司要分勝負，對薄公堂往往被視為不給對方面子，一方提出訴訟，糾紛便再難有商討的餘地。西方社會強調權利，往往可為原則而訴訟至終審法院。中國人的權利意識較薄弱，或許也是較實際，於是調解這種私下解決紛爭的方法，和中國文化傳統不謀而合，亦令調解在東方社會備受歡迎。

然而，調解的功效亦往往給神化或誇大。首先，在未引進調解前，大約六至七成的民事訴訟皆以和解收場，引進調解會否提高案件和解的比例，或只是加速本來也會和解的案件，這還有待驗證。其次，外國的經驗指出，當雙方皆願意調解時，效果一般較好，但若一方不願意而是被逼進行調解，則效果往往強差人意，雙方可能只視調解為例行公事，甚至利用調解去試探對方的虛實。英國曾推行強逼性調解，但後來上訴庭認為法院無權強逼訴訟人進行調解，九成在進行調解的訴訟人隨即終止調解。香港的改革是若一方不合理反對進行調解便可能受堂費的懲處，這種半強逼性的調解效果如何仍須拭目以待。再者，調解並不處理是非對錯，亦不問公平與否，它旨在解決紛爭，司法機關則要判別是非黑白，釐清人與人之間的權利義務，從而肯定法治的價值和強化法治在社會的功能，這是調解無法取代的。故此，在推行調解時我們必須認識調解並不能替代訴訟，同時要考慮那類案件較適合調解，那類案件較適合訴訟，而非盲目地將所有案件推向調解。

二 陪審團制度

前一陣子高等法院在一宗謀殺案的審訊中途，因個別陪審員未能面對令人嘔心的照片和證物而感不適並獲准退席後，主審法官宣告解散陪審團，並擇日重審，事件再一次引起社會對陪審團的關注，甚至質疑是否該保留這制度？

首先，陪審團制度列於《基本法》內，故廢除這制度便須修改《基本法》。其實，陪審團制度可追溯至一二一五年的《大憲章》，當中列明任何人皆得經由他的社群同儕作判決，才可被奪去他的人身自由。刑事制度是國家有系統地奪去人身自由的機制，在面對強大的國家檢控機器時，陪審團制度保障小市民可以由他參與選出的陪審團作出審訊和判決，從而減低國家濫用刑事檢控的機會。

雖然多年來陪審團制度經歷了不少變化，但基本理念仍然不變。在刑事審訊中，法官處理法律和程序方面的問題，事實問題便交由陪審團處理。例如在案件終結前，法官會先向陪審團作出引導，如解釋有關罪行的要素，陪審團須考慮的問題和針對這些問題控辯雙方提出的證據等。刑事案件很多時要處理的皆為事實的爭議，如控方證人有沒有認錯人，或當雙方的供詞有衝突時那一版本較為可信，或被告的行為是否屬不誠實等。普通法制度相信，社會人士絕對有能力處理這些問題，而他們的參與會令審訊更加公平。

當然，這制度仍有改善的空間，例如目前陪審團制度只適用於高等法院，但地方法院有權判處七年監禁，這是不輕的刑罰，那陪審團制度是否該伸延至地方法院？另一方面，隨着案件愈趨複雜，陪審員的素質和能力亦飽受質疑。現時對陪審員的支援相當有限，例如法官對陪審團所作的引導，一般以口頭作出，相關的文本不一定會提供給陪審團。在遴選陪審員時，提供關於陪審員的資料亦非常有限，控辯雙方均難以作出選擇。不過，在這方面亦得小心處理，太多的資料可能令陪審團失去該是一般普羅百姓的原意。此外，近年很多市民皆找藉口避免當陪審員，這其實是相當有趣的經驗，也是市民的公民責任，市民應該儘量參與，政府亦宜多加強宣傳教育的工作。

二　濫用司法覆核

前終審法院法官烈顯倫最近指出，近年有不少濫用司法覆核的情況。司法覆核是監察政府和公營機構在行使權力時不能逾越法律規範的重要途徑，是落實法治的重要一環。提出司法覆核須先得到法院批准，申請人須在申請書內列出案情和詳細理據，並以誓章附上所有有關的文件和證據。申請必須展示有表面合理勝訴的機會才會獲得批准，法官可以在閱覽文件後便批准申請。若法官在閱覽文件後存有疑問，一般會聆聽申請人的陳詞才作最後決定。有些時候，法官亦可指示申請人將有關文件送達答辯人，並要求答辯人作初步書面回應，答辯人亦可出庭反對申請。即使法官認為無需開庭已可批出申請，答辯人稍後仍可以反對申請，並向法院要求撤銷申請。由此可見，向法院申請這一關，正正便是為防止濫用司法程序而設。

烈顯倫所列舉的例子，大部分均被法院拒絕批准，這正好說明把關有效，濫用之說便無從說起。市民有權對行政部門和行政人員的行為向法院提出起訴，這是法治的體現，也是《基本法》保障的權利，不宜收窄。

他提到「梁麗幗」的案件，主要認為法官的判詞過長。當然，判詞總有改善的空間，但法院不但要作出判決，更要令人信服判決。對判決作出解釋，才會增強市民對法院的信心和認受性。若法院只是三言兩語說理據不足，亦沒對申請人提出的主要理據作回應，這會難以服眾，也只會削弱市民對法院的尊重。

梁麗幗並沒有得到法援，法援署在徵詢一獨立執業大律師的意見後拒絕她的申請。法援署審批法援有嚴謹程序，在平衡申訴權利和保護公帑間一直拿捏得相當不錯。

至於港珠澳大橋的司法覆核，這是一宗具爭議的案件。法院處理的不是政策的好壞，而是決策過程中可有逾越法律的要求。案件的重點在於進行環境評估時，環保署的責任只是確保相關的項目不會超越相關的環評標準，還是要進一步要求將項目對環境的影響減至最低？申請人不但成功說服法官批准司法覆核的申請，更在原審勝訴（原審法官現已為終審法院法官）。原審法官認為要減至最低，上訴法院則認為只要不超標便可，原審法院和上訴法院的分歧源於大家對相關文件有不同的詮釋。雖然原審法院的判決其後遭上訴法院推翻，但這並不表示案件是濫用司法覆核。況且，上訴法院在五個月內便作出判決，如果將工程延誤和超支均算到這宗官司上，恐怕只是諉過於人。

二

酌情權

酌情權是當代公共行政必須面對的一個課題。現今社會瞬息萬變，任何一個政府或機構，若只是按本子辦事，不談情理，便很容易變得僵化和官僚；然而，太大的酌情權，則容易造就貪腐濫權。善用酌情權可以令權力變得合情合理，沒有約制的酌情權則容易造成濫權和腐化。故此，法律要處理的不是取締酌情權，而是對酌情權設下規範和約制，令手執權力者可以酌情行使權力而又不致僵化和濫權。

這些約制，可以明確列於相關的法例內，例如法例清楚列出行使權力時所需考慮的因素，《色情及不雅物品條例》列出在對物品作出分級時所須考慮的因素便是一個明顯的例子。有些約制則是列載於有關的行政文件，例如律政司行使檢控權的準則便見於律政司出版的《檢控政策》中。此外，普通法亦對行使酌情權作出不少限制，例如在行使酌情權時必須給予受影響人士合理的機會作出陳述，又例如享有酌情權者必須真正和合理地行使這些權力。所謂「真正」，是指享有酌情權者必須自行行使權力，不能讓其他人士代行這些權力。至於「合理」，則指手執權力者在行使酌情權時必須考慮所有相關的案情事實，而不能盲目地不顧情理地作出決定。

上世紀七十年代便有一宗極具參考價值的案件。在七十年代初，人們仍可申請牌照在新界進行狩獵，但隨着新界新市鎮的高速發展，可供狩獵的地方已所餘無幾，於是港督會同行政局便決定以後不再發出狩獵牌照，漁農處處長便以政府的政策為由，否決香港獵人協會的狩獵牌照申請。香港獵人協會遂提出司法覆核。法院指出，法律將發出狩獵牌照的權力交給漁農處處長，漁農處處長便得按有關申請自行作出決定，而不應盲從港督會同行政局的決定。

根據《公安條例》，是否容許公眾集會的申請由警務處處長決定，特首貿然說不會對佔中行動發出不反對通知書，但批准的權力根本不在他手，警務處處長不能跟從他的指令作出決定，而是要考慮有關遊行的性質、參與人數、舉辦時間和地點等因素作出決定。若警務處處長決定發出不反對通知書，即使特首是他的上司亦不能干預，法定的權力必須依法行使，這便是人治與法治的分別，也是法治的可貴之處！

二 道德、良心與酷刑

酷刑乃國際社會公認為是違反基本人權的行為，但竟在九一一以後，美國有近半公民同意對恐怖分子施以酷刑。布殊總統下台後，一些列作機密的文件陸續曝光，英國廣播公司最近就此製作了一個發人深省的紀錄特輯。

數年前中央情報局在巴基斯坦拘獲阿爾蓋達組織的二號人物，這被視為反恐工作的一大突破，中情局馬上將這名犯人送往至今仍未公開的基地，並對他施以「特殊對待」。這些對待包括將犯人長時間赤裸囚禁在一個跪下才能容身的黑箱內，犯人的大小二便皆在黑箱內進行。中情局人員更在箱內放入一些毛蟲，令犯人飽受驚嚇。此外，亦將犯人倒吊浸在水中，讓他感受到將被溺斃的感覺。該名犯人便曾遭受八十多次浸刑。

根據國際法和美國本土法例，向囚犯施以酷刑皆屬刑事罪行，那究竟誰人該負責？

一名前中情局人員指出，施以這些特殊對待必須得到中情局局長的特別批准，而有關文件透露，中情局局長曾向國安委員會詳細交待將會施行的特殊對待，國安委員會則要求律師就這些待遇是否違法提供法律意見。這批律師，包括白宮的法律顧問，均指這些行為合法，並將酷刑闡釋為只包括極端和造成長期傷害的行為，而不包括中情局所施行的虐待手段。

與此同時，一位駐守 Guantanamo Bay 的前軍官接到白宮的指示，對被囚禁的恐怖分子進行類似的特殊對待，但他拒絕執行該指令，因為紐倫堡審判的原則是若該等行為屬違反人道罪行，即使他只是執行命令仍須負上刑責。

律師的角色是提供獨立的意見，還是只為迎合當事人的要求而尋求開脫？這是英國廣播公司提出的疑問。律師的責任是維護當事人的利益，為當事人尋求合法的解決問題方法，但當律師願意指鹿為馬，顛倒黑白時，專業與操守便蕩然無存，維護權益與顛倒是非兩者很多時只是一線之差，拿捏之處往往只能取決於良心與道德價值。

二 觀感和真相

最近十二位海外法律專家對「雙學三子案」及香港的法治表達關注，我接受電台訪問時指出，即使香港的司法獨立並未受政治影響，但外界對司法獨立的觀感是同樣重要和值得關注的。其後有些人士以為法律學者不講真相只講觀感是不可思議，大驚小怪地以為觀感和法治是對立的。

幾百年前有宗案例，案件涉及兩間公司，法官最後判原告公司得益，其後被告公司發現原審法官持有原告公司的股份，便藉此提出上訴。這些股份是原審法官的祖先遺留下來，數量和價值均微不足道，原審法官自己也遺忘了持有這些股份。上訴雙方和上訴庭均同意，原審法官在判案時並沒有因他持有這些股份而受影響，但上訴庭仍然推翻原判，因為即使判決是大公無私，這仍可能令公眾產生法官可能徇私的觀感。這案例奠定了普通法內一項極重要的原則，即法院不但要執行公義，還要令公眾清楚看到公義得以顯彰（Justice must not only be done, but must manifestly be seen to be done）。換句話說，真相和觀感同樣重要。

法律是講求證據，但證據是否完全沒有觀感的成分？在法庭上，控辯雙方的證供往往可以是南轅北轍，哪一位說的是事實？那一位說的是謊言？那個證人是閃縮迴避，刻意隱瞞？還只是口齒不伶俐，心慌怯場？不少案件只有人證，沒有物證。證人在庭上的表現，往往影響法官是否信納他的證供，當中亦無可避免涉及法官對證人的觀感。在事實和謊言之間，還有不少灰色地帶。兩名學生考試後離開試場，一位學生信心十足，躊躇滿志，她看到老師朋友都對她面露笑容，世界是陽光充沛，一片光明；另一位同學幾乎交白卷，垂頭喪氣，他看到老師朋友皆是一副斥責的表情，世界是灰濛濛一片的。這兩位同學，哪一位看到的世界才是真相？證人對事物的觀感往往受主觀情緒所影響，不少研究亦指出，人往往只聽到他想聽的東西，看到他認為看到的事情。在尋求公義的法庭內，我們也無法完全排除觀感。在力求客觀之餘，亦同時須要認識，現實和觀感世界是同時存在的！

二

「人權自由並非絕對」的反思

「人權自由並不是絕對的！」這句說話近年常常聽到，而說這話的人又大多是衝着人權自由而來！

誠然，人權自由並非絕對，例如言論自由便不表示有權誹謗他人，人身自由亦不包括傷害他人的自由等。於是，真正的問題不是人權自由是否絕對，而是人權自由可以受到什麼限制，什麼限制才是公民社會可以接受的？單有一個合理的目的並不足夠，例如維持社會秩序是一個合理的目的，但卻不能單以維持社會秩序的目的便隨意進行拘捕或施行酷刑，或以國家安全的理由便禁止任何對政府的批評。又如單純因為一個機構受政府資助，不等如這個機構便應接受任何政府的干預，否則廉政公署，審計署和申訴專員公署等還怎能獨立運作？若果我們認同這些機構不能因他們的資源來自公帑，便可受政府的干預，那同樣的理由又怎能支持干預港台的編輯自主或大學的學術自由？這不是說編輯自主或學術自由便不受限制，而是限制的理由不能只是因為它們受公帑資助。

撲滅罪行和維護公眾安全當然是一個合理的目的，但即使是為打擊販毒的需要，法院亦不會輕易接受任何將舉證責任轉嫁給被告的條文，過往便有不少這類的條文，因其適用範圍過寬或不合理而被法院裁定為違憲。同樣地，即使為維護公眾利益而限制醫生作廣告宣傳，法院亦可因為有關限制太過苛刻及未能平衡病人獲取資訊的權利而頒令違憲。對自由的限制可以是直接或間接，限制傳媒的廣告收益可以構成對新聞自由的限制，不合理地限制大學的捐款同樣可以構成對學術自由的限制。

換言之，單有合理目的並不足以構成限制自由的理由。除要有合理的目的，公民社會還要求有關的限制本身必須合理和對人權自由作最低限度的制約，而這點正是不少喊說人權自由並非絕對者所忽略的問題。

前一陣子便有位高官質疑這個看法，更向我提出一個所謂常識問題。他問帶小剪刀和樽裝蒸餾水上飛機是否也要合理平衡？我們不妨以客觀的態度分析這些問題。若有人提出司法覆核，法院會如何處理？第一，我們姑且假設這些限制規限了人身自由。第二，禁止帶小剪刀和蒸餾水上飛機的理由是維護飛行安全，騎劫飛機的恐怖襲擊風險確實存在，故有關的限制有合理理由，但單有合理的目的並不足以支持限制基本自由，法院還要進一步考慮有關限制和保障人身自由之間是否有一個合理平衡，這便涉及限制的範圍和影響。乘客乘坐飛機，並沒有必要隨身攜帶小剪刀。若在目的地需要用剪刀，剪刀大可留在寄艙行李。若乘客攜同小孩同行，在飛機旅程上需要使用剪刀，有關人員可酌情容許較鈍的小剪刀。再者，即使乘客不能攜帶剪刀，若有需要，機組人員仍然可以在機上提供剪刀。同樣地，乘客不能攜帶樽裝蒸餾水上飛機，但飛機全程供應蒸餾水。換言之，這些限制對乘客的旅程並沒有構成很大的影響，亦有其他措施作為補救，將不便減至最低，故有關限制和保護人身安全之間取得合理平衡。然而，若沒有這些酌情處理和提供替代品，十多小時的長途機亦不容許父母攜帶供嬰兒開奶的食水，那單為保障乘客安全的目的便未能與保護嬰孩的責任兩者之間取得合理平衡。

這並非什麼高深見解，只是簡單的客觀分析，避免知其然而不知其所以然。真理愈辯愈明，討論可以令我們對問題有更全面和深入的理解。禁止討論，以偏見代替理性，讓誤解代替分析。即使是合理的結論也只會變成教條，難以服眾。飛機行李如是，港獨問題亦如是。

二 消失的小組

最近在倫敦與當年任律政司的唐明治（Michael Thomas）聚舊。在一九八七年底，當時《基本法》的草擬工作正進行得如火如荼，《中英聯合聲明》中指出國際人權公約適用於香港的條文在九七年後繼續適用，但不少學者指出，由於中國並非人權公約簽署國，加上普通法的原則是國際條約不能直接應用於當地，故若國際公約的條文未能轉化成為香港法律的一部分時，《中英聯合聲明》對國際人權公約的承諾便只會流於空談。當時唐明治邀請了法律界的代表，就這問題作深入探討。獲邀者包括大律師公會時任主席張健利和後來出任律政專員的馮華健，律師會三名代表包括胡紅玉，「公義」（Justice，一個非政府組織）兩位代表（包括一名律師和一名御用大律師），港大法律學院的瞿理雄博士和我。與會者還有律政司內五名來自不同部門的高級官員，包括副律政專員和掌管國際法，法律草擬科的官員等。這個小組研究如何將國際公約轉化為香港法律的技術問題，包括草案的形式和困難，推動人權教育的配合工作和令相關草案在九七年順利過渡的問題。

小組其中一個探討的主題是「是否有需要以法律條文對人權作出保障？若然是的話，這條例該採納什麼形式？」討論期間，張健利和我更合力草擬了一份長和一份短的草案，長的草案是針對香港情況度身訂造的《人權法案》，短的草案則是將國際公約引入香港，不對國際公約作任何修訂。經過幾個月的討論後，小組建議採納短的版本，並建議早日修訂《人權法案》，讓香港法院有時間建立相關的判例。

一九八八年三月，隨着唐明治約滿離開政府，小組的工作亦告一段落。繼任的律政司司長馬富善並無意繼續小組的工作，甚至在被傳媒追問時，他的回應是這小組從來不存在！

六四事件後，政府為穩定人心，在一九九一年引入《人權法案》，法案的形式基本上便是小組當時建議的短版本。雖然政府從來沒有承認小組對草擬《人權法案》的貢獻，但在二〇一九年英國政府的解密檔案中，終於揭示當日自己一篇關於如果解決《人權法案》的凌駕地位的文章，直接影響外交部的取態，亦最終成為處理《人權法案》地位的藍本。

彈指之間便過了三十年，這些年來，香港的人權意識提高了不少。然而，人權教育的工作卻是停滯不前。每個人均享有基本權利，但亦須以負責任的態度行使這些權利。集體權益須受保障，但卻並非踐踏個人權利的免死金牌。人權背後是一套對人性價值和尊嚴的肯定和對絕對權力的制約，光有法律而沒有法律背後的價值作根基，人的尊嚴和價值仍是難獲保障，法律只會成為統治者的工具，甚至成為壓制人權自由的機制。

二

《人權法案》與順利過渡

一九九一年六月八日，《人權法案》正式生效，標誌着香港人權保障的一個新里程碑。《人權法案》通過當日，中國外交部發表措詞強硬的聲明，指出中方保留審核《人權法案》是否符合《基本法》的權利，意味着《人權法案》可能未能過渡九七。一些親中的言論，更咬牙切齒地狠批《人權法案》破壞香港法制，一切責任由英方負責云云。今天不知這群寫評論文章的打手是否仍健在，但《人權法案》至今仍是香港法律的一部分。三十年後，當大家冷靜下來，回顧在九一至九七年間《人權法案》所發揮的功能，其實是讓香港有時間為《基本法》生效後可能帶來的衝擊作準備，令香港的過渡更順利。

《人權法案》生效幾個星期，一宗地方法院案件的被告，質疑《危險藥物條例》中，將毒品並非作販賣用途的舉證責任轉嫁被告為違反《人權法案》中對假定無罪的保障。這問題隨後由上訴法庭判定為違反《人權法案》。這隨即引發大量類似的案件，對不同形式將舉證責任轉嫁被告的法律條文提出質疑。在其後幾年，法院逐漸釐清那些條文違憲，那些條文合法；與此同時，政府亦作出檢討，發現香港法例內，竟有五百多條類似的條文須要撤銷或修訂，並開始陸續作出修例工作。

《基本法》在九七年生效，當中亦有與《人權法案》相類似的條文。假如我們沒有制定《人權法案》，這些質疑轉嫁舉證責任的案件便會在九七年後出現，不同條文引發出的混亂情況亦會相繼出現。同樣的情況亦出現於案件延誤，公平審訊等領域，《人權法案》讓法律界和政府可以在九七前先處理好這些問題，減低九七過渡對香港法制的衝擊。《人權法案》的訂立，讓香港多了六年的時間來處理一些《基本法》生效後可能產生的問題，令香港可平穩過渡。三十年後，或許中方可以還《人權法案》一個公道。

II

《基本法》篇

愛國並不是靠強迫尊重國歌，訂立煽動分裂國家這些嚴刑峻法，或推行灌輸歌舞昇平的國民教育可以強迫出來的。一個不敢面對歷史的政權是難以贏得人民的尊重，一個不懂尊重自由民主和個人尊嚴的政權又怎能燃起人民愛國的情懷？如果今天的政權能夠更加開放，更加尊重人權、自由和法治，這會比任何國民教育來得更加有效。

二 大陸法與《基本法》

西方法律的歷史源遠流長，從文憲記載，早在公元前三千多年便有類似法律原則的習慣法則，但由於沒有文字記錄，這些法則難以持續或廣泛流傳。現時最早的法律文憲見於公元前一七六〇年，由當時的巴比倫皇朝頒令，並刻於一塊黑色的石碑之上，該石碑現在存放在巴黎羅浮宮博物館內，詳列了近三千條不同的條文，當中又以刑法為主。

公元前六世紀，雅典的領導人梭倫（Solon）就經濟、政治、婚姻、刑法等各方面訂下詳盡的法規，並根據財富將雅典人分為五等，不同階級的人有不同的責任，並同時廢除奴隸制度。

到了公元前四五〇年，羅馬人再制訂法例，詳列於十二銅碑之上。這些法律其後由不同的法學家加以弘揚發展。至公元五二九至五三四年，東羅馬帝國查士丁尼（Justinian）大帝重新整理這些法例，並歸納為三部重要而完備的法典。

東羅馬帝國覆亡後，這些法典亦湮沒於人世，幸得傳教士保存於教會之內，及至十二世紀文藝復興時期，歐洲各地重拾羅馬帝國與古希臘的文化遺產，這些法典得以重見天日，透過歐洲各大學法學者的研究與推廣，成為探索理性的公民社會的基石，亦奠定了歐洲大陸法制的發展。

到了十八世紀初，這些法典又由拿破崙重新整理，成為著名的《拿破崙法典》，並廣泛流傳至歐洲與非洲各地。一九〇〇年，德國再進一步整理，發展了更為全面的《德意志法典》，而《拿破崙法典》與《德意志法典》便成為今日歐洲大陸法的支柱。

德國法典影響遍及亞洲各地如台灣、日本、中國大陸等。中國在一九七八年後重建法制，當時不少法律學者均曾早年留學德國。德國的憲法稱為《基本法》，香港《基本法》這名稱亦可能是由此而來。有趣的倒是德國的《基本法》其實屬臨時憲法，待德國一統後便得再修訂憲法。無獨有偶，香港的《基本法》也只有五十年的壽命，中國在命名香港的《基本法》時，是否早已隱含這過渡性憲法的玄機？

二 普通法制度

上一章指出，歐陸法制源於羅馬法。在文藝復興時，歐洲城邦之間，商旅頻繁，大家覺得有需要以理性解決紛爭，學者在思索如何締造一個理性公平的社會時，重新發現和整理羅馬和希臘的律法，漸漸形成歐陸法制。這套制度，可以說是歐洲文化的承傳，它並非建基於一個統一的歐洲，而是由大學的學者主導和發揚光大，學院的味道較重。學者對法制的研究和論說，在歐陸法制具相當的影響力。

相比之下，普通法的發展則源於王朝的統一。一〇六六年，法國的諾曼（Norman the Conqueror）統一英國，為了要鞏固王朝，便開始着手建立一套統一的法院制度。當時英國各地諸侯皆有設立一些地方的法院，封建王朝首先建立一些中央法院，處理影響君王的事情。普天之下，莫非王土，於是所有涉及土地的爭議便由中央法院管理，同樣地，任何涉及課稅或擾亂社會秩序的事情，亦屬於中央法院管理的範圍。其後，中央法院的管轄權逐漸擴展至其他民事訴訟，逐步取替了所有的地方法院。法院在每宗判案內列出的理據，便成為法律原則，假以時日，判例累積起來，漸漸形成一套以法院為中心，以判例為骨幹的普通法制度。透過殖民地的擴展，歐陸法和普通法便傳遍世界各地，成為當今舉世最主要的兩個法律制度。

普通法和歐陸法有不少相異之處：第一，歐陸法的發展以大學為中心，普通法則以法院為中心。第二，歐陸法的發展重點在於建立一個有系統、理性和公平的社會，理論性較強，法律原則列於法典之中；普通法的發展在於解決紛爭，其發展相對較片面，不少原則往往取決於個別案件的實際情況，但亦因此較具彈性，這套制度較注重法律的實際運作多於抽象理論。第三，由於普通法依賴法院在判案時建立法律原則，若不同的法院向不同的方向發展這些法律原則，便得由上一級的法庭來定奪，最後由一個終審法院作最權威性的解釋。因此，普通法的法院制度採取金字塔形式，上級法院的判例對下級法院有約束力，制度的頂點必定有一個終審法院，對法律原則作統一和權威的演繹。在大英帝國最鼎盛的時期，倫敦的樞密院成為全球近四分一地區的終審法院。相比之下，歐陸法制沒有嚴格的判例制度，因此亦沒有需要有一個金字塔式的法院制度，例如德國便在不同的法律領域有不同的終審法院。

第四，歐陸法的審訊採取調查式，由法院主導，法院可以主動傳召證人及要求控方協助搜羅證據。普通法則採取抗辯式，由雙方各自提出證據和論點，然後由獨立的法官作出裁決。這種制度比較依賴律師，程序的公平性較強，但由於案件的主導權在訴訟雙方，法官的角色較被動，在發現事實真相方面，有時會比調查式審訊為遜色。

最後，法官的來源在歐陸法制和普通法制亦大相逕庭。歐陸法制設有專門的培訓法官學院，一般相當於大學程度，學員畢業後便可被任命為法官。普通法制的法官則主要來自執業大律師，必須具備一定的工作經驗。法官在普通法制內享有頗崇高的地位，因此能吸引不少出色的大律師加入司法行列。

儘管普通法制和歐陸法制有不同的歷史發展，但他們均建基於歐洲的自由主義和人民思想，尊重個人權利，重視公義平等。經過幾百年的磨合，兩個制度互相影響，互補長短，例如歐陸法制的最高法院，審訊也是較傾向抗辯式，亦開始較注重判例以保障法院判案的一貫性。同樣地，普通法制中一些專門法院如勞資審裁處或小額審裁處，因為涉及的賠償金額較少，故一般不容許律師代表。這類的審訊會比較傾向調查式。民事程序改革，亦給予法官對審訊有更大的主導權。此外，普通法的原則，散布於八百多年的判例，較難普及，近年普通法亦傾向將重要的案例原則收納於成文法，《貨品售賣條例》便是將幾百年的相關判例原則，歸納成為該條條例六十二條條文之內。

二 《中國憲法》和《基本法》：剩餘權力和隱含權力

近年中國官員談到一國兩制時，總有意無意地避開《中英聯合聲明》。由一八四二至一九九七這一百五十五年間，香港由英國統治，因此香港實行了普通法和西方資本主義，以至生活方式及核心價值皆有別於內地，這是不爭的歷史事實。

因此，中英兩國才要在一九八二至一九八四年間就香港前途展開談判，最後雙方達成協議，英國願意在九七年後歸還香港，中國則同意讓香港保留原有的社會、經濟和法律制度及生活方式，並以附件一詳細列出一國兩制的具體內容。《聯合聲明》更清楚指出，附件一所列對香港的方針政策將以法律規定，並保證五十年不變。其後中方制定《基本法》，落實《聯合聲明》內中英兩國同意對香港在一國兩制下的具體政策。

重申這段歷史，旨在指出《基本法》和《中國憲法》的關係不能脫離歷史作考慮。《基本法》來自《中國憲法第三十一條》，但《基本法》的主要內容早已受《中英聯合聲明》規範，並非中國可以任意修改。而《中英聯合聲明》最重要的一點是回歸後中國社會主義法制並不適用於香港，當年人大常委會委員長彭真便曾清楚指出，除第三十一條外，《中國憲法》的其他部分並不適用於香港。明顯地，《中國憲法》內涉及社會主義的條文便不適用於香港，憲法其他部分界定國家機構如人大、人大常委會、國家主席、國務院等，從回歸一國這角度看當然適用於香港，但當這些機構就香港特區的運作行使相關權力時，這些權力便會因憲法第三十一條而受制於《基本法》，在這層面《中國憲法》便不適用於香港。

另一種說法是《基本法》乃國家賦予香港的，所以《基本法》沒有清楚說明的事情或權利，香港便不擁有。按此推論，《基本法》好像沒有提到吃飯的權利，那香港人是否不擁有吃飯的權利？

很明顯，作為一部憲法性的文件，《基本法》不可能鉅細無遺地將所有可以做的事情均羅列出來，有些事情是明確列出的，有些是隱含的，有些是合理推斷或伸延出來的，也有些是從文字解釋推敲出來的。就等如吃飯的權利，中國人認為民以食為天，舉凡節日喜慶，總要大吃一頓，而不少重大事情，商業談判以至國際交易，也往往是在飯桌上達成共識，但這麼重要的一環，怎麼在《基本法》內遍尋不獲？當然，《基本法》保障不受非法剝奪生命的權利，但這和吃飯並不止於溫飽似乎仍有一段距離。也可以說吃飯的權利包含於人身自由的權利，那人身自由又包括什麼？又或這屬於享受社會福利的權利，但似乎有點牽強。那麼，不如歸納於其他受法律保障的權利和自由這一項？根據普通法，沒被禁止的行為便屬合法，這便包括吃飯的權利了。噢！《基本法》還有提到《經濟、社會與文化權利國際公約》，這公約便有提到生存和吃飯溫飽的權利，這不就很清楚了嗎？這個例子只想說明，如果吃飯的權利也要這樣迂迴曲折，那

《基本法》沒明文規定香港便不享有這論點，便是過分簡單的論述。

在大部分的情況下，其實無須糾纏於剩餘權力的爭議，《基本法》賦予特區不少權力，這些權力亦必須包括達致《基本法》條文目的所合理需要的權力，例如生存的權利自然隱含吃飯睡覺以維持生命的權利。立法會對政府的工作提出質詢的權力，自然包括要求政府提交相關文件和資料的權力。這些隱含的權力，往往可以解決《基本法》沒有明文規定的問題，亦可以避開剩餘權力所引發的主權爭議。

有些中國學者認為《基本法》是國家法律，國家法律自然是由國家賦予的。持這種觀點的人可能忘掉了《基本法》是用以落實《中英聯合聲明》的協議，換言之，在草擬《基本法》時，國家並非完全可以自由決定《基本法》的內容與規定。而且，《基本法》草擬歷時五載，當中有不少港人的草委會和完全由港人組成的諮委會負責草擬和諮詢，整個過程是相等於一個制憲的過程，當中亦有不少地方是經過充分討論和相互讓步的結果，就如陳兆愷法官指出，《基本法》具備國家法、憲法和國際法三個層面，不能單一從中國國內立法的角度來理解或詮釋。

二　《中英聯合聲明》的效力

中方反對英國國會外交事務委員會成員訪港時，據報道中國駐英代表向英方表示，《中英聯合聲明》在九七年七月一日起已無效，中國官方隨後亦發表類似觀點，香港有些人士隨即附和，指《聯合聲明》在八五年開始生效，但當《基本法》在九七年七月一日生效後，《聯合聲明》便告失效。

這是一個很奇怪的論點，若這論點成立的話，即意味中方在九七年七月二日撤銷《基本法》和廢除一國兩制均不會違反《聯合聲明》，那英方為何需花兩年時間與中國談判香港前途問題？從英國的角度看，她本來已在香港行使實質的管治權，而這管治最少也可延至九七年，若果《聯合聲明》只是換取她已在實際行使的權利，這條約對英方還有什麼意義？《聯合聲明》對九七年以後的香港有詳盡的規劃，尤其在土地、金融和法制方面，英方花了不少時間與中方談判這些規劃，難道這些努力只是英方一廂情願，任由中方在九七年恢復行使主權後可以隨意改變？這是一種完全脫離現實的解釋！

這種論點亦同時意味着一旦中國行使主權後，中方的任何承諾便可隨即失效，若是這樣，《聯合聲明》又何需大篇幅勾劃出九七年後香港的制度？中方的論點將條約的利益全歸中國，這種對條約的理解是難以成立亦不合理，若中國是這樣處理國際條約，又怎能期望日本、菲律賓等國家會相信中國會以互惠互利的立場來協商對主權的爭議？

從條文的演繹上亦可看到這論點是站不住腳的。《聯合聲明》第七條指出，中英政府同意落實前述的聲明和附件，同意落實這些聲明的不單是中方而是中英雙方，而這些「前述聲明」是指第三條中對一國兩制的原則和附件一的詳盡規定，這些規定皆是關於九七年後香港的制度。而第三條第十二款則指出，這些基本政策將維持五十年不變。換言之，這是中方向英方嚴肅的承諾，這些政策在二〇四七年六月三十日前會維持不變，它不是說中方在九七年七月一日便可以單方面改變或推翻這些基本政策，亦即是說，《聯合聲明》的有效期是到二〇四七年六月三十日。

邵善波先生對以上的觀點提出兩點主要回應：一，《聯合聲明》只是一份歷史文件，並無法律約束力。二，人大的地位儼如英國國會，有至高無上的權力，可以透過決議補充《基本法》的內容。這兩點均出於對法律的誤解。

首先，他認為《聯合聲明》只是一份「聲明」，唯一協議是英方同意歸還香港，並在九七前設立聯絡小組處理過渡事宜。在國際法上，一份協議叫什麼名稱並不會改變協議的性質，是否一份具法律效力的協議要看協議的內容。第二，《聯合聲明》在聯合國註冊為國際協議，第七段清楚指出，中英同意「各項聲明及其附件」均會付諸實施。第三，對國際協議的解釋是採取客觀及良好意願的原則（Principle of Good

Faith），根據邵先生的論據，中方對香港的政策並非中英協議的一部分，《聯合聲明》在香港回歸後便失去效力，那麼，若中國在九七年七月一日決定推翻《聯合聲明》內關於香港的政策，這並沒有違反《聯合聲明》，這是一種明顯荒謬的演繹方式。就如上文所述，英方花了兩年時間談判香港前途，結果只是無條件歸還香港，中央政府在《聯合聲明》中的承諾只是中方單方面的意願，隨時可以更改，這種對國際條約的解釋完全有違常理。至於說英方沒對《聯合聲明》的落實表示不滿，這並不等如《聯合聲明》沒有效力，而實情是英方每次表示關注時中方便指人家說三道四。

至於第二點，英國國會至上的原則，只是指英國國會享有至高的立法權力，英國國會並不能透過決議修改法律。根據中國法律，人大可以透過釋法解釋或補充原有法律，但人大是否可以透過決議補充法律亦極具爭議，更遑論英國國會是透過民主選舉產生的。

法院錯判怎辦？

最近收到一封自稱為美國華僑的來信，內容指我們不該反對人大釋法，並指香港終審法院猶如加州的最高法院，若它判錯了，聯邦最高法院可以作出更正，聯邦最高法院的地位等同人大常委會等。這個比喻有點不倫不類，加州最高法院擁有對加州管轄事務的終審權，只有屬聯邦政府管轄的事務才可上訴至聯邦最高法院。聯邦最高法院由資深法官組成，聆訊是公開進行，與訟雙方均有陳詞的機會。法院會在判詞中對其判決作出詳盡解釋，這和人大常委會閉門作政治釋法相距十萬八千里！人大是一個立法機構，聯邦法院則是司法機構，美國國會才是人大的對等機構。

然而，法院判錯案怎辦？這是一個常常被提及的論點。當然，法院不是絕對正確無誤的，但所謂「錯」所指為何？「錯」可以是指法院的判決造成一些社會不便，這些政治或經濟後果是社會無法承擔的。這種「錯」並非法理原則的錯誤，社會得就這些後果作出討論和提出應付的方法，需要時可能要透過修改法例或憲法來改變判決。

另一種「錯」是法理邏輯的謬誤。這也要區別「錯」與「不同意」，例如我不同意在「剛果案」中大多數法官的意見，但我卻不能說法院錯，因為合理的人也會有不同意見的時候。由於早前已有兩級法院對有關法理問題作出裁決，終審法院在法理上犯下彌天大錯的機會也較少，這種「錯」，其實只是不同意法院的判決。若果社會不接受或不同意終審法院的判決，解決的方法還是交由立法機關透過修改法律的程序作出相應的修法，而非由一個閉門討論的政治機構作出解釋。

當然，法院也可以在法理上犯錯，學者便不時在學術刊物上指出法院在演繹法律上犯上錯誤。有時候，因為時移世易或環境改變，以致先前的判例顯得過時或不合理，在這些情況下，律師們一般很快便會透過上訴或找機會在另一宗案件對先前的判例提出質疑。若錯誤出於終審法院，終審法院有權推翻其先前的判決，但由於在終審前最少有兩級法院對相關的法律問題作出仔細考慮，終審法院犯上技術性錯誤的情況並不常見。為了維護法律的穩定性，終審法院亦會非常謹慎處理任何要求對推翻其原先判例的論據，英國上議院法庭在一九六六年指出，作為當時英國的終審法院，它有權推翻自己先前的判決，但在隨後的三十年，上議院法庭只曾在十一宗判案中行使這權力。換言之，若是技術或法理的錯誤，普通法是有自我調節和改正的機制。

回歸二十年：香港和澳門

香港回歸二十周年，剛成為中國領導人的新貴，自然要南來大灑銀両大肆慶祝。本來洗洗太平地，整潔市容倒也無妨，但聽聞要動用近萬警力，務求令領導人所到之處，方圓幾里內皆無閒雜人等，大小遊行一律禁止，更傳中資準備托市，務必令恒指處於高位，粉飾太平之餘，更要做到歌舞昇平。回歸才二十年，香港怎地變得這樣陌生？夜來隨手翻開久違了的《笑傲江湖》，看到任我行以教主之尊登上華山，沿途教眾高呼「千秋萬載，一統江湖，文成武德，澤被蒼生」，忽覺驚心動魄，可有一天，這種場面也會在香港出現？

二十年可能更加適合好好反思何謂「一國兩制」，人大委員長張德江突然南巡，駕幸濠江，盛讚澳門治理有方，弦外之音路人皆知，倒是言談間所顯示領導人心目中的「一國兩制」來得有趣。澳門為《第二十三條》立法，走在維護國家安全的最前線，行政、立法和司法合作無間，議會運作良好，社會安寧，沒有不滿的聲音，中央政府高度評價。這就是中央政府心目中的「一國兩制」。

香港和澳門是兩個截然不同的社會。香港二〇一六年的國民生產總值是澳門的八倍，人口是澳門的十二倍。澳門相對上是較單一的城市，旅遊和賭業佔了政府總收入的七成，經濟上極端依賴內地。二〇一五年內地收緊前往澳門的內地旅客簽證，國民生產總值便下跌百分之二十六點四。在這種經濟、政治和文化背景下，澳門緊貼中央意旨是可以理解的。反觀香港，一直以來均是一個中西文化匯聚的國際城市，經濟對外開放，與國際高度接軌，資訊流通，亦易受外來因素影響。城市文化多元和複雜，崇尚自由、法治、廉政、高效的核心價值，從來不是一個一言堂或唯唯諾諾的社會，一國兩制要保存的正是這些核心價值和有異於內地的思維、制度和管治文化。可惜，近年的領導人已漸漸忘記了兩制的原意，不斷將內地的一套思維和管治模式搬來香港，一國兩制已變得愈來愈面目模糊！

在領導人心目中，澳門是成功的，因為澳門已漸漸變為一個中國城市。澳門也是行一國兩制，但今天的澳門和深圳還有多大分別，兩制還剩下多少？

二 回歸二十年：《基本法》的解釋

在一國兩制下，法律制度是兩制的最大分別，能否維繫香港的普通法制度，便成為衡量一國兩制是否成功的一個重要因素。

在普通法制度下，立法機關負責制訂法律，司法機關則負責演繹法律，並負起平衡個人權利和公眾利益的重任。在闡釋法律條文時，法院一方面要反映立法原意，一方面要平衡不同的權益，既要與時並進，亦要保障社會的核心價值。法例要規管未來，但總有些事情是立法機關沒法預見的。法院不是立法機關，有其獨特的權限和角色，不能隨意以解釋法律為名，填補法律上的空缺。立法原意須要客觀地從文義推敲，而非透過徵詢立法會成員或行政機關來確定。為保持法律解釋的客觀性，普通法發展出一系列關於解釋法律的原則，避免法律的解釋會因人而異或隨政治氣候而改變。

就以「議員宣誓案」為例，法院要解釋何種行為才構成「拒絕或疏忽」宣誓，除了字面的解釋和法院過往曾作出的相關判例外，辯方追溯法律條文的來源和演變，宣誓的由來和目的，該條文和其他條文的關係以及涉及的憲法權利和原則，控辯雙方各自就這些問題作出詳細論述。法院要平衡各方的論據，反覆推敲後才作出判決，而這種推論和演繹是普通法中常見的情況。

反觀人大釋法，基本上是現政權對法律條文的補充，解釋取決於當權者的政治取態，如《基本法》附件沒有說明如何進行政改，人大常委會便增補加入政改五部曲；《基本法》沒說明特首出缺時，繼任人出任餘下任期時是否已屬一任；亦沒說明議員改變宣誓的形式和內容時該如何處理，人大常委會便透過釋法填補這些空缺。這種釋法，既不受現有條文所限制，亦不須作一些客觀的推論，解釋隨政治氣候變化而異。與其說是解釋，更恰切的是這是補充立法。

人大釋法這種以政治取向掛帥的解釋方法和普通法追求客觀推理的制度是格格不入的，這是為何人大常委會每次釋法均會對香港法律制度作出很大的衝擊。回歸二十年，釋法接二連三，最近一次更直接衝擊法院的判案，中央政府這種強硬取態，只會令人憂慮兩制還能維繫多久。

二 回歸二十年：自我約束

「一國兩制」基本上建基於兩條支柱之上。第一是和中國的關係。無論在政治或經濟層面，香港均無法和中央抗衡。從一開始，一國兩制已是建基於很脆弱的自我約束之上。作為一紙條約，《聯合聲明》並沒有任何強制或解決爭議的機制，從法律層面而言，它賦予英國法律和道德責任，關注香港在二〇四七年之前的發展符合《聯合聲明》的協議，但亦僅此而已。落實一國兩制，最終還是取決於中央政府的自我約束。

容許香港有不同的經濟制度、法律制度、社會制度、生活方式和文化，其實都涉及自我約束。上一代人看下一代人，總有不少地方看不順眼，當年我輩喜歡留長髮，穿喇叭褲，被不少長輩指責為「飛仔」，甚至引發兩代之間的衝突。曾幾何時，當年不少反叛的「飛仔」，都成為今天的社會棟樑。中國人有種壞習慣，就是什麼都要管，卻不懂什麼時候不要管。個人如此，制度亦如此，幾千年的悠長歷史，就是沒有發展出一套制衡權力的制度。歷代君王皆集大權於一身，最終亦因為這種不受約制的權力引致腐化和覆亡。封建時代如此，共和時代亦如是。上有皇帝夢，下有諸侯夢。權力不受約制，貪污腐敗和奉承文化自然應運而生。

回歸初期，中央政府確實曾作高度自我約束，當時有些港人不滿香港電台整天在制作諷刺政府的節目，要求北京將港台整治一下。北京當時的回應是港台獨立是香港的內部問題，應由香港自行處理，北京不應干預。幾年前饒戈平教授找我談香港問題，我問饒教授，回歸前香港人很擔心解放軍進駐香港，回歸十多年後，香港人普遍對解放軍有良好的印象，他可知是什麼原因？我告訴他，解放軍沒有介入香港事務，沒有強調它的存在，反而贏得香港人的尊重。香港人絕大部分是理性和尊重國家，但兩制有很多不同的地方，要一國兩制成功，便要容忍不同的制度和處事方式，中央的介入，往往只會產生反效果。回歸二十年，中央領導人一再強調香港不是三權分立，中央地方不是分權。這些說話，不會改變香港人的看法，只是重演中央不懂約束權力的歷史悲歌。

二

回歸二十年：法治

「一國兩制」基本上建基於兩條支柱之上。第一是中央政府的自我約束，這點上一章已作討論，第二條支柱則是香港的法治。

普通法的法治是一套制度和價值，這套制度，經歷了《大憲章》和君主立憲，它崇尚客觀理性、尊重個人自由和尊嚴。十三世紀的《大憲章》，為人身自由和公平審訊奠下基石；十六世紀的君主立憲，推翻絕對皇權，建立權力互相制衡的制度，避免權力集中而造成濫權，並鞏固獨立的司法制度，一方面將政府的權力限制於法律的範圍內，另一方面則平衡政府與個人權利的衝突。法律用以約束公權，當基於重大公眾利益而需要限制個人自由時，法治社會對相關的法律會謹慎處理，以維護法律背後的目的和精神，從而保障而不是壓制個人自由和權利。

內地自一九七八年改革開放以後，亦一直在追求所謂法治，口號是「有法可依、有法必依、違法必究」，這種對法治的理解，對剛從無法無天的文化大革命走出來的中國，無疑是有其歷史意義。然而，四十年後，中國對法治的認識，仍然停留在依法治國的層面，法律是統治的工具而非約束公權的手段，刑法不再是維護公眾利益而是穩定政權的利器。在這種思維下，在提出刑事檢控時，考慮的只是有關行為是否違法，而不再問有關法律的背後精神。於是，法院便須和政府配合，不能出現「警察拉人，法官放人」的局面。事實上，內地的重大案件，從沒有被告能成功脫罪的。

內地這種法治思維，近年亦漸漸蠶食香港的制度。政府不斷強調守法，一些檢控令人啼笑皆非，沒有合適的控罪，便千方百計絞盡腦汁地找到一些隱晦的罪行提出檢控！香港人自己衝擊自己的司法制度，於是當法院判決不合乎一方的政治訴求時，便對法官作人身攻擊。內地亦開始不再尊重香港的法制，肆無忌憚地在港越境拉人，更在法院宣判前夕趕緊釋法，向法院施加壓力。當年「剛果案」涉及中央在非洲的重大利益，中央尚且依從香港的法律制度，參與訴訟和上訴，今天則因幾句誓詞便直接干預香港的司法制度。回歸二十年，法治倒退，是欷歔多於欣慰！

二 回歸二十年：人心歸向

一位來自北京的記者朋友問我，為何市面沒感覺到什麼慶祝回歸的氣氛？我笑說灣仔北那邊便有回歸的氣氛，不過那一帶守衛森嚴，閒雜人等不能隨便進入。也就是說，在領導人下榻和經過的地方才有熱烈慶祝，氣氛由官方一手營造出來，與我一眾平民百姓無關，難怪社會整體的氣氛是相當淡然的。

慶祝活動倒不是沒有，七一那一天便聽到不少朋友相約慶祝梁振英的五年管治終於告一段落！五年前「一支筆，一張紙，一張凳去聆聽民意」的承諾言猶在耳，五年來卻是爭鬥不絕，發律師信控告平民和傳媒的次數冠絕所有特首。五年前說香港再沒有梁營、唐營或何營，只有香港營，五年後做到了，香港只有反梁營，就連建制派的中堅分子都望他早日離任，讓香港早點結束撕裂的日子！

七一前夕，劉曉波終於獲准保外就醫，這不單沒令外界感到中央的寬大，相反，更多人的感覺是憤怒、悲哀和無奈。劉曉波在二〇〇八年「世界人權宣言」六十周年發表「零八憲章」，呼籲中共政府進行民主改革和改善人權狀況，因而被判煽動顛覆國家政權罪成，判囚十一年徒刑，妻子劉霞亦因此遭受軟禁多年。一個在有形的監獄中服刑，一個在無形的心獄中飽受身心折磨。服刑差不多期滿，到患了末期肝癌，生命已走到盡頭時，才獲准保外就醫，這就是一個愛國知識分子的悲劇命運。

被以言入罪的異見人士又何止劉曉波？在中國被迫害的知識分子多如恆河沙數，文革期間多少慘絕人寰的迫害事件還歷歷在目，這一代的領導人強調要汲取歷史教訓，但劉曉波和劉霞的遭遇不正是說明歷史仍不斷地重演？他們都是愛國的，但愛國實在是太沉重了！愛國並不是靠強迫尊重國歌，訂立煽動分裂國家這些嚴刑峻法，或推行灌輸歌舞昇平的國民教育可以強迫出來的。一個不敢面對歷史的政權是難以贏得人民的尊重，一個不懂尊重自由民主和個人尊嚴的政權又怎能燃起人民愛國的情懷？如果今天的政權能夠更加開放，更加尊重人權、自由和法治，這會比任何國民教育來得更加有效。

回歸二十年：歌德與批判

回歸二十年，大肆唱好一國兩制的言論此起彼落。誠然，相對於不少地方，香港仍是一個相對自由和開放的城市，但這是否等如一國兩制已成功落實，甚至是取得空前成果的偉大事業？一個不懂得自我批判，只懂陶醉於歌功頌德的政權是沒有前途。

九七年樓價高企，二十年後樓價比九七年高近一倍，貧富懸殊位列世界首位。九七年大部分人對回歸存有期盼，二十年後社會嚴重撕裂，政府用人唯親，社會愈趨不公平，中央駐港機構則事事插手。社會核心價值逐漸褪色，移民潮再現，九七前的移民是出於對未來不可知的擔心，現在的移民卻是對未來可知的死心。回歸初期大家相信《基本法》保障香港的人身自由，內地的執法人員不會在港執法。二十年後，李波在香港被失蹤，中央政府至今仍沒任何交待。高叫一國兩制成功落實的人似乎已忘記了李波，桂民海和肖建華，但忘記了便等於沒有發生和不會再發生嗎？二十年來，第一任特首腳痛下台、第二任特首鋃鐺入獄、第三任特首弄到民怨沸騰、第四任特首令社會嚴重撕裂，這就是成功落實一國兩制？

「居港權案」政府沒好好設想如何有秩序落實終審法院的判決，只懂尋求釋法，阻止內地兒童來港，幾年後卻因出生率下降而要殺校。人口結構和老化並非一朝一夕的事，當日若能從人口政策考慮問題，釋法可能可以避免。曾蔭權接替董建華餘下任期是否屬一屆任期只會影響他一人，而且影響只會在七年後他打算爭取第三次連任才會出現，這個問題有什麼急切性不能由香港法院決定而要人大釋法？「梁游案件」法院宣判在即，為何人大常委會要趕在周末開會，搶閘在法院作出判決前對法院要處理的問題作出釋法？

張浚生問，訂立法律的人解釋法律有何問題？問題正在於他看不到有何問題（見下篇〈人大釋法〉）！他抱怨二十年人心沒回歸是因為有些人被洗腦，是國民教育做得不好！但他又可曾想過，富甲一方的暴發戶未能贏得女子的芳心，是因為女子更重視的是他的言行，處事的態度和價值；是他那種對權力的驕橫，對自由的恐懼和不容異見的心胸令她失望！

二

人大釋法

回歸以來，人大常委會就《基本法》一共作出了五次釋法，每次釋法均對香港的法制造成巨大的衝擊，人大釋法究竟是怎麼一回事？

釋法的理念

所謂人大釋法，是指人大常委會就《基本法》某一法律條文作出解釋。人大基本上是一個立法機關，人大常委會則是在人大休會期間代表人大執行職權的機構，同樣屬於立法機構。這種由立法機關解釋法律的制度，部分源自社會主義的理念，部分則源自實際需要。新中國成立之初，受社會主義屏棄三權分立的思想影響，認為有權立法自當有權解釋法律，畢竟唯有立法者才最掌握立法原意。另一方面，在法治建設的過程中，全國各地法律人才的水平極為參差，為了避免全國各地對同一法律條文出現不同的解釋，人大釋法便提供了一個統一的解釋，令法律不會因人而異或因地而異。

這兩點理由，近年在國內亦不斷受到質疑。首先，立法原意並非想像中簡單，它在解釋法律時固有其重要性，但立法原意並不等於立法者的意思。以香港為例，七十位立法會議員即使一致通過某一法案，亦可能各自基於完全不同的考慮，那一位議員的意見才能反映立法原意？這樣推敲立法原意便會變得主觀，故要客觀地參詳立法原意，只能從法律文本中推敲，立法原意不能偏離法律條文所能容納的限度。既然立法解釋須建基於客觀的基礎上，那由立法機關行使解釋權便非必然。

—— 人大第一次釋法

一九九九年六月，人大常委會應特區政府的要求，就《基本法》第二十二條及第二十四（二）（三）條作出解釋，這一條說，「香港永久居民」包括香港永久居民在香港以外所生的中國籍子女。回歸前後，大量香港永久居民在內地出生的中國籍子女湧到香港，聲稱根據《基本法》的條文，他們屬香港永久居民，可獲香港的居留權。港府拒絕，並緊急修訂《入境條例》，規定所有申請居港權者，必須出示相關的證明書核實其身分，該證明書只能在內地申請，但申請人必須先取得由內地公安機關發出的離境批准才能獲發證明書，換言之，申請人的居港權便取決於內地的公安機關。於是，這些在內地出生的子女便向法院提出司法覆核，指證明書的規定並不符合《基本法》。港府則辯稱該安排乃源自《基本法》第二十二條，該條規定中國其他地區的人士進入特區，必須先辦理批准手續。

終審法院在「吳嘉玲案」這宗居港權案中裁定，第二十二條所指的中國其他地區的人士並不包括享有居港權的人士，香港永久居民離開內地來港並不須要辦理批准手續，這一解釋符合一國兩制的原意，故第二十二條並不適用，因而裁定將居港權與內地公安批出單程證掛勾有違《基本法》所保障的居港權。特區政府認為這裁決將導致近一百六十八萬港人在內地所生的子女享有居港權，這會對香港造成極大的衝擊，遂要求人大釋法推翻終審法院的裁決。人大常委會在第一次的釋法中指出第二十二條涵蓋在內地享有居港權的人士，推翻了終審法院的判決，並指立法原意可見於一九九六年籌委會的報告書。

—司法獨立和立法原意

香港的法律界為何這樣抗拒人大釋法？首先，終審法院聆聽了涉案雙方對相關條文的解釋的詳盡陳詞，然後在判詞中對其裁決作出詳細解釋，引經據典，反覆推敲才作出裁決，但法院的判詞卻可以被一個政治機構所推翻，而過程完全不透明，理據亦欠奉，這樣會對司法獨立造成重大衝擊。人大常委會儼然最終法院，可以任意推翻終審法院的判決，這會令人憂慮法官判案時是否得考慮人大常委會的反應，若法官判案要考慮政治機構的反應，司法獨立便蕩然無存。

有人問，假如終審法院就某一條法例作出了一個對社會引起巨大衝擊的判決，那該怎樣處理？最明顯的解決方法便是修改法例。修訂法例要經過既定的立法程序，透過民選議會的辯論才作出修訂。修訂有時是補救原來立法時的遺漏，有時是針對新出現的問題。沒有一個立法機關能預知未來，故法例須要不斷更新修訂。因此，人大在一九九〇年通過《基本法》時無法預見二十年後香港會出現的問題完全不足為怪。當問題出現了，最明顯的解決方法自然是修改《基本法》。

可是，人大釋法將解釋法律和修改法律的分別變得模糊。例如在「莊豐源案」，該案涉及內地雙非孕婦來港產子的問題。有別於「吳嘉玲案」，「莊豐源案」涉及在港出生的人士的身分。《基本法》第二十四條清楚說明：特區永久居民包括「在特區成立以前或以後在香港出生的中國公民」，有些人要求人大解釋，將這一條改寫為「特區成立以前或以後在香港出生的中國公民，但在出生時父或母任何一方皆非特區居民除外」。這樣的修改已非解釋而是修訂，但前者是閉門作出的政治決定，後者則是公開的法律程序。若將修訂變為解釋，《基本法》便很容易被解釋至面目全非，假解釋之名，法律可以被隨意修改，也可以隨政治氣候而改變，法律便會失去其莊嚴，穩定和客觀理性這些法治制度的根本素質！

有說這解釋只是反映立法原意，但那裏才找到這立法原意？既是立法原意，自當是訂立法例時的原意，這原意只能在立法時的文件裏尋找，又怎會在法律通過六年後的籌委會報告書裏出現？籌委會報告書只是列出籌委會對《基本法》條文的理解而非立法原意，若接納籌委會的報告書為立法原意的依據，那以後解釋法律均可在法律通過長時間後的文件裏鑽。立法原意必須有客觀的準則，否則立法原意只會成為統治者的意志，揣摩立法原意便會變為揣摩統治者的意思，法律的解釋將變為政治的解釋，法律會淪為政治工具，法院也不再獨立運作而會變為揣摩政治，為政治服務的機構，這正是普通法制與內地法制的最大差異，也是為何香港的法律界這樣抗拒人大釋法。

第二及第三次釋法

人大第二次釋法涉及政改的程序，即所謂五部曲程序。根據《基本法》的附件，任何政改的建議的最後決定權在於人大常委會，而這次釋法，則將啟動政改的決定亦由人大常委會牢牢操控。於是，任何政改建議，若沒有人大常委會的同意，則連啟動也無法進行。

人大第三次釋法則是毫無需要，這次釋法涉及《基本法》內對特首任期的理解。當時董建華在任內辭任特首，曾蔭權被任命為餘下兩年任期的特首，問題是這段餘下任期的任命是否視為一任。若被視為一任，則曾蔭權最多只能出任七年特首；若不視作為一任，則曾蔭權可以出任特首十二年。這種解釋法律條文的問題，香港法院絕對有能力處理，但人大常委會卻要匆匆作出解釋。可是，這問題在全香港只會影響曾蔭權一人，而且這影響只會在七年後當他決定出選特首時才會發生。當問題完全沒有迫切性，影響亦極輕微的時候，人大常委會是否不該行使解釋權？

第四次釋法

人大第四次釋法是唯一一次合理行使釋法的權力，亦是唯一一次由終審法院提請釋法。這次涉及的問題是剛果共和國作為一個主權國是否受香港法院的管轄。根據普通法，一個主權國一般不受另外一個國家的法院管轄，但有一個例外的情況，即當主權國所涉及的行為完全屬商業行為，那主權國的角色和一般商業機構並無分別，在這情況下主權國便不能獲得豁免。終審法院在這問題上並未能取得一致的共識，兩位持少數意見的法官認為，一個國家是否獲承認為一個主權國，這是一個政治問題，該由中央政府決定。但一旦中央政府承認該國家為一個主權國，這主權國在法律體系內獲得什麼豁免權便是一個法律問題，應該由法院作出決定，這並不涉及任何國防外交的問題。其餘的三名法官並不同意，他們認為在外交問題上，國家的立場應該是一致的，在這方面法院應該盡量配合，以避免一個主權國在中國境內不同地方會享有不同的豁免。再者，由於這涉及外交問題，根據《基本法》第一百五十八條，終審法院在作出終局判決前須提請人大常委會釋法。

與此同時，終審法院亦為提請程序作出一些程序上的規範，包括終審法院會就相關的法律問題作出一個初步判決，一方面為人大常委會在作出解釋時提供參考，另一方面亦讓涉案各方有充分陳詞的機會，法院在考慮了這些陳詞後才作出初步判決及分析所有相關的理據。法院亦會在諮詢涉案各方後制定提請人大常委會解釋的問題，人大常委會最後的解釋亦沒有逾越這些問題的範圍。這些程序上的規範，既豐富了人大常委會考慮的因素，亦減低釋法的隨意性，並為人大常委會所接受。

— 第五次釋法

第五次釋法對普通法制度的打擊最為深遠，這次釋法涉及《基本法》第一百零四條關於對立法會議員在宣誓就職時作出宣誓的要求。事緣梁頌恆和游蕙禎兩位新獲選的立法會議員，在就職宣誓時作出了一些具侮辱性的行為，事後律政司提出訴訟，以他們拒絕或疏忽作出宣誓為由褫奪兩人的議員資格。

人大常委會在法院處理「宣誓案」期間作出釋法，其影響遠比過往任何一次釋法更為深遠。根據《基本法》第一百五十八條，人大常委會有權釋法，但這一條同時賦予香港各級法院自行解釋《基本法》，只有案件到達終審法院，並在某些情況下終審法院才須提請人大釋法。這個安排，正體現人大尊重香港的司法制度，當案件仍在香港的法院處理時，人大不會隨便干預，而會留待終審法院作終局判決前透過法院提請才進行釋法，目的就是要避免衝擊香港的法制。「剛果案」涉及中國在非洲的龐大利益和外交政策，上訴法院的判決和中國的政策南轅北轍，人大尚且沒有馬上行使釋法的權力，便正因為在審訊過程中進行釋法會嚴重破壞香港的司法制度。

在「梁游案」中，政府認為宣誓涉及議員的資格，這是法律問題，應由法院處理，而梁游兩人當日的表現，已構成《宣誓及聲明條例》所指的拒絕或忽略宣誓，故根據該條例他們已喪失議員資格。立法會及該兩名議員則認為，如何處理宣誓問題屬立法會的內部事宜，由於涉及褫奪議員的席位，立法會已有既定程序處理，法院不宜在此刻干預。於是，法院要處理的問題包括誰人才有權決定宣誓是否恰當及議員當日的行為是否已構成拒絕或忽略宣誓，從而失去議員的席位。釋法正是針對這些問題，若這不是衝擊司法制度，還會是什麼？

這次司法覆核由律政司提出，釋法傳遞的訊息是中央不放心由法院處理，亦無須理會港府並沒要求釋法，而要先行定斷。有人說人大釋法可協助法院判案，由政治機關指示法院如何判案，這不是摧毀司法獨立，違反第八十四條法院進行獨立審判，還會是什麼？

釋法詳述何謂拒絕宣誓，加入真誠、莊重、完整、準確的要求，宣誓無效的後果等細節，有部分其實已清楚列於《宣誓和聲明條例》和先前法院的判決，釋法重申相關法律的規定是多此一舉！至於新加入的規定，那就等如人大直接替香港立法。此例一開，只要中央認為涉及國家安全便可罔顧香港的法制，至此，一國兩制已名存實亡！

支持人大釋法者認為，釋法可釐清對宣誓的要求，壓止港獨的蔓延，並恢復立法會的秩序。即使撇除衝擊法制的沉重代價外，這些目的又是否可達到？

有些人說，釋法只是作一些原則性的規定，並非針對當前法院的案件。這種說法近乎自欺欺人，釋法的內容正就是當前法院要處理的問題，難道這只是巧合？也有些人說，釋法只是重申香港法律的原則，不影響司法制度，但若這些原則已屬本地法律，那又何須釋法？將已有的原則重列於釋法，便成為《基本法》的一部分，最終的解釋權便落入人大常委會手中。同樣的原則由人大常委會來演繹，當然不再受普通法解釋法律的規限。

釋法的內容亦引發不少問題，日後監誓人的決定是最終判決還是仍受司法覆核的制約？法定人員行使法定權力，一般均受司法覆核的制約，結果還是要訴諸法院。若不受法院約束，則釋法便涉及褫奪法院的權力，普通法對此有很嚴謹的規限，不能隨意褫奪法院的司法管核權。監誓人是否有權因議員違反誓詞而褫奪議員的席位，還是仍要經過立法會三分二表決通過，這仍相當具爭議。釋法是否有追溯力是另一大疑問，追溯力會追溯至九七年七月一日，影響的亦不單是立法會議員，要追究每一位議員或官員的席位是否合法，若屬違法他所作的投票或決定是否有效，這些問題皆牽連甚廣，亦可以引起很多不穩定的情況。

釋法以後，建制和泛民雙方皆提出司法覆核，再加上參選的聲明等，可預見官司不絕。即使成功褫奪梁游兩人的議席，補選只會帶來更多的衝擊。議會外港獨之聲恐怕不會因釋法而休止，議會內誰人的言論會違反誓詞之爭恐怕亦會不絕於耳，建制泛民繼續水火不容，議會只會繼續癱瘓，社會則愈益撕裂！

一國兩制是建基於對權力的約制，訴諸權力而不解決引來港獨的深層問題，只會加劇抗爭。當法院尚在處理梁游二人的案件，一些駐港中方官員不斷高調指兩人的行為已違反釋法，除火上加油外，亦可能構成藐視法庭罪。說人大不受制於司法獨立，政府可隨意對法院指指點點，恐怕是連對中國推行的法治也顯得無知。

這次釋法，令人感覺無奈和悲哀，悲哀的不單是香港的法制受到無情的衝擊，而是這次釋法正為一國兩制敲響了喪鐘！

結論

人大釋法的權力來自《基本法》第一百五十八條，釋法的合法性是無可置疑的，但除了法院提請釋法的情況外，《基本法》並沒有對如何行使釋法的權力作出任何規範。為保障一國兩制和照顧兩個法律制度的不同特色，綜合過往五次釋法的經驗，我們可以提出一些基本的原則，作為行使釋法權的指引。

一、人大常委會享有釋法的權力，但鑒於兩制不同的特點，人大常委會只會在例外的情況下才行使釋法的權力。

二、若果相關的問題能夠由特區自行解決，或是屬於特區的自治範圍內，或特區政府沒有作出要求時，人大常委會一般都不該行使釋法的權力。釋法應該是最後的解決方法案。

三、若相關的問題並沒有迫切性或重要性，例如相關的解釋只會影響到一個人時，人大常委會應該拒絕要求作出釋法。

四、若果相關的問題正由特區的法院處理當中，為避免影響司法程序，人大常委會不應該作出釋法。司法獨立是普通法的基石，人大常委會應該避免任何可能會影響司法獨立的行為。若果相關的問題會影響到中央政府的利益，一個恰當的做法便是仿效「剛果案」那樣由律政司司長代表中央政府介入相關的訴訟，向法院作出陳詞。

五、《基本法》的解釋應該局限於《基本法》條文的範圍，不能採納與條文的文字所不容許的解釋。解釋法律是要釐清法律條文的意思，而非填補法律的漏洞。若果相關的問題已經由香港本地的法律所涵蓋，人大常委會應該避免在同一問題上作出釋法。

六、人大釋法在國內是否有追溯力應該由國內法所規範，但當人大釋法適用於香港的時候，釋法是否具追溯力便該個由香港的法律所規範。由於釋法屬立法性質，一般不具備追溯力。

七、人大釋法只限於對《基本法》條文的解釋，人大對適用於香港的全國性法律的解釋，對香港法院是否具約束力，需視乎該全國性法律是直接在香港實施，還是透過香港法律施行。若是直接適用於香港，人大的解釋應該具約束力，但若是是透過香港立法實施，本地立法和全國性法律仍然有一些差距，那人大對全國性法律的解釋應該對香港法院只具說服力而非約束性。

八、根據人大釋法所作出的決定，應該限於《基本法》的條文範圍之內，不能超越這些條文的範圍。若人大常委會所作的決定並非源自《基本法》或相關釋法，這些決定對香港法院並無約束力。

九、若非透過司法提請，除非有重大和明顯的公眾利益，特區政府不應要求人大釋法。一般而言，特區政府須得到立法會的同意才可提請人大釋法。

二 人大釋法是否具追溯力？

人大釋法是否具追溯力？香港近年對這問題有不少討論，同事陳宏毅教授亦撰文表示，人大釋法具追溯力乃符合人大法委會及終審法院的理解，這論據主要從中國法的角度出發，筆者嘗試從普通法的角度考慮這個問題。

一 司法解釋的特色

人大釋法屬立法性質，普通法對法律的解釋屬司法性質，兩者截然不同。司法解釋的特點包括：（一）法院只能在判案時行使司法解釋的權力；（二）司法解釋乃針對案情所需而作的解釋，一般不能就案件不涉及的問題作出解釋；（三）法院在出作出司法解釋前必須聆聽控辯雙方的陳詞；（四）法院的解釋受普通法解釋法律的原則所規範，包括解釋不能超越相關條文的字義。即使原文有漏洞而相關解釋是可取的，但若相關條文的文義無法承載這解釋，法院不能因解釋可取而予以接納，極其量只能在判詞中指出問題，交由行政及立法機關跟進，否則法院便是在修改而非解釋法律；（五）法院須就其所採納的解釋的理據作出詳細論述，以及對它不接受的論述提出反駁的理據。

（六）普通法認為法律必須清楚明確，故一般法律條文均不具追溯力，法院在考慮有關條文是否具追溯力的時候，得平衡所有相關的因素，例如追溯力的必要性以及對既有權益的影響等。由於具追溯力的法律條文有一定的不公平性，法院只會在極例外的情況下才會裁定某一條文具追溯力，甚至當法律條文明確指出具追溯力時，法院仍可考慮該規定是否符合《基本法》內對基本權利的憲法保障。在「吳嘉玲案」中，相關法例規定申請居港權者必須具備相關證明書，而且該規定追溯至一九九七年七月一日。該規定在一九九七年七月十日才訂立，在這一天前，沒有人知道申請居港權需要具備相關證明書，該證明書亦根本不存在，若以缺乏這證明書為理由拒絕在七月十日前已提出的申請便絕不公平。由原訟法庭至終審法院的九位法官，均一致裁定追溯力無效，該裁定並沒有受其後人大釋法所質疑。（七）即使法律具追溯力，普通法對追溯力仍有不少限制，例如相關條文並不影響既得的權益，或不會令本來合法的行變為非法。

立法解釋的特色

人大釋法則建基於立法機關有權對其所通過的法律進行解釋，這些解釋可以釐清原來條文含混的地方，也可以補充原來條文的不足，更可以擴充原來條文的範圍。換言之，這種立法解釋是去補充原有法律的不足，由立法機關作出，屬立法行為。人大常委會行使這些權力的時候，並不受原有條文的約制，亦無須對解釋的理據作出闡述。一旦作出解釋後，這些解釋便成為法律的一部分，不單具追溯力，而且追溯力並不受任何限制，除非人大常委會作出明確規定，例如不影響法院經已作出的終局判決。

由此可見，人大釋法和普通法解釋法律的原則，不論在性質、程序、權力範圍與制約、以至理念等方面均有天淵之別，故將國內人大釋法引進普通法制時，我們便不能將人大釋法具追溯力這項規定不加思索的搬進來。

一 國內對人大釋法是否有追溯力未有定論

再者，人大釋法是否具追溯力這問題在國內仍未有定論，國內專家學者對此問題存有最少四種不同的觀點。第一種看法是釋法只是解釋原來條文的意思，故釋法必須具追溯力。另一種觀點是釋法是補充立法，往往改變了現行法律條文的意思，而且國內對解釋法律、補充立法和修訂法例的界線相當模糊，故此釋法不應具追溯力。第三種觀點同意釋法一般具追溯力，但追溯力須受限制，一般應從舊從寬，不應影響現有權益，亦不會將昨天原來合法的事情變為不合法，這一點在刑法方面尤為重要。第四種觀點則是視乎釋法的內容而定，若內容只是解釋原有條文，這便具追溯力。若內容是補充或擴展原有的法律條文，這便不具追溯力。第三和第四種觀點較接近普通法的規定，故普通法若採納這些觀點，並不違反內地對釋法是否具追溯力的理解。

一 彈性處理符合普通法原則

終審法院在「劉港榕案」中雖然曾指出人大釋法具追溯力，但這觀點必須與居港權案件的背景一併考慮。「吳嘉玲案」後，政府認為終審法院的判決令近一百六十八萬內地人士享有居港權，因此尋求人大釋法解決這問題。在這種情況下，人大釋法當然需要具追溯力，不然的話便無法解決香港因居港權案的判決可能引來的人口壓力。這種特殊背景並不一定適用於其他情況，得就個別案情作個別決定，「劉港榕案」不應被理解為終審法院對人大釋法具追溯力這問題已作一錘定音。例如「宣誓案」只影響幾名議員，下一次選舉宣誓亦非逼在眉睫，人大釋法釐清宣誓的要求，令日後作出宣誓者有所跟從，在這情況下，便沒必要離棄立法和修法一般不具追溯力這原則。從普通法的原則出發，人大釋法是否具追溯力視乎情況而定，但只會在極例外的情況下法律條文（包括人大釋法）才會有追溯力。這觀點既切合普通法的公義原則，亦保留了一定的彈性。追溯力屬於程序性質的問題，讓法院根據普通法制度和原則處理人大釋法在應用於普通法制時是否該具追溯力這程序問題，並不會影響人大常委會釋法的權威，亦不影響人大釋法在國內是否具追溯力的問題。這處理方法只限於當人大釋法應用於普通法制內，並不適用於國內，這便可以協調兩個法制的差異，亦正好體現一國兩制的特色。

二 三權分立

幾位立法會議員宣誓未符合法律的要求，立法會主席容許他們重新宣誓，本是個合情合理的決定，但律政司司長卻在此時向法院提出覆核主席的決定，大有以行政干預立法會的政治意味。終審法院在「剪布案」中已指出，在三權分立下，法院盡可能不會干預立法會的運作。一些人士隨即批評說《基本法》並無三權分立的規定。

香港的政制是三權分立還是行政主導，在過往十年已引起多番討論。首先，兩者皆沒有明確訂明於《基本法》內；其次，兩者皆是一些簡稱，不同的人可能有不同的詮釋，單在用詞上作出爭辯並沒多大意義。

三權分立有不同的模式，英國和美國的模式便相差甚遠，但它有兩個共通的基本概念。第一是行政、立法和司法權由不同機構擁有，沒有一方獨大。內地實行的社會主義制度，否定三權分立，人大常委會集行政、立法和司法權於一身，但這並非香港的制度。第二，三權互相制衡，不讓權力集中。港英年代，港督任命立法局議員，在重大法案投票時非官守議員需支持政府，港督可以拒絕簽署法案使法案無法生效，行政立法並無相互制衡，但司法機關仍相對獨立。這種殖民統治的模式，或許就是一些人所嚮往的行政主導。

然而，這制度在一九八〇年代已出現巨變，《基本法》更徹底改變了這制度，令行政長官與立法會相互制衡。行政長官可以拒絕簽署法案並發回立法會重議，但若立法會以三分二多數再次通過該法案，行政長官便得簽署法案或解散立法會。若新的立法會再以三分二多數通過該法案，行政長官便得簽署法案或辭職。在施政方面，當然是由行政主導，但若須立法配合，政府仍得游說立法會議員的支持，立法會更可對行政長官提出彈劾。行政機關不擁有繞過立法會的立法權，立法會則只有監察政府施政，但沒有決定政策或施政的權力，司法機關則獨立運作，並享有司法覆核權監察行政和立法機關，但卻限於合憲合法的層面而不會取代行政或立法的職權。法院亦多次指出《基本法》規定的是三權互相制衡的制度，論者堅持這不屬三權分立，恐怕只是語言之爭！

二

特首凌駕三權？

中聯辦主任張曉明和曾借調中聯辦工作的北大學者強世功教授，在同一個場合先後發表對一國兩制重新闡釋或質疑的言論，背後意思耐人尋味。

張曉明指香港從來不實行三權分立，這一點是中方的老生常談，過往主要用於突顯行政主導，但這次卻推論行政長官凌駕於三權之上，對《基本法》稍為有點認識的人皆知道，這論點在法理上完全站不住腳。他認為特首既是特區首長亦是中央官員，他是中央與特區的樞紐，具有超然的地位，但這極其量只是指出特首有雙重效忠的困難，卻不會得出特首可以凌駕香港制度的結論，若果中央政府也要遵守《基本法》，由中央政府任命的特首又怎可能凌駕《基本法》？即使特首獲授命執行中央的旨意如硬推廿三條立法，他還是要依據立法會的程序立法而不能自行頒布法令！

法治的根本概念是法律面前人人平等，平民百姓和達官貴人同樣受法律約束，行政長官亦不例外。《基本法》規定特區政府必須遵守法律，並定期向立法會作施政報告，特首是政府的首長，政府自然包括政府首長，《基本法》沒有任何地方指行政長官凌駕於三權之上，相反是明確指出三權各司其職和互相制衡的關係。特首可以因法案不符合香港的整體利益為由，將立法會通過的法案發還立法會重議，但若立法會以三分二多數再次通過，特首便必須簽署法案或解散立法會。若解散後重選的立法會仍以三分二多數通過法案，則特首必須辭職。類似的程序亦適用於財政預算案，而在特定的情況下，立法會可以彈劾特首，這些規定，皆與特首凌駕三權格格不入。

這些規定，張曉明不會不知，如果只是想突顯行政長官向中央負責的地位，那無須要指特首凌駕三權。他的言論，似乎是要從政治上重新界定特區的制度，這和強世功的言論不謀而合。強世功教授認為一國兩制令兩制隔離，從而產生孤立封閉和排斥中央的心態，故質疑一國兩制窒礙香港的發展。這論據是本末倒置，產生排斥中央的心態並非源於一國兩制，中港雙方皆有責任。近日內地股災而香港不受影響正是一國兩制的原因，沒有兩制，香港才沒發展！廢除兩制，讓首長不受制衡，這不正是為何內地出現遍地貪官的制度性誘因？

二 權力的專橫

紐約大學著名中國法專家孔傑榮教授（Jerome Cohen）一次在中國作演講時，一位學生問他為何美國總是批評別國的人權，但美國本身的人權狀況也不見得太好？孔教授回答說，美國的人權狀況確實有很多不善的地方，但分別是，在美國任何人皆可以公開批評政府，而美國政府亦會容忍這些批評和反對的聲音。一個不能容忍批評的政權，只會是一個封閉和專橫的政權。

作為一個國際城市，香港對外開放，歡迎來自四方八面的旅客。香港亦相對地尊重言論自由，我們從不介意人家對香港的批評。因此，曾多次批評香港人權事件的英國國會議員羅哲斯（Benedict Rogers），最近以私人身分訪港被拒入境，便引起海內外高度的關注。據聞他來港前中國外交部已間接向他表示他將不受歡迎，即使他澄清這次只是私人性質訪問，亦不會有公開活動，他仍然被拒入境。《基本法》明文規定，就外國人進出香港的事宜，由入境處負責。特首對此事亦只得支吾以對，指出若出入境事宜涉及外交事務時，那就得由中央負責。特首甚至不能承諾前港督彭定康將來會否被拒入境。換言之，《基本法》賦予香港入境處的權力，只限於處理中央政府接受的人物。中央政府不喜歡的話，《基本法》列明的權力便可以被擱置一旁。

政府最近花大量金錢推廣《基本法》，並要求各大專院校在校內推廣《基本法》。然而，「李波事件」的視香港法律如無物，「宣誓案」審訊中途，中央以人大釋法干預司法獨立，「Rogers事件」架空香港入境處的權力，這接二連三的事件，均說明《基本法》的解釋只是隨中央政府的喜好而定，天朝不喜歡的，再明確的法律條文也可以被扭曲。政府再花力氣去宣傳《基本法》也無補於事，中央政府問為何回歸多年還是人心未向，這些事件就是理由。

從外交層面看，這次事件對中國也只有百害而無一利。區區一位英國議員來香港接觸一些新朋舊友，又可以有什麼影響？拒絕他入境，卻一夜之間成為國際新聞，西方社會對此反響甚大，對中國持有戒心的外國政客便更加振振有辭，這是中國政府自己造就給西方社會批評的口實。拒絕入境，效果是宣示主權，還是宣示中國的專橫？

政法不分

中國近年強調要走法治的道路，然而，由《白皮書》至近期中方官員的言論，依然反映了一種相當薄弱的法治觀念，他們仍然停留在政法不分的階段。首先，中方官員指「六．二二投票」是違法，「六．二二」是民間投票，沒有法律約束力，但沒有法律約束力並不等如違法，這只是表達意見的方法，政府不願見到的事並不等如違法，這是政法不分的後果。有些中方官員指出，《基本法》沒明確容許的事情便是違法，表達意見的自由是《基本法》容許的。況且，稍為對法律有認識的人也知道《基本法》絕不是一部非黑即白的文件，政府的意見，又是另一次將政治取向強加於法律條文上的表現，體現法律為政治服務的思維，只是，這並不是普通法的制度，也不是法治的意義。

法律和道德也並非完全一致，有些道德的規範並不適用於法律，例如孝順父母，相信沒有太多人反對，但法例就不會規定每個人必須孝順父母。孝是出自內心，屬於道德範疇，法例無法強制，因為要執行法律便得清楚界定違法的行為，而道德的要求往往過於空泛籠統，難以界定。那些高唱法官為何不該愛國只是在混淆視聽，將道德要求硬說成法律責任，漠視法律必須能執行而非政治口號，甚至可說，何謂法律也未弄清楚。

有人說，法官是按照法律和《基本法》進行判案，這些憲制文件，裏面已有維護國家主權和國家安全的內容，但這是否就等如「愛國」的法律詮釋？香港人擔心愛國，並不是他們反對愛國，而是愛國的定義太主觀，並由一個政治機關作判斷。中國這四十多年來，有多少愛國者被打成階下囚。所謂愛國，往往只是成為順應當權者的稱謂，批鬥異己者的藉口，這是歷史現實，也是為何港人對愛國論如此擔憂！

—— 誰是主人而已！

「當我選用一個字時」，Humpty Dumpty 以鄙視的語氣說，「這個字的意思就僅限於我認為它該有的解釋，不多亦不少。」

「問題是」，愛麗絲問，「你能否令一個字可以有這麼多不同的解釋？」

「問題只是」，Humpty Dumpty 答，「誰是主人而已！」

近年北京領導人不斷強調依法治港，處理香港的問題必須回歸到《基本法》上。張德江委員長近日亦不斷老調重彈，強調「中央始終堅持『一國兩制』、『港人治港』、『高度自治』方針，嚴格依照憲法和《基本法》辦事。」這些口號式的原則，本也無可厚非。問題是，該怎樣理解《基本法》？

回歸前，中央強調一切不變，馬照跑，舞照跳，港人儘管放心便是。回歸初期這也大抵做到，但近年則強調「我國對香港恢復行使主權，是恢復行使包括管治權在內的完整主權，中央對香港特別行政區擁有全面管治權。……在『一國兩制』下，中央與香港特別行政區的權力關係是授權與被授權的關係，而不是分權關係，在任何情況下都不允許以『高度自治』為名對抗中央的權力。」基調變了，對一國兩制和《基本法》的解釋也隨之改變了。

回歸以來，中央一共作了五次釋法，只有一次涉及外交問題由終審法院作出提請，兩次是特區政府作出提請（居港權及行政長官出缺任期），兩次則由中央政府主動作出（政改程序及議員宣誓）。最後一次更是趕在法院宣判前夕，惟恐法院錯判。《基本法》內一句簡單的宣誓要求，演化為一系列新增對宣誓形式的規定和無效宣誓的後果；即使特區政府認為中央政府無須介入，中央政府仍堅持釋法。

《基本法》內亦沒說明行政主導，行政機關行使職權必須符合法律，立法機關制定法律，在過程中平衡各方的關注，法例不能逾越《基本法》，法院則負責把關，堅守法治，這就是香港相互制衡的制度。中央卻總被三權分立挑動神經，突出行政主導，繼而強調中央政府向行政長官發出指令權以及聽取行政長官述職和報告權。至此，高度自治漸變為在中央高度領導下的自治。

於是，特區公職人員和法官必須好好學習《基本法》，因為掌握了誰是主人，才能明白《基本法》的真正解釋！

── 基本法與法治教育

佔中運動隨清場暫告一段落後，中央政府與特區政府對這次運動有兩種相似但不盡相同的總結。中央政府認為回歸十七年仍然人心未能歸向，有必要加強香港人的國家民族觀念，要對港人重新啟蒙。特區政府則認為港人不認識《基本法》，有必要加強《基本法》與法治教育。

這兩個大方向基本上並沒有什麼大問題，加強國家民族的觀念什麼時候也適用，其實，香港人的國家民族觀念並不弱，試看看每次國內出現天災人禍，港人出錢出力，對救難扶傷總是不遺餘力。汶川地震，不少港人甚至放下工作返回內地當義工。即使在佔中期間，亦沒有質疑中央政府的權威。儘管有些人提出港人自決，但這些口號只是衝着普選而來，根本沒有太多人支持港獨，他們所爭取的其實只是《基本法》下的民主和高度自治；不斷誇大港獨的影響，只是少數唯恐天下不亂的香港人斷章取義，上綱上線的結果。

另一方面，香港崇尚自由法治，對國內的一些情況難以接受，這涉及兩個制度不同的文化與價值觀，難以勉強融合。當中國也走向法治時，與其說港人的再啟蒙，更合適的可能是中港兩地互相啟蒙！

至於加強對《基本法》和對法治的認識就更毋庸置疑，筆者早在港英時代已倡議這方面的普及教育！但在推廣《基本法》時，切忌教條主義！作為一部憲法性文件，《基本法》只列出一些基本原則，對這些原則的理解得與時並進，而在應用於具體事例時有不同看法並不為奇，否則也不會有這麼多有關《基本法》的訴訟！

同樣地，在普及法治時，便得面對法治與人治、法治與依法治國的分別、法治與公義、人權和民主的關係。司法獨立為何又要法官配合政府施政？法律面前人人平等，但為何前特首收受富豪款待，以港澳水翼船的票價乘坐私人遊艇，現任特首在上任後收受私人機構巨額酬金不用申報，一句酬金乃根據獲選前的合約支付，用以作不作任何事情的報酬便可不了了之？程序公義，為何有心推動創意產業的電視台不獲發牌照，一年多仍無製作任何節目的電視台卻獲發牌？當政府要推行法治教育時，兩年內花了納稅人三百多萬多次外訪的吳克儉局長又是否有魄力面對這些問題？

要推行法治，便得面對權力的專橫和傲慢。沒有對權力的制約，法治只會是空洞的口號。特區政府如是，中央政府更如是。

第二十三條立法與憲制責任

自回歸以後，一直有一種說法，指特區政府並未履行《基本法》第二十三條的責任，而為第二十三條立法，更成為每屆政府的包袱。

第二十三條要求特區政府自行立法，禁止任何叛國、分裂國家、煽動叛亂、顛覆中央人民政府及竊取國家機密的行為，禁止外國的政治性組織或團體在香港特別行政區進行政治活動，禁止香港特別行政區的政治性組織或團體與外國的政治性組織或團體建立聯繫。特區須就這些問題自行立法，但立法的形式及具體內容，則由特區政府自行決定。

其實回歸前香港已有相關的法例，這些法例主要是保障英國政府，故理應在回歸後自動失效，但特區政府在九七年七月一日通過《香港回歸條例》，當中保留了這些法例並作出相應的修改，在中央人民政府負責處理的事務及涉及中央與特區的關係時，所有法例中對女皇陛下、皇室、官方、英國政府或國務大臣的提述，均須解釋為對中央人民政府或其主管機關的提述。換言之，回歸前所有關於叛國（其範圍足以涵蓋分裂國家）、煽動叛亂、顛覆政府及竊取國家機密等法例，便一下子在回歸後成為保障中央人民政府的法例，這些法例至今仍適用。

根據香港現時的《刑事罪行條例》的規定，任何叛逆（Treason）或叛逆性質的行為（Treasonable Offence）均屬違法，最高刑罰可被判處終身監禁。所謂叛逆，包括推翻國家，向國家發動戰爭，鼓動外國人以武力入侵國家，或以任何方式協助與國家交戰的公敵，或串謀發動戰爭。而發動戰爭包括以武力或強制手段強迫中央人民政府改變其措施或意見，或旨在向國家的立法機關施加武力或強制力，或向其作出恐嚇或威嚇。雖然香港沒有明文禁止分裂國家煽動叛亂的罪行，但該等行為已可構成叛逆罪。換言之，任何人向中央人民政府發動戰爭、或以武力分裂國家，推翻中央人民政府、或公開表明此等意圖、或勾結外國人作以上行為，即觸犯叛逆罪，可判處終身監禁。這些條文的範圍相當廣泛，普通法中還有隱匿叛國罪（Misprision of Treason），對叛逆罪行知情不報亦屬犯法，這罪行為一九九六年的《刑事（修訂）條例》所廢除，但該修訂條例至今仍未生效。根據普通法，叛逆罪可延伸至境外，即是在外地犯法，香港法院亦有權審理。《刑事罪行條例》中還有規管煽惑軍人或武裝部隊叛離，包括煽惑上述任何人召開或試圖召開叛變性質的集會。

此外，《刑事罪行條例》第十條規定，任何人（a）作出、企圖作出、準備作出或與任何人串謀作出具煽動意圖的作為；（b）發表煽動文字；（c）刊印、發布、出售、要約出售、分發、展示或複製煽動刊物；或（d）輸入煽動刊物（其本人無理由相信該刊物屬煽動刊物則除外），即屬犯罪，可被判處三年監禁。一九五一年的「三一事件」，《大公報》轉載《人民人報》抗議港府在衝突中殺害香港居民而被入罪，一九六七年暴動期間，《香港晚報》和另外兩份報章因號召港人反抗殖民政府和華人警察叛離而被入罪。一九九六年的《刑事（修訂）條例》，嘗試縮窄這些罪行的範圍，但這修訂條例至今仍未生效。若果擔心香港法律不足保障國家安全，不如擔心現行法律的保障範圍太過寬廣了！

此外，《社團條例》禁止與外國政治團體聯繫或影響國家安全的社團的設立，《社團條例》第八條則授權保留或向他人提供官方文件，以作任何有損中國或香港的安全或利益的目的。條例更明確涵蓋因國家安全或公共安全所需的理由，或因該社團或其分支是政治性團體，並與外國政治性組織或台灣政治性組織有聯繫的理由，禁止該社團的運作。政府便是根據這一條宣布香港民族黨為非法社團。

《官方機密條例》則禁止諜報活動，包括與台灣和外國特工的聯繫等，並禁止任何非法攝取、保留或向他人提供官方文件，以作任何有損中國或香港的安全或利益的目的。條例更明確涵蓋保安及情報、防務、國際關係等資料。《公安條例》則規管集會遊行，暴亂和任何影響公共安全的行為，任何針對政府官員人身安全的行為則為一般刑法所管制。

由此可見，香港目前已有一系列的法律保障國家安全，特區政府早已履行了第二十三條的憲法責任！如果香港沒有落實第二十三條的憲制責任，那將如何解釋上述這一系列的法律規定？第二十三條的目的是要求香港有法律保障國家安全，如果現行法律已提供足夠保障，那已符合第二十三條的要求，又何須畫蛇添足，另外立法？

目前的問題只是現時的法例可有不足禁止違反第二十三條所列載的行為，以及這些法例是否符合《基本法》內對香港居民的權利的保障。亦即是說，這不是憲法責任的問題，反而是法律修訂的問題。事實上，目前的法例相當嚴苛，絕對有修訂的空間。由於相關的法例相當技術性，若要審視這些法例，較恰當的方法是先交由法律改革委員會作出研究和建議，再交由社會作詳細討論。

在目前的法例下，除了針對言論的行為外，幾乎任何危害國家安全的行為皆已受目前刑法的規管。中央關注的是港獨的言論，真正要討論的問題是在香港單單提出港獨言論是否要受法律的制裁？以言入罪正是香港人擔憂的地方，香港是否需要引入以言入罪的法律？我們是否要製造更多的劉曉波？我們可以就這些問題作出討論，但請不要再混淆視聽地提第二十三條的憲制責任這些誤導性的口號！

二 引入《國家安全法》與自行立法

尚在草擬中的《國家安全法》，在第二稿中數度提及香港，頓時在香港引起很多猜測，儘管律政司司長馬上作出澄清，但仍不能平息市民的憂慮。

《國家安全法》之所以具爭議，一來是這類條文本身相當敏感，二來是中國過往在這方面的紀錄實在難以令人安心。反革命罪，煽動叛亂罪等控罪，往往成為排除異己，打壓言論的藉口，這是為何在草擬《基本法》時，為了令港人安心，國家同意不會將這方面的全國性法律引入香港，而是由香港「自行立法」，用香港慣用的方式作出規範，以保障國家安全，並於第二十三條明確指出由香港「自行立法」，以法律條文規限中央政府的權力。所以，在目前的條文下，並不存在由中央為香港立法的法律基礎，如果中央要收回香港在這方面自行立法的權力，便須先修改第二十三條。這種自我限制的情況在不同的法律領域其實是很普遍的。

香港和內地一個最大的分別是兩地有不同的法律制度和價值觀，內地的法律往往只列出原則性的規定，沒有太具體的規範。香港承襲普通法制度，對那些行為屬違法一般有較具體的規定，務求令市民知道那些行為是合法，那些行為屬非法，知法才能守法，有明確的法律，法治才能紮根。

這種法律草擬方法的分歧，某程度上是歐陸法制與普通法制的分野。然而，有別於歐陸法制，在具社會主義特色的中國法制並不存在司法獨立，法院只是政府的一部分，得與黨和政府配合。這種制度，令到法院在涉及國家安全的問題上未能扮演平衡國家利益和個人權利的角色。所謂國家安全或國家機密，基本上並無任何客觀的準則，甚至有如一些論者所說，黨和政府機關認為是國家安全或國家機密便是國家安全和國家機密，法院只能配合，不能質疑。於是，洩露領導人未發表的講話便是洩露國家機密，揭發領導官員貪贓枉法也可構成危害國家安全。這些政治罪行，往往只是用來排除異己和鎮壓異見人士，在過往數十年造成無數冤獄。有鑑於此，所以我們在草擬《基本法》時堅持由香港自行立法，用我們熟悉的方法具體規定那些行為屬違法，並由獨立的司法機關根據普通法的原則和精神作出判決。

回歸二十年，中國已成為當世的經濟強國，但在完善法制和司法獨立方面，其發展仍然遠遠落後於經濟發展，當年的憂慮仍然是今天的憂慮。問題不是香港是否該維護國家安全，如果香港沒有這方面的管制，在過往二十年便該早已出現危害國家安全的事故！香港人的擔心，就正如梁愛詩所道出，進一步立法，可能連參與六四悼念也變成違法了！

二

開明紳士：分裂國家和言論自由

近日京官頻頻在香港大談國家安全，中聯辦主任王志民指出，在國家安全問題上，只有一國，沒有兩制。近日喬曉陽亦表示，港獨問題並非言論自由，所以在港獨問題上做開明紳士是不行的。

這些言論，將國家安全和兩制對立起來。香港和內地實行兩種不同的制度，但這並不表示普通法制度不尊重國家安全。事實上，國家安全非中國獨有的問題，英國、美國、加拿大等西方普通法國家，何嘗沒有國家安全的問題？國際人權法中曾多次被法院引用的 Siracusa Principles 指出，國家安全必須是涉及整個國家和領土的安全，而這武力威脅是真實和嚴重的，地方性的動亂並不屬國家安全的問題。禁止一個社團運作，涉及受《人權法案》及《基本法》對結社自由和言論自由的保障，維護國家安全是合法限制這些權利的理由之一，但政府必須提出足夠和客觀的證據，證明這社團涉及一些實質的行動而非止於言論主張，並真實和嚴重威脅國家安全。在民主自由的社會，單提出獨立的主張並不足以危害國家安全。在英國，就蘇格蘭獨立已曾作多次公投；在加拿大，魁北克省獨立的問題亦曾鬧上聯邦最高法院；在美國，夏威夷也曾多次提出獨立。這些國家沒有阻止這些言論，亦沒有因此導致國家分裂。

一國兩制要保存的不單是社會主義和資本主義兩個制度，更重要的是保存和維護兩個制度不同的基本價值。香港承襲普通法制度，強調法治，崇尚自由；國內實行人民民主專政，共產黨領導，對黨和國家的批評的容忍度極為有限。在國家安全問題上，兩制的分別並不在於維護國家安全，而是在於怎樣維護國家安全，這便涉及兩制中對自由不同的價值觀念。喬曉陽認為談論便等於渲染，渲染便等於圖謀分裂，這種高度設防性的推論，和普通法崇尚言論自由，不以言入罪的價值觀是互相衝突的，而這兩套不同的價值觀，正是一國兩制所要保存的。開明紳士仍然可以維護國家安全，分別只是使用開明的態度，還是高壓的手段。

二

港獨與言論自由

如果問我對港獨的取態，我並不支持港獨。如果問我香港的法律可有禁止港獨的言論，目前的法律並不禁止這些討論。對倡議港獨的香港民族黨，自己並不認識這個政黨，更無意支持它的港獨主張，但它是否犯法是一個法律而非政治正確的問題。

《基本法》確立特區的體制和權責，它的主體是特區政府。若特區政府的行為或立法會通過的法例違反《基本法》，市民可以提出司法覆核質疑這些行為和法例，但《基本法》不是規範市民的刑法，市民違反《基本法》的行為，除非為刑法所禁止，否則並沒有法律的後果。

香港的《刑事罪行條例》第十條禁止作出具煽動意圖的行為或發表煽動文字或刊物，但煽動文字或刊物必須具煽動意圖。第九條指出，「煽動意圖」意指引起憎恨或藐視中央政府或特區政府，或引起對香港司法的憎恨，藐視或離叛，或引起市民之間的不滿或離叛，或煽動他人使用暴力，或慫使他人不守法或不服從合法命令，這些情況均明顯不適用。較接近是激起香港居民企圖不循合法途徑促致改變其他在香港依法制定的事項，但透過參選去達致一些政治理念，恐怕也沒違反這一項，因為參選乃屬合法行為。

有人稱宣揚港獨已超出言論自由的範圍，言論自由當然不是絕對的，但這並非表示任何限制也是合理，以言入罪去禁止一些被認為是政治不正確的言論，便難以符合對言論自由的保障。

其實，在香港生活的人，根本沒有人會認真看待「港獨」，只可惜宵小之流以此大造文章，中央政府誤信讒言，以為港獨煞有其事，於是也來大呼不容外國勢力干預香港事務，而這些所謂「外國勢力」，甚至是指在港的外籍法官！

從歷史經驗而言，獨立運動主要源於宗教，種族，以至意識形態的衝突，而鮮會出現於繁榮安定又沒有任何這一類衝突的社會。香港人即使對中央政府有不滿，但大部分人還是認同中國人這身分。所謂「港獨」，或是在遊行示威出示英國國旗，或在呼喊「中國人滾回內地去」這些激進言論，其實只是香港內部矛盾的表現。貧富懸殊，香港的堅尼系數早已冠絕全球；樓價高企，完全脫離一般市民的負擔，而樓價租金上揚，亦直接令百物騰貴，對於一般升斗市民，早已感到生活的壓力。內地人來港搶高樓價，搶高奶粉以至益力多這些日常生活用品的價格；新界水貨猖獗，影響市民的日常交通。在這種情況下，排外情緒便油然而生，歸根究底，還是政府沒有認真處理香港的內部矛盾。曾蔭權時代任由地產商在樓市興風作浪，梁振英上台後，一來先天缺陷，有能之士皆敬而遠之。二來其挑撥事端無風興浪的作風，無法贏取市民的信任。三來做事本末倒置，該做的如老人津貼在推行前沒有周詳計劃，不該做的如國民教育卻強弓硬馬而上，結果弄得焦頭爛額。凡此種種，其實皆源於特區政府管治無方，而所謂「港獨」，其實只是針對政府的不知所謂，以及長期沒有理順兩制帶來的中港矛盾而已。如果中央政府沒清楚了解事件便誤信讒言，以為真有外國勢力干預香港而採強硬政策，只會弄巧反拙，加深港人對政府的不信任。民粹主義抬頭，最終只會弄垮香港！

III

專題篇

誠然，部分示威者的武力已遠超合理訴求，甚至已變得有點為破壞而破壞的發洩行為，但當我們譴責示威者不能以達義之名使用暴力時，我們亦應同樣譴責手執公權的警方，不能以執法之名濫用暴力。法治不單要求守法，更重要的是對公權的約制。

須知任何一場社會運動，必須建基於道德高地和社會人士的支持。警方對示威者濫用暴力並不構成示威者向無辜的第三者施以暴力的理由，政府不回應市民的訴求並非強逼其他人接受和支持你們的理由。社會要尊重個人權利，但在行使個人權利時亦須同時尊重其他人的權利。

政府須知目前面對的是市民對政府和警方缺乏信任，獨立調查有助重建市民對制度的信心，還社會一個真相。特赦所有在這段日子內的相關違法行為，包括示威者和警務人員，是令社會癒合傷痕的出路，若雙方都堅持執行公義，我們只能繼續停留在憤怒和仇恨當中，唯有放下過去，我們才能走向未來。

二

《國歌法》

國歌代表一個國家，尊重國歌是理所當然，因此，訂立《國歌法》本來並不具爭議。《國歌法》的內容只需包括：一，指定國歌的歌詞和曲譜；二，規定演奏國歌的場合；三，對侮辱國歌的行為作刑事規範。現時《國歌法》變得爭議，主要是政府在草案內畫蛇添足，將國內的一套勉強加入香港的法例內，以致草案變得不倫不類。

在普通法內，法律是用來規範市民之間及市民和政府之間的權利和責任，同時規限國家的權力和保障市民的權利。由於法例涉及權責，所以必須明確仔細，令市民可以合理地明白法例的要求。法例會同時列明違法的後果，令法例可以透過法院執行。普通法衍生於法院，故極度注重實際執行和運作，普通法的歷史發展便是先有補救，然後才有權利。

社會主義法制內的法律則主要是一套政治指導思想，法律規範人民的行為以鞏固政權，法律同時是一種政治手段去達致一些政治理想。故此，法律的內容不單規範市民的責任，亦同時充斥意識形態、政府政策和道德規範的條文。由於法律的功能主要是提供指導思想，故法律條文的解釋是從意識形態出發，往往可隨當前政權的取態而改變，亦相對輕視執行法律的規定和細節。

中國的《國歌法》是社會主義立法的表表者，其內容將意識形態、政策、道德規範和法律責任共冶一爐，將這些條文硬搬來香港，除有違普通法的立法精神，亦可能在不知不覺間改變了香港法律的性質。故此，香港在訂立《國歌法》的時候，必須顧及普通法制的傳統，無須將《中國國歌法》照單全收。

例如《中國國歌法》第一條規定，《國歌法》的目的是要「弘揚愛國主義精神，培育和踐行社會主義核心價值觀」，這類思想意識形態的規範，納入香港的法例內，除有違普通法的立法精神，亦難以實際執行。政府沒有硬搬這條條文是可取的，它採取了較溫和的方法，在《國歌法草案》的弁言指出條例是為增強公民的國家觀念和弘揚愛國精神，但即使如此，這類政治性的條文，在普通法立法中仍極為罕有。若要指出這些目的，只需由有關負責官員在立法會引進相關條例草案時，在發言內指出便可以。

《草案》第二部分列出奏唱國歌的標準和禮儀，第四條要求奏唱國歌時，在場人員應當肅立，舉止莊重，不得有不尊重國歌的行為。這種規範禮貌行為的條文，執行時要顧及很多細節，寫進法律內，只會引起很多不必要的爭議。現時的處理方法是沒有列出違反這些禮儀的後果，這種指引式的條文在香港立法中亦是罕見的。法律的作用並非弘揚政治信念，這是普通法和社會主義法制的最大分別。香港和內地法律制度不同，政府無需將內地國歌法內的政治條文也搬進香港法例。

《國歌法草案》第三部分規定任何人意圖侮辱國歌，公開及故意篡改國歌歌詞或曲譜，或以歪曲或貶損的方式奏唱國歌，或以任何其他方式侮辱國歌，或故意發布這些經篡改的歌詞或國歌，即屬違法。作為刑事罪行，法例必須清楚明確地列明違法的行為，否則市民會無所適從。歪曲或貶損是一些相當模糊的概念，法例的目的在維護國歌的尊嚴，故不論是篡改歌詞或曲譜，或奏唱國歌，均應只針對侮辱性的行為。

但光有這些行為並不足夠，《草案》規定還需有意圖侮辱國歌才能構成罪行。侮辱指損害國歌作為國家的象徵和標誌的尊嚴，怎樣才構成意圖侮辱將會按個別具體情況由獨立的法院決定，而舉證標準必須達沒有任何合理疑點，這種處理方法是可以接受的。

違反奏唱國歌的標準和禮儀會否構成侮辱國歌的意圖？相信這不是政府的原意，為避免誤會，《草案》可以清楚列明，違反第二部分的行為並不足以構成侮辱國歌的意圖。至於檢控的時效，涉及的行為並非太複雜，一般六個月的時間應該足夠讓警方作出相應調查，亦可解除公眾對秋後算帳的疑慮。

《國歌法草案》第四部分規定教育局局長須就國歌納入中小學教育事宜發出指引，讓學生了解國歌的歷史和精神，以及遵守國歌奏唱的禮儀。根據《教育條例》，教育局局長已有權就中小學教育事宜發出指示，《草案》的條文有點畫蛇添足。

尊重國歌本屬基本禮儀，對《國歌法》的疑慮，多少反映市民對中央政府近年以較強硬的姿態處理香港事務的不滿，中央政府宜多加反省，家長式的管治手段是難以令人心回歸的。

二

土地規劃與丁屋政策

政府提出「明日大嶼」的填海計劃後，不少學者均提出質疑，指這個可能會被氣候變化肆虐的人工建設，並非可取的選項，當中伍美琴教授的文章特別值得細讀。她指出香港並非土地不足，但在規劃和分配土地用途上存在嚴重問題。香港尚未開發的土地面積為九十六點八平方公里，相等於香港建成區域的三成，這些未開發的土地大部分坐落於新界，但由於錯綜複雜的政治和經濟關係，多年來政府都不願意去處理這個燙手山芋，以致新界很多土地淪為棕地，鄉村失去原有風貌，小型房屋錯綜四散，沒被規劃的農地和魚塘和郊野公園範圍外的林地／灌木叢等共佔八十二點六平方公里，比用於私人和公營房屋的所有土地多一倍。所謂土地不足，真正問題是政府沒有處理那些沒有規劃、規劃不善和規劃了但沒有使用的土地。

政府預留了大幅土地作原居民丁屋政策之用，這政策不作修改，這方面的土地需求只會不斷增加。然而，原居民卻以丁屋權利受《基本法》保護而振振有辭，甚至要求政府容許原居民增加丁屋的面積。

所謂丁屋政策，是指政府在一九七二年落實對原居民的土地政策。一八九八年英國佔據新界時，為了平息民怨以便管治，英政府同意保留原居民在土地方面的傳統權益，這權益讓原居民有權在其土地上興建房屋。一九七二年行政局落實這政策，讓原居民男丁一生中可以免補地價在其土地或透過批地興建一間丁屋，只要符合有關規定，原居民可毋須補地價行使這權益，而興建的房屋亦豁免於《建築條例》的規限，只要按一定規格和標準，興建丁屋毋須再經屋宇署審批，這權利可沿男丁存留予下一代，亦即所謂的「丁屋」。

然而，這傳統權益只限於已擁有土地的原居民，沒有土地的原居民並無權要求政府批出土地建屋。換言之，丁屋政策其實包含兩種不同的權益，一種是原居民在其擁有的土地上興建丁屋，這主要適用於舊契，如前文所述，其根據可追溯至一八九八年新界租讓予英國時原居民的權利。另一種則是向政府申請批地（Private Treaty Grants）。在一九五〇年左右，政府在原居民村落附近的指定鄉郊地方推出官地拍賣，原意是鼓勵原居民自置居所和改善村內環境，但由於原居民每次均協定只由一人出價，拍賣成為變相批地，政府後來便索性將拍賣改為以私人契約批地。這批地政策在一九七二年亦被納入丁屋政策之內。由於這政策只能追溯至一九五〇年代，一八九八年時原居民並無權要求政府批地建屋，故私人契約批地並不屬於原居民的傳統權利，不受《基本法》第四十條的保障。

這論點在二〇一九年的「郭卓堅案」中為高等法院原訟法庭所接受。案中控辯雙方均向法院提交詳盡的專家報告，詳述在租借新界前後《大清律例》，中國習慣法和殖民政府訂立的《新界條例》如何釐定當時的土地擁有和使用權。法院最後裁定，原居民在其擁的土地上免地補地價興建丁屋的權利可追溯至一八九八年，故屬新界原居民的合法傳統權益。但向政府申請批地，則最多只能追溯至一九〇八年政府於新界村落出售土地的政策，但這政策沿用幾年後便終止，直至戰後改為以拍賣形式出售土地，後來因上述原因改為以私人契約批地。這私人契約批地政策的目的是鼓勵村民建其居所和改善村內衛生環境，而非承認原居民的權益，因此這部分的丁屋政策，並不屬於傳統權益，不受《基本法》的保障。

政府一直以為丁屋政策受《基本法》的保障，為應付私人批地的需求，政府在新界預留了大批土地。在一九七二年至二〇一八年六月期間，政府共批出一萬零七百六十三份私人批地契約及二萬八千三百零五份免地租興建丁屋許可。根據法院的判詞，私人契約批地只是政府的政策，政府可以隨時作出更改而不會違反《基本法》。與訟雙方均提出上訴，完稿時這上訴仍在進行中，若日後上訴法院及終審法院皆支持原訟法庭的判決，這將釋放了新界大量的土地可供政府規劃和使用，令整體社會受惠。

由於涉及大量的土地利益，相信最後可能要終審法院作出定奪。雖然《基本法》的最終解釋權掌握在人大常委會手中，但原居民的權益完全屬香港的內部事務，當中涉及複雜的本地法律和政府多年的土地政策，人大常委會不宜插手干預，而且在一國兩制的原則下，人大常委會亦不應行使解釋權。

即使是舊契，新界人稱當年興建房屋是不受限制，這是錯誤的。當年的傳統是這些房屋只能留給下一代或同一氏族中人，不能自由變賣，而且是傳男不傳女，以免女兒因外嫁而使物業流入別性，從而保證這些丁屋保留為氏族財產。然而，這理由早不復存。根據審計署在二〇〇二年的一項調查，不少丁屋在獲得入伙紙後三天內便申請出售，而百分之九十六的丁屋在五個月內已出售。當保障丁屋的原有意圖已變得面目全非，當大部分原居民村落早已再沒原居民居住時，我們是否仍然要維持這政策？若因《基本法》的規定而須保留某些丁屋權利，那是否該引入條款禁止丁屋在一段時間內出售以體現政策原來的目的？

丁屋涉及龐大的經濟利益，若規定以後丁屋不能轉讓，只能賣給政府，或以丁權換樓，或將丁屋改變為多層大廈並作規劃發展，均可助解決新界土地規劃。法院經已為丁屋政策鬆綁，剩下的問題是政府是否有政治魄力、決心和勇氣去處理這燙手山芋。

丁屋政策還有不少不合理的地方，例如原居民無需居住在原居民鄉村亦可享受這政策的優惠，於是不少移民海外多年的新界原居民仍然可以受惠。再加上只有男丁才享有丁屋的權利，這亦有違今天性別平等的權利。

二 逆權侵佔

所謂「逆權侵佔」（Adverse Possession），是指一個原來非法佔用土地者，在經過一段時間後成為土地的合法擁有人。按香港目前的法例，這段時間為十二年，若霸佔的為官地，則需要六十年。

這規定看似匪夷所思。首先，怎會有業主讓人佔用自己的土地長達十二年（在一九九一前需要二十年）而不採取任何行動？可是，事實卻有不少這樣的案例，這主要涉及新界農地。一來在新界早年的地契並沒有清楚的勘測劃界，當業權發生爭端時，法院往往要靠實際佔用來決定業權。另一例子是農地可能由上一代租用，但當上一代業主過身或移居海外後租客便一直沒交租，其後業主的後人將土地賣給發展商，發展商又將土地屯積一段時期，待要發展時租客或其後人便聲稱他們已佔用該地超過十二年成為合法擁有人，發展商若要發展該地便得再向他們購買業權。

要證明逆權侵佔，侵佔人先要證明自己無權佔用該土地，例如自某年起便沒交租，然後證明他連續佔用了超過十二年，而且佔用時並不容其他人同時分享佔用。逆權侵佔弔詭的地方是非法霸佔十二年後竟然可以成為合法擁有者，而且毋須向原物業擁有者付出分文，以香港目前的樓價，這個非法佔用者在一夜間不費分文便成為千萬富翁，這原則似乎有點顛倒是非。

這問題在英國、歐洲人權法庭及香港均曾成為訴訟的焦點。法院基本上認為有足夠的公眾利益支持這原則，尤其在新界的土地，若沒有逆權侵佔的原則，可能令不少土地不能成交以致淪為荒廢土地。然而，非法佔用人除獲厚利外，更無須負上官契的義務，原來業主仍然是官契上的業主，繼續要負責繳交地租差餉，終審法院對此亦曾表示疑惑。

幾年前，法改會曾就這問題作出研究，由於土地業權主要建基於佔用，故法改會建議保留逆權侵佔，這在處理新界土地邊界的業權紛爭尤其重要，但由於政府將引入業權註冊制度，在新制度下，註冊業權人應受到保障，故法改會建議在這方面仿效英國數年前的修例，要求非法佔用人在非法佔用期屆滿前須向業權人發出通知，讓業權人有機會及時作出補救。這通知制度，將令非法佔用土地者極難以逆權侵佔取得土地，但這制度只適用於新的業權制度，引入新制度的相關法例早在二〇〇四年已通過，但法例涉及極複雜的落實問題，故至今仍未生效。新制度落實似乎遙遙無期，法改會的報告則沒有解決在現制度下逆權侵佔所引來的不公平的問題，政府的態度則是不了了之！

三 一地兩檢

「一地兩檢」是一個典型的例子，因為龐大的經濟利益而令政府願意放棄一些法律原則，甚至不願努力尋找法律上或實際上可以解決問題的方案。法院的判決亦實在令人失望，為一國兩制打開了一大缺口。

自己並不反對高鐵，而是擔憂一地兩檢所引發的法律問題。當社會上對此事的爭議漸趨熾熱，部分討論亦顯得情緒化。有些回應指反對人士妖言惑眾，甚至對他們作人身攻擊；另一些則將反對政府的建議等同反高鐵，於是出現所謂不如炸掉高鐵或將西九站改為商場這些意氣說話，兩者均無助於客觀的討論。大部分對政府一地兩檢方案有保留的人士並非否定高鐵，而是希望尋求一個更能平衡一國兩制和一地兩檢的方案，不少人亦嘗試提出不同的方案。可惜，我們的社會似乎愈來愈容不下客觀的討論和不能包容不同的意見。當然，不同的方案會有不同的問題，這些問題是否可以解決？相比於政府的方案那一個方案會出現較少問題？可惜，林鄭政府一意孤行，對任何反對意見均不屑一顧，甚至不加思考便一口否定任何其他方案。立法會亦沒盡其監察政府的責任，儘管項目嚴重超支，政府仍成功硬闖立法會獲得撥款。這次成功的經驗，加強了林鄭特首的高傲和自信，亦為日後《逃犯條例》的悲劇埋下伏筆。

在這一章，讓我們回顧和重新檢視一地兩檢這爭議的始末。

何謂一地兩檢？

「一地兩檢」其實可以有不同的意思。簡單而言，它是說在同一個地方同時進行該地方的離境和另一個地方的入境手續。歐洲之星和美加之間的安排屬於這一類的一地兩檢，也可稱為「兩地一地兩檢」。現時政府的方案不單是在同一個法域處理該地的離境和內地的入境，亦同時在該法域處理內地的離境和香港的入境問題，這是另一種一地兩檢，也可稱為「一地一地兩檢」。據我有限的認知，除深圳灣外，目前世上並無類似政府所建議這種「一地一地兩檢」的模式。

歐洲之星：兩地一地兩檢

最近我從倫敦乘坐歐洲之星列車前往巴黎。我在倫敦上車，首先通過英國離境檢查，隨即通過法國邊檢，上車便直抵巴黎，抵步後無須再作任何檢查。回程時在巴黎同樣先通過法國邊檢，然後再通過英國檢查，回到倫敦便無須再檢查證件。換言之，我前往巴黎時在倫敦進行一地兩檢，回程時則在巴黎進行一地兩檢。

歐洲之星亦同時接駁歐洲的火車鐵路網。我亦曾從倫敦乘坐歐洲之星前往比利時的 Bruges。我在倫敦進行一地兩檢後，列車直達布魯塞爾，我在那裡轉往另一月台乘坐歐洲其他列車往 Bruges，無須再作任何檢查。回程時我由 Bruges 乘火車往布魯塞爾，在布魯塞爾車站歐洲之星列車的專用入口進行一地兩檢，然後便直接返抵倫敦，無須再作檢查。

歐洲之星的概念是在沿綫幾個大站進行一地兩檢，並以這幾個大站作中轉站接駁整個歐洲鐵路網，接駁時乘客只須轉往另一月台。曾經乘搭歐洲之星的旅客均普遍認為歐洲之星相當方便，這模式的一地兩檢同樣發揮巨大經濟效益。

美加預檢

美國和加拿大及愛爾蘭亦有類似安排。從加拿大乘坐飛機前往美國，旅客在加拿大機場辦妥離境手續後，隨即辦理美國的入境手續。加拿大通過法例，讓美國的官員在加拿大的機場辦理美國的入境手續，這稱為預先清關（Pre-clearance）。法例清楚列明，美國的官員只能執行與入境及清關有關的權力，這包括搜查行李、搜身及短暫羈留作盤問的權力，但不包括拘捕的權力，若是進行脫除衣服的搜查（Strip Search），則須尋求加拿大的執法人員協助，並由加拿大的執法人員執行。此外，美國官員行使入境與清關權力時，須受《加拿大人權憲章》的約制。旅客在辦理完入境手續後仍然身在加拿大，受加拿大法律所管制。若他改變主意，他仍隨時可以離開機場，無須辦理美國離境的手續。美加的安排，是讓對方官員在己方領域內預先辦理入境手續，因而稱為預檢。

不論是歐洲之星或美加之間的安排，它們均有兩個特點：（一）這安排只為外國入境提供方便，即使加拿大機場劃開專屬地區讓美國官員進行入境及清關事宜，也不會令那裡變為美國的口岸。故此，加拿大的法例清楚列明，旅客辦妥預檢手續後若改變主意，隨時可返回加拿大機場其他地方，毋須美國官員的批准。美國官員在加拿大機場處理美國的入境事宜，或法國的官員在倫敦處理法國入境的安排，這些官員均是身在加拿大或倫敦，受當地法律的約束。機場或車站仍然屬加拿大或英國的管轄區，若在機場或車站有任何不法行為，均由當地警方處理，美國或法國的官員無權執行入境及清關以外的權力，有需要時他們也只能要求當地警方協助。換言之，在讓美國或法國官員在加拿大或英國處理美國或法國的入境事宜時，並沒有削弱加拿大或英國的管轄權。

（二）這種安排並不適用於在本地處理外國的出境事宜，因為這會無可避免地將外國的領域擴展至本地。假如將政府於西九站的模式套用到倫敦歐洲之星時，那不僅是前往巴黎時在倫敦做一地兩檢，還有在巴黎回程時，到倫敦站時才處理法國的離境和英國的入境事宜。假如一名旅客從巴黎上車，他什麼時候才離開法國呢？答案必然是在抵達倫敦車站通過法國的檢查後才算離開法國。換言之，這種安排會令法國的口岸伸延至倫敦，這是為何當今其他實行一地兩檢的地區均不會在本地作外地出境的安排。

政府方案與《基本法》

政府方案的弊端是它無法符合《基本法》。《基本法》的原意是在香港奉行香港法律，內地法律不適用於香港，香港法院在香港享有司法管轄權，內地駐港機構或人員在香港受香港法律約束。於是，駐軍在港也要遵守香港法律，港人在駐軍軍營內仍受香港法律的保護。這些立法原意體現於《基本法》第十八、十九及二十二條，《基本法》規定，內地法律必須透過《基本法》附件三才能適用於香港；若沒有透過附件三的程序或附件三不適用，那結論只能是該些內地法律不能適用於香港，否則便違反第十八條。香港特區的範圍由國務院於九七年七月一日作出詳細規定，訂定了香港的領域（第二二一號決議）。

假如今天我處身於西九站內，我是身在香港，受香港法律的管制。若我遭不合理禁制，我可以向香港的法院申請人身保護令。可是，按政府的建議，西九站部分地區將成為內地口岸，在那裏香港的法律並不適用，香港警察不能在那裏執法，香港的法院在那裏亦沒有管轄權；相反，那裏受中國法律（包括刑法）的管制，並由國內的公安執法。《基本法》清楚說明，除國防外交以外，中國法律並不適用於香港。在這樣清楚的條文下，政府的建議怎可能符合《基本法》？

從另一個角度看，若我從廣州乘高鐵來港，我什麼時候才離開內地？按政府的方案，必然是到達西九站通過內地出境檢查後才離開內地。同樣地，若我欲乘高鐵往廣州，當我在西九站通過香港和內地檢查後我忽然改變行程欲先返回香港，我是否須要辦理內地離境手續才能返回香港？按政府的建議我是須要辦理出境手續，因為我已身在內地口岸。換言之，政府的方案涉及縮窄香港的範圍，將內地的邊界推至西九站，這如何符合國務院對香港範圍的界定？

政府就高鐵方案承認了兩點：第一，西九站作為離境口岸，全中國的法律必須適用，因此政府否決以附件三的形式引入中國法律，因為根本無法預知什麼中國法律適用或不適用。第二，由於西九部分地區已劃為內地口岸，故不存在內地法律適用於香港的問題。這其實等於承認，政府的方案是違反《基本法》，政府的解決方案實際上是重劃香港的範圍，將部分本來屬於香港的地區劃定為內地口岸以繞過《基本法》。

政府說這樣不違反《基本法》，因為《基本法》沒有界定香港的範圍。但《基本法》對一國兩制的多項保障，均建基於香港的地理範圍不會收窄，例如內地的法律和政策不會在香港實施，香港居民在香港境內受香港法律的保護，內地法律必須符合第十八條的規定才能適用於香港等。如果香港的範圍能隨時改變，這些保障便形同虛設。

政府跟着說可以將西九部分地方租借給內地政府，但租借土地時，土地仍然受香港法律的管制，現時的方案則是西九站部分地方根本不再屬於香港政府管轄的範圍，這是放棄而非租借，《基本法》內並沒有任何條文容許特區政府放棄對香港部分地區的管治權。

政府又說，根據《基本法》第二十條，中央授權香港特區在特區內設立內地口岸區，並授權香港在那內地口岸區保留一些法律權力，由於那裏已不再是香港而是內地口岸，所以不存在違反《基本法》的問題，而且香港政府在內地口岸仍可執行一小部分香港法律，所以這是中央政府賦予香港更多的權力。這簡直是強詞奪理！第二十條授予香港額外的權力，適用於深圳灣方案，容許香港海關在香港境外執法。深圳沒有類似《基本法》的規定，是否容許香港法律在深圳灣執行可以由兩地政府協商，香港的《基本法》卻明文規定內地的法律不適用於香港特區，故兩者不能相提並論。西九方案則是中央政府授權香港政府放棄香港政府的管治權，所謂授權讓特區在西九內地管轄區內保留一些權力，則儼如說：我原來有十元，你授權我交四元給你，然後你給我一元，卻說這一元令我更加富有，這種指鹿為馬的論據難以令人信服！

再者，特區政府一邊說香港法律可以將一些地方假定為內地管轄區，所以那裏仍然是香港的一部分；另一方面又說，內地口岸不是香港的一部分，所以沒有違反《基本法》。這論點既自相矛盾又不恰當，法律上的假定一般只應用於事實或證據方面，這和將部分香港領域交由內地以內地法律管轄是完全另一回事。

有些人士搬出一大堆中國憲法的條文，令人摸不着頭腦。不如誠實點說，內地有權收回香港，甚至可將《基本法》置之不理，但相信這也非中央政府所願見。也有人指出我們已投資了七百多億，高鐵會帶來龐大經濟效益，但這並不表示我們得接受一些違反《基本法》的安排，也不等於說政府的方案符合《基本法》和「一國兩制」！

最後，政府指一地兩檢方案獲人大常委會的認同，這便涉及人大常委會的決定在特區的法律效力和地位的問題，本文稍後再就這問題作討論。

香港賴以成功的地方是它的法治根基，如果連《基本法》的保障也可以這樣繞過，只要有足夠的經濟利益便可以置法理於不顧，那法律還可以提供什麼保障？香港還有什麼法治可言？

這並不表示我們要放棄高鐵，即使政府要堅持其建議，一個簡單而合法的方案是由國務院作出決議，修訂原來對香港特區的範圍的定義，將西九內地管轄區正式劃作內地，然後再由中央政府透過《基本法》第二十條授權特區在內地管轄區的權力。這個方案涉及修改香港的範圍，上文亦指出若這權力不加限制便容易削弱《基本法》對香港的保障，但最少這個做法是完全符合《基本法》！

此外，政府的方案是否唯一可行的方案？是否沒有其他不用違反《基本法》但仍能發揮高鐵效益的方案？

—— 其他方案

上述歐洲之星和美加預檢的經驗告訴我們，一地兩檢並不等如重劃口岸。西九面對的難題是將南來北往的出入境檢查均集中在西九車站。我提出的方案是將北往和南來的檢查分開處理，亦即將入境內地和從內地出境分開處理，北往較容易解決，離境旅客在西九站先通過香港離境檢查，然後再通過內地邊防檢查，內地人員的工作只局限於批准旅客入境和清關完稅，不獲准入境的旅客便由香港執法人員跟進處理。在西九站內的旅客仍受香港法律管轄，西九站只提供方便讓內地人員處理入境、清關及檢疫問題，不能行使任何其他權力。西九站仍然是香港的管轄區，經過內地檢查後，旅客仍然身在香港，候車的地方仍受香港法律管轄，不存在內地口岸區。旅客若在這時改變行程，亦可返回香港（情況就如在機場禁區內），無需辦理內地出境手續。候車地區的商舖仍然受香港的法律管制。

南來的問題則較複雜，旅客從內地上高鐵，既可在內地中途落車，又可前往香港，那問題便是他何時才離開內地進入香港？由於他並沒有辦理離境手續，因此他只能來到西九才出境。換言之，西九便成為內地的邊防。在西九的內地人員，無可避免地要執行全中國適用的法律，以決定該旅客是否可以離開國內，這就涉及一國兩制的憲法困難。

（壹）在福田站作南來的一地兩檢

最理想的解決方案是在深圳福田站設立南來的一地兩檢，福田站是離開內地法域進入特區前的最後一站，由於福田仍是內地法域，內地的執法人員可以全面執行內地法律，不會涉及抵觸《基本法》，香港執法人員在福田站進行邊檢，這模式和深圳灣口岸的模式完全相同。旅客要在這裏下車接受檢查，但檢查後他們來港便無須再受檢查，所花的時間和在西九站作兩檢的差別不大，但卻保留了特區的完整性和完全符合《基本法》的規定。

這方案的主要困難是福田站的建設經已完成，沒有足夠設施容納一地兩檢的設立，但這只是短期的困難。長遠而言，大部分的旅客均是以廣州為終點站，高鐵對福田的經濟利益有限，即使日後高鐵接通全國鐵路網，大部分高鐵的乘客只會視福田為一個途經的車站。但若福田站成為高鐵南來一地兩檢的大站，旅客要在福田下車，這反可對福田帶來可觀的經濟效益。

若果接受這方案，下述在福田站作車上檢便可作為臨時方案，待福田的設施完成後改為在福田站作一地兩檢。若不接受這方案，下述在福田站作車上檢則可作為一個替代方案。

——（貳）在福田站停站作車上檢

另一個解決方案是在深圳福田站進行車上南來的一地兩檢。當高鐵抵達福田站時，內地及香港邊防人員可以在高鐵車廂內進行離境及入境檢查，旅客無需離開車廂，只要有足夠的出入境人員，在車上檢查只需約二十分鐘，即高鐵需在福田站停留約二十分鐘。由於邊防檢查在深圳福田進行，這便不涉及一國兩制或在香港執行內地法律的問題，而這正是目前深圳灣口岸的模式。

近日政府回應說，每班列車有近五百七十名乘客，檢查不能在二十分鐘內完成，這只是人力資源的問題，增加人手進行車上檢便可解決。目前旅客可駕車從深圳灣口岸來港，經過兩地邊檢時，乘客不用下車，而所需的檢查也不外是幾分鐘而已。政府又說，停車會影響其他高鐵的班次，這只是誇大安排班次的困難。必要時列車可安排駛入一些月台旁的後備車軌，只要預先編排，這困難也不難解決。至於行李方面，為保障旅客安全及避免西九站成為理想的恐襲目標，行李須在上車時已進行安全檢查，在福田車上檢查便可集中處理證件及出入境事宜。

剩下的便只是清關問題。由於行李在上車時已進行安檢，在福田車上已處理了入境事宜，旅客抵西九站後只須處理清關問題。抵步後旅客仍須經過內地的海關檢查，安排猶如在機場，旅客可選擇綠色通道或紅色通道，內地人員要處理的只是那些東西須要完稅和那些東西不能出口。由於大部分旅客均會循綠色通道離開，故這安排對大部分旅客均沒太大影響。這安排或許可稱為延後清關（Post-clearance）。

至於有少部分企圖帶違禁品離開內地的人士，當他們通過海關通道時，在西九的內地海關人員，在需要時可進行搜查行李、搜身及短暫羈留相關旅客進行查詢，但若要進一步進行盤問，作侵犯性的搜身或拘捕時，則需尋求香港執法人員的協助，並由香港執法人員執行。由於涉及從內地偷運違禁物品進入香港，香港可修訂《進出口（一般）規例》，將一些受內地禁運出口的物品適當地列為禁止進口的物品，並根據《進出口條例》第六C條對相關人士提出檢控。換言之，若內地人員在行使清關權力時會涉及人身自由時如拘捕或檢控時，得由香港執法人員按香港法律執行，香港需要修訂本地法例以作適當配合，而行使這部分的權力須符合《基本法》對人權自由的保障。

或許，有論者會認為這安排太過複雜，政府可能擔心這會引來大量訴訟，亦曾提出可能有大量提出政治庇護的難民在西九站要求司法覆核。首先，這安排只會影響極小部分的旅客，九成以上的旅客均只是如常走過海關通道；第二，沒有證件或政治敏感的人士，在福田車上檢測時已不獲前來香港，這會大大減低政府的憂慮，也是為何在內地進行出境檢查的重要性。第三，大部分受內地管制出口的物品均受香港進出口條例的管制，作出相關修訂後，從內地輸入受內地管制物品會違反香港法例，由香港執法，這可避免不法之徒免受法律規管的憂慮。誠然，這可能會增加香港的負擔，但卻體現人在香港便受香港法例約束的原則，符合一國兩制的安排。

這安排嘗試平衡內地海關的關注和香港人在香港受本地法律的保障，亦同時突顯了一個法域的執法人員在另一個法域執法的敏感性，在美加的預檢安排上，美國官員在加拿大行使清關的權力也是受《加拿大人權憲章》的約制，這種安排是為方便所須付出的代價，也是保障法治的重要環節。筆者接受這並非最理想的安排，政府擔心有大量人士會在西九申請司法覆核，但若這樣的情況真的出現，並在西九站內地口岸區發生騷亂和引發內地官員作出大規模武力鎮壓，或內地官員在西九內地口岸區盤問旅客時出現施加酷刑或不人道待遇，根據政府的方案，那裏是內地口岸，不由特區過問，但事情發生在西九站內，面對本地和國際社會的關注，特區政府真的可以置身事外嗎？對香港作為國際金融中心和法治文明的形象又會有何影響？

簡言之，這方案是前往內地的旅客在西九站內進行一地兩檢，從內地來香港的旅客則抵深圳福田時在車上進行一地兩檢，然後在西九站處理清關問題。例如旅客在廣州南站上車，行李要在廣州上車前進行安檢，上車後當列車抵達福田時，列車會在福田站停留約二十分鐘，內地及香港的入境人員會上車進行檢查證件及辦理出入境事宜。列車隨後前往西九站，旅客可選擇綠色或紅色通道，經過中港兩地的海關通道進入香港，按目前在機場、羅湖和落馬州的經驗，絕大部分旅客均只是通過海關通道進入香港，無需停留。根據這方案，無需將西九站劃為內地口岸，內地官員在處理清關時，仍須遵守香港的法律。這折衷方法可解決政府方案須要放棄部分管治權和內地法律在香港全面適用和執行的困難，代價是高鐵需在深圳福田站稍作停留及透過《基本法》第十八條及本地立法容許內地清關的法律在西九執行。

（叁）長遠的考慮

香港的高鐵主要只去到廣州南站，從那邊接駁上全國的高鐵網絡。政府對如何接駁及日後的發展交代甚少。我不排除日後可能有火車從西九直接前往北京或上海，但全國鐵路繁忙，根本沒可能所有列車均會來到香港，更大可能是以廣州為中轉站，而高鐵的最大效益是讓乘客前往廣州，從那邊轉月台接駁上全國四通八達的鐵路網，而大部分南來的旅客，均會以廣州為中轉站。如果這是高鐵的主要作用，那歐洲之星在沿線各站進行一地兩檢的模式便值得認真考慮。

高鐵從西九至廣州南站只有福田站、深圳北站及虎門站，長遠而言，其實應考慮在這四個站（尤其是在廣州站）同時設立南來一地兩檢，而非將大量旅客擠擁在西九站才進行離境清關。若八成以上的旅客是以廣州為終點站或中轉站，政府的着眼點應該是在廣州設立南來的一地兩檢。在沿線各站增設一地兩檢，既方便在當地上車南來的旅客，亦會增加這些地方的吸引力，對當地經濟帶來好處。換言之，北上的旅客在西九站進行一地兩檢，便可通往全國各地。南來的旅客則在廣州或沿線各站進行一地兩檢，抵達香港便不用再檢查，這相信會覆蓋近八成的旅客。而由北京或上海直接來香港的直通高鐵，旅客則在福田站作一地兩檢。

—經濟效益

特首高調指沒有「一地兩檢」高鐵便沒有經濟效益，這是否言過其實？當初政府考慮高鐵項目時，其實亦有考慮「兩地兩檢」。事實上，高鐵最大的效益是大大縮短了行程的時間，歐洲之星之所以受歡迎是因為只需三小時便可以由倫敦市中心直達巴黎市中心，乘坐飛機要提前往機場，前後所需的時間和乘坐鐵路相差無幾，而且鐵路中途接駁方便。同樣地，高鐵大大縮短交通時間，前往廣州只需四十八分鐘，並方便接駁內地鐵路系統，令前往北京或上海只需八小時。只要在高鐵車站設專門檢查通道，過關出境只需很短的時間，「兩地兩檢」並不會減低高鐵的吸引力，涉及的困難亦遠比「一地兩檢」為低。

一地兩檢案

一地兩檢方案的合憲性最後給提上法院，但原訟法庭的理據實在令人失望。法院認為《基本法》的解釋應該與時並進，高鐵有利於社會，《基本法》亦無規定不能在香港設立口岸區，故一地兩檢的安排符合《基本法》。這理由相當牽強，亦沒有明確處理內地法律不適用於香港的規定。設立口岸區不一定要將內地法律全盤引入，亦不一定需要放棄香港特區的管治權，《基本法》的解釋要與時並進，但這並不等如法院可以忘記《基本法》清楚指出中國法律不適用於香港的明文規定，可惜法院並沒有處理這些問題。

相反，法院倚賴人大常委會的決議作為法律依據。人大決議在中國法制內當然有法律效力，但這並不等於它在香港亦有法律效力，《基本法》訂明香港的法律來源，當中並不包括人大決議。過往人大決議全部涉及香港政制，其效力源於人大第二次釋法，但這次決議並沒有人大釋法的根基。釋法限於解釋《基本法》的條文，並需要事前徵詢基本法委員會的意見，決議則沒有任何程序或內容方面的限制。法院認為日後終審法院可能會要求人大釋法，屆時人大相信不會作出和這個決議相違背的解釋，但終審法院在「莊豐源案」便明確表示，法院在解釋《基本法》時不會猜測人大將會如何看待法院的判決，否則司法獨立便會蕩然無存。這次法院的判決，除了為一國兩制打開一大缺口外，亦違反「莊豐源案」的指引，令司法獨立蒙上陰影。

── 結語

在任何一個地方，在一個法域內容許另一個法域的執法人員執行其法域的法律，均是極度敏感和具爭議的問題。可惜，特區政府並沒有虛心和認真地聆聽和考慮不同的意見，亦沒有以建設性和互相尊重的態度討論這既具爭議又複雜的問題。高鐵無疑會給香港帶來不少經濟利益，但法治卻是香港賴以成功的基石。國際社會和投資者對香港有信心，皆因他們對香港的法制有信心，一國兩制建基於《基本法》之上，若只為短線的經濟利益而以毫無說服力的方案來繞過《基本法》，法律再沒有客觀的標準，而是隨政治或經濟利益而改變，那最終損失的還是香港。在法治的社會，政府的施政必須有法律的依據，儘管政策有利於社會，政府仍不能罔顧法律的要求。若政策不容於法律，政府只能修訂政策或修改法律以配合良好的政策。失去了法治，一國兩制還剩下多少？

二 從「一國兩制」看學術自由

一、「一國兩制」的核心價值

近年隨着香港和內地之間經濟實力的逆轉，總不時聽到一些對香港未來角色的疑慮。香港是一個國際金融中心，但香港對中國現代化的角色是否則只限於成為中國的一個金融中心？

一九九六年，時任教資會主席的梁錦松在一篇演詞中這樣說：「要保存我們的特色和競爭力，我們必須保存香港賴以成功的根基，這些根基包括法治、公平的競爭環境、廉潔和透明的政府和資訊自由。」法治包括法律制度下的核心價值如司法獨立和受法律保障的各項基本人權和自由，例如人身自由不受非法褫奪；公平的競爭環境則包括執掌權力者在執行職務時須避免角色和利益的衝突；而維持廉潔和透明的政府，則言論和新聞自由皆不可或缺，資訊自由在知識型經濟體系中更為舉足輕重。

這些根基，不單是香港的優勢所在，亦同時正是內地在高速經濟發展時所缺乏的。法治不倡，為政不廉，人身和言論自由不獲保障，貪污舞弊比比皆是。制度未臻完善，早年的豆腐渣工程和毒奶事件，至今仍是不了了之。近年的超載沉船，在民居附近設置危險倉庫或堆填區，亦無任何監管制度，結果造成大量平民死傷；股市救災紊亂，揭露了不少監管者同時是市場的參與者種種的利益和角色衝突，這些均是內地目前發展中一些不爭的事實。高速經濟發展為中國帶來自豪，但為何當中國在國際舞台崛起並強調和平發展時，多個鄰國皆憂心忡忡？經濟富強可以帶來很多東西，卻買不到人家的尊重和信任。香港彈丸之地，卻受到國際社會廣泛的信任，依靠的正是香港的法治、自由、公平有序的制度和廉潔的社會。中國在繼續現代化發展時，若要成為受人尊重的強國而非恃財橫行的霸權，便必須發展她的軟實力。這些軟實力，正是香港的強項，香港維持自己的制度和特色才是真正對中國發展的貢獻，類似「李波」的事件在內地時有所聞，大家甚至習以為常，但在香港卻引起廣泛關注和國際社會的重視，這正是兩制不同的地方。「李波事件」觸及的是香港的法治和人權，必須認真正視和堅持處理，淡化甚至為事件護航，或為此而自設審查，不再售賣所謂敏感的書籍甚至不擺放較開明的報章，這些只是自毀長城的回應，將香港推向內地一體化，當香港變成另一個深圳或上海後，香港對中國便再沒有價值。這不單背棄前人創立一國兩制的宏願，亦未能真正盡香港的責任，為中國發展成為真正大國作出貢獻。

法治、人權、自由、廉政這些核心價值是互相緊扣，沒有言論和新聞自由便難以監督廉潔施政或維護公平競爭。人權自由不彰，法治便往往會淪為統治壓制的工具。沒有資訊自由，市場經濟便難以維繫。沒有學術自由，創新或知識型經濟亦無從說起。

二、自由沒有絕對論

近年香港有種現象，在討論人權自由時，反對者往往會強調人權自由並非絕對，於是對這些權利和自由作出限制便順理成章。當然，所有權利和自由皆不是絕對的，但這並不等如人權自由便可受到任何限制，單指出權利自由並非絕對根本沒有說明甚麼，重要的問題是怎樣規範這些限制？甚麼限制才是公民社會可以接受？怎樣作出衡量？

舉例來說，調查和檢舉貪污絕對有重大的公眾利益，但這並不表示廉政公署便可以任意拘捕任何人或施以嚴刑拷問。同樣地，言論自由不表示可隨便誹謗他人，但這亦不表示任何辱罵別人的言論皆會構成誹謗，當有關言論涉及公眾利益時，法律便要仔細作出平衡。幾年前在著名的「鄭經翰訴謝偉俊」一案中，鄭提出其批評乃公平評論社會事件，並以此作答辯，謝則回應說鄭對謝的侮辱言論乃出於個人恩怨。終審法院最後裁定，當評論涉及重大公眾利益時，公允評論的答辯正為保障重要的訊息可以在公眾討論，故即使提出批評者的目的是出於私怨，亦不會影響公允評論的答辯。這些例子指出，有些人提出因為有公眾利益或國家安全便可以重新界定或限制言論或學術自由（或任何其他的權利），這只屬一知半解，公眾利益或國家安全只是一些合理的目的，但這些目的是否足夠支持有關的限制還需要作更仔細的平衡。

對這平衡，當今國際慣用的準則，亦是香港法院所採納的原則，包括兩方面：（一）有關的限制是否為達致相關公眾利益的理由的合理手段（Rational Connection Test）；和（二）有關的手段與保障相關的權利是否對稱（Proportionality Test），即有關手段是否對權利作出最少的限制，會否矯枉過正？於是，即使為調查貪污，但容許廉署嚴刑拷問便遠超出調查的合理手段，亦與保障人身自由不受任意侵犯不相對稱，因而不能因涉及貪污便可以任意行使警權。同樣地，當學術自由受到限制時，上述原則同樣適用，並應作全面的考慮和平衡，而不是單說因為涉及公帑或社會秩序便可以施加任何限制或重新界定自由的範圍。

三、學術自由

雖然學術自由並沒有一個權威性的定義，但國際間對學術自由的基本涵義並沒有太大的分歧。二〇〇五年首屆環球大學校長高峯會議便採納了一個源自澳洲法院的解說：「學術自由乃指進行研究、教學、演講、和發表研究和追尋真理的結果的自由，這項自由只受到學術探索的一貫標準和要求的規範，而不受任何干預或懲罰。」（Academic freedom is "the freedom to conduct research, teach, speak, and publish, subject to the norms and standards of scholarly inquiry, without interference or penalty, wherever the search for truth and understanding may lead."）聯合國教育科學和文化組織（UNESCO）及經濟社會和文化權利委員會亦有類似的定義。有鑑於內地的大專院校深受政府操控，《基本法》對學術自由作出明確的保障。《基本法》第三十四條指出，「香港居民有進行學術研究、文學藝術創作和其他文化活動的自由」，第一百三十七條進一步規定，「各類院校均可保留其自主性並享有學術自由，可繼續從香港特區以外招聘教職員和選用教材。」這裏可以看到，學術自由和院校自主並非空洞的口號而是受到《基本法》保障的憲制權利。

夏正民法官在「教育學院案」中指出，學術自由不單是個別學者追求和探索知識而毋須畏懼會因而受到懲處的權利，它亦同時是學術機構的權利。大學是創造知識的地方，而創新乃建基於對固有或傳統觀念的懷疑之上，就如哈佛大學校長最近在清華大學的演說中指出，「知識來自辯論，來自不同意見，來自質問，來自懷疑，來自廣納百川，有容乃大的胸襟。」學者在做學問功夫時，以客觀分析小心求證為基礎，旨在追尋真理，不隨便信納權威，這種對求真的執着，成為科研學問能不斷創新和突破的動力，但不隨便接納權威亦往往令學術研究與掌權者的意見相悖。懷疑和辯論是學術的常態，也是大學的特點，學術自由作為機構的權利，大學的責任就是提供追求學問的環境，使學者可以在自由活潑，無須考慮是否政治正確的環境下從事學術研究。因此，院校自主成為學術自由的先決條件。

今天，學術研究並不是關在象牙塔內做功夫，學者憑藉他們的研究和學識，走進社會與公私營機構合作，將知識轉化為推動社會進步的力量，這不僅限於科技領域的發展，在人文科學和社會科學同樣重要，例如社會保障、法律改革等。學者以理性，專業和批判的目光，對公共政策和措施作出分析和批判，這正是社會對大學的期望。在推動知識型經濟和大學教育仍未算普及的香港，學者的角色更為舉足輕重，但學者的研究不一定迎合當權者的要求或配合當權者的政策，最近周永新教授提出的全民退休保障便不為政府所接受，甚至被政府指他不懂公共財政，這對周教授既不公平亦不尊重。學者不向權貴折腰，這是學者應有的風骨，但要抗衡權貴，從制度上對學術自由作出保障便更形重要。

四、干預學術自由的事件

學術自由面對最大的挑戰是來自政府或當權者的干預。干預學術自由可以有很多不同的形式，例如直接地阻止學者的研究，要求學者更改研究結論，禁止他發表有關的研究，或間接地向校方施加壓力，要求對學者作出懲處，不與有關學者續約或升職，或削減他們的研究經費，更甚的是逮捕他們，以莫須有的罪名作出檢控，銷毀研究的資料。學術自由和人事升遷息息相關，政府往往是透過人事任命和懲處來影響大學的自主。對學者的懲處，亦往往以學術水平作藉口。對學者學術研究的評核，學術界有長久認可的機制，不同學科有不同的衡量標準，評核須建基於同一學科的學者的客觀審核，而非由不同學科甚或學術界以外對有關學科一知半解的人士胡亂評核。故此，院校的人士任命機制至為重要。學術自由建基於院校自主，而院校自主則須依賴制度和程序的保障。

自回歸以來，香港最少出現三次干預學術自由和院校自主的事件。在二千年，時任特首的董建華不滿港大民調中心持續發表特首評分偏低的民調報告，遂透過他的特別助理路長安向港大校長鄭耀宗表示不滿，要求校方終止有關民調。校長沒有拒絕要求，反倒請副校長黃紹倫教授向民調中心主任鍾庭耀轉達這要求，黃教授亦為鍾庭耀當年的博士導師，而當時提出的理由是此等民調並無太大的學術價值，因而要鍾停止有關民調。明顯地，這個所謂學術價值只是一個藉口，並沒有經過什麼有系統的學術評估。事件曝光後，校委會決定成立調查委員會並召開公開聆訊，最後鄭耀宗校長辭職，黃教授則辭去副校長職務。其後港大教務委員會成立專責小組，對學術自由作深入討論，並向教務委員會提交詳盡報告，重申學術自由的重要性，並界定學術自由的內容以及大學和各成員的權利和責任。報告亦觸及一個重要的課題，即作為受公帑資助的大學，學術自由和向公眾問責兩者該如何平衡？（見下文）

第二宗事件涉及教育學院。自一九九七年起政府便推出一連串的教育改革，但這些改革卻受到不少教育學院的學者及業界人士的反對，尤其是政府對否決小班教學的取態。二〇〇七年初，有傳政府高層向教院施壓，要求壓制這些反對聲音，結果特首委任以楊振權法官為主席的調查委員會就這些指控作出調查。委員會在二〇〇七年六月發表報告，批評時任教育局常務秘書長羅范椒芬不恰當地向學者葉建源及鄭教授施壓，侵犯他們的學術自由。教育局長其後提出司法覆核，質疑委員會部分的決定。

委員會的結論建基於四宗事件，當中兩次羅太是向教院校長投訴要求辭退葉鄭二人，委員會認為這樣向葉鄭二人的上司施加壓力有違學術自由，就這一點政府並無提出覆核。政府的覆核只限於另外兩次羅太與葉建源的直接會面，政府希望澄清的是當政府不同意一些學者的批評時，是否只能透過公開媒體反駁，而不能夠與學者私下傾談。

夏正民法官在判詞中指出，學者以其專業知識對政府政策或施政作出批評，這對推動社會發展有重要意義，而在這過程中，官員和學者作私下討論是無可厚非的。可是，若在言論間官員直接或間接表示或暗示可能會對學者或其所屬機構作出懲處，便會構成干預學術自由。這些懲處不一定需要是即時的，例如削減大學經費便需要一段時間，但這並不會減低懲處的威嚇力。與此同時，法官亦認同政府高官手執撥款的權力，對學者或學院總會有一定的壓力，高官私下接觸學者須謹慎，交流意見是合理，但暗示懲處則可構成干預。

這兩宗事件均涉及政府不滿學者的研究而直接向院校施壓，既欲阻止學者繼續發表有關的言論，亦涉及要求辭退有關學者和影響大學發展的指控，這些皆屬赤裸裸干預學術自由的例子。在鍾庭耀事件，大學內部機制發揮作用，校委會決定作出調查；教院事件，院校的投訴導致委任獨立的調查委員會作出調查。兩者皆點出院校自主在維護學術自由的重要性，第三宗事件則直接衝擊院校的自主和架構。

第三宗事件涉及港大任命副校長事件。二〇一四年九月底，香港爆發了長達七十九天的雨傘運動，因為反對中央政府提出極具篩選性的特首提名委員會，大批示威者發起佔領行動，佔領了金鐘和旺角的一些主要通道，而佔領行動的發起人之一為港大法律學院的戴耀廷副教授。在這之前的一段時間，時任法律學院院長陳文敏的取態是戴耀廷在教學、研究和行政方面只要盡了他的職責，亦沒有在課堂上宣揚他的政治理念，其他的行為是他個人的政治參與，和學院無關，亦非院長所該管轄或干預的。這種取態，卻成為他日後被攻擊為包庇和縱容戴耀廷的藉口。

陳文敏在二〇一四年六月底卸任院長，之後大部分時間不在香港，佔中爆發時他在美國賓夕凡尼亞州大學法律學院作訪問學者和任教。同年十一月底，港大經過全球招聘，物色委員會決定推薦陳文敏出任負責學術人事和資源的副校長，任命只須等待校委會通過。推薦原定在十二月提交校委會。

佔領行動後期，戴耀廷和大學的一些電郵外洩，有人指稱大學接受透過戴耀廷作出的不恰當捐款，當中有部分捐款是給予法律學院 。時任首席副校長錢大康作出了內部調查，並在十一月底向校委會作出報告，認為有關捐款並無任何不恰當之處，並全數用於學術用途。然而校委會並不滿意，並要求校方在十二月提交進一步報告，亦有部分委員要求委任獨立調查。

二〇一四年十一月，《文匯報》率先披露物色委員會的推薦，並評擊陳文敏包庇戴耀廷荒廢教學去處理估領事宜，不宜出任副校長一職。（戴耀廷的教學和學術表現一直獲滿意的評級）。

二〇一四年十二月，校委會決定委任大學的審核委員會對捐款作出調查，而副校長物色委員會的推薦亦沒有如期在十二月的會上提出。

二〇一五年一月，《文匯報》又獲獨家資料，率先披露教資會對各大院校的評核報告，並以數版大篇幅集中火力攻擊陳文敏，指港大法律學院評分低於中大法律學院是因港大教授熱衷政治，不務正業，隨後一個月更有多達五十篇的攻擊文章，至九月先後有超過三百篇攻擊文章，矛頭仍是指向副校長的任命，定調依然主要是包庇戴耀廷。（港大在二〇一五年中按慣例對法律學院作出評核，評核委員會成員包括教資會研究報告的海外成員和澳洲新南威爾斯大學法律學院院長，報告全面肯定法律學院的教研成果，並對教資會的部分批評作出回應。該報告於二〇一五年底獲校務委員會通過。）

二〇一五年三月，審計委員會就捐款事項向校委會提交報告，報告並無批評陳文敏。校委會在三月中一次特別大會中審議報告後，發表令人感到驚訝的決定，指稱該報告只屬中期報告，要求審委會再提交最終報告及列出涉事各人的責任。兩星期後，面對社會輿論的批評，校委會改口接受該報告，但要求審委會提交進一步闡釋，說明涉事各人的責任，並安排校委會成員陳坤耀教授參加和「協助」審委會的最後闡釋。

二〇一五年四月，審委會提交闡釋，指陳文敏在處理捐款時未能符合不知從何而來的「期望標準」，理由是他沒有通知他的秘書捐款人的身分，以致在提交給大學的有關表格中，沒有列出捐款人的身分，而只是表示捐款透過戴耀廷作出，故詳情應向戴耀廷查詢。表格沒有披露捐款人的身分是當時陳文敏也未知曉捐款人的資料，當其後獲悉身分後已向校方作口頭報告，並知悉戴耀廷亦已親自向校方披露詳情。這個莫須有的罪名，明顯是用來阻撓他的任命。

二○一五年六月，校委會在違反程序公義的情況下匆匆通過審委會的報告，但這報告又確實不濟事，所謂犯錯也極其量只屬瑣事，不足以阻撓任命。於是，校委會竟以該職位要向首副負責，而時任首席副校長離任在即，故該任命須等待新首副獲任命後才商議。儘管校長力陳任命的重要性和支持任命，校長和時任首副皆為物色委員會的成員，而新首副仍在物色中，校委會仍決定以等待首副為由拖延任命。

「等待首副」這無稽的理由引起社會和大學持分者極大的迴響，亦令到不少人士意識到政治正在干預大學的運作。九月初，代表港大校友的港大評議會以破天荒近八千票通過，要求校委會按慣例接受物色委員會的推薦，或提出足夠的理由否決推薦。九月底，校委會在沒有提出任何理由下歷史性地否決物色委員會的推薦。其後，委員會的部分討論內容外洩，當中所披露的理由令人發笑、反智和質素低劣的程度令人感到可悲！

任命風波有別於前述的兩次干預學術自由的事件：（一）這次並非明確針對某學者的特定研究或文

章，而是針對個別學者。陳文敏政治立場較鮮明，傾向民主自由，作風開明，過往亦有大量文章，就憲政人權法治等問題批評時弊，而幾乎所有評論皆同意他是一位溫和的學者，書生論政，既非政黨成員，亦從沒參政，而且多年來積極為中國培訓法律人才，唯一針對他的理由是他被視為佔中的支持者。（事實上他從沒發表任何支持佔中的言論，反倒有在佔領後期撰文呼籲學生撤退，他亦從沒參與任何佔中活動，佔中期間更是身在海外。）（二）這次事件並沒有政府介入的直接證據，然而，多種迹象均指向政府和中央在港機構的介入，推薦任命由《文匯報》率先披露，教資會的機密報告亦巧合地由《文匯報》獨家獲得，就一所大學的人士任命竟可有多達三百篇的攻擊文章，當中還有《人民日報》和特首辦中人以筆名發表的文章，攻擊的原因實際只圍繞於佔中問題，政治干預之聲呼之欲出。（三）因學者的言論和政見而阻撓他的任命，正是樣板的干預學術自由的表現，在一般情況下，院校內的人士任命機制本該可以抵禦外來的政治壓力，可惜，這次事件亦同時披露港大管治架構內的種種問題。

五、行政長官與校監的角色衝突

上述三件事件皆顯示，學術自由的最大挑戰乃是來自政府的干預，然而，歷史的安排令行政長官成為香港所有大學的校監，而且擁有實質的權力，這種安排又怎能自圓其說，又會否違反《基本法》內對院校自主和學術自由的保障？

行政長官作為各大學的校監，主要是承襲港英時代的安排。然而，英國有很強的教授治校的傳統，現任政府官員一般不會成為大學校監，末代港督彭定康現為牛津大學的校監，但校監卻是由大學全體教授選舉產生。其次，皇室成員作為校監，基本上只有禮節性的角色，港英時期，港督作為大學校監亦只是禮節性的角色，如主持大學頒授學位典禮，或一些外國政要如克林頓的演說而已。可是，時任特首梁振英卻一反過往的先例，實行有權必用，那情況便大大不同了。

有人說，既然這制度一直行之有效，那便不應隨便改動。這說法似是而非，過往行之有效是因為問題未有出現，現在問題出現了，制度上容許政府首長干預院校自主，那便應從制度着手，學術自由和院校自主不應取決於行政長官的個人喜惡，這是法治和人治的分別。

即使撇除院校自主的考慮，行政長官作為大學校監亦會產生很多角色衝突的問題。例如最近行政長官建議商界不要捐款給大學，改為捐款給中學或幼兒教育。作為行政長官，他在考慮教育的全盤發展後，當然可以決定政府將投放更多資源在幼兒教育並要求商界合作，但作為大學校監，他有法定責任保障大學的最佳利益，而非考慮香港是否有其他地方須要更多資源，這不是亦不該是大學校監該考慮的問題。

同樣地，當記者問特首會否為大學籌款，他回應說若有人打算捐款他便會建議捐給那所大學。八所大學之間存在一定的競爭，行政長官同時為八所大學的校監，建議捐款給那所大學皆會令他作為不同大學校監之間產生角色衝突。再者，現任行政長官向私人機構募捐，很容易造成利益輸送（如向捐款者頒授勳章或向捐款者批出合約），甚或有涉嫌賄賂的嫌疑，這皆突顯出現任行政長官出任大學校監的角色衝突問題。

另一個論點是大學受公帑資助，自當向公眾問責，故由特首出任校監是理所當然的。這論點也是似是而非：（一）按這邏輯推論，法院也是由公帑資助，那豈非特首該兼任首席法官？（二）受公帑資助而須問責與特首是否作校監並沒任何必然甚至合理關係，套用上述對衡量權利限制的原則，特首作為校監與學術自由有一定的衝突，那這個任命便須符合合理性和對衡性兩個要求才能符合《基本法》，大學如何使用公帑乃受大學教育資助委員會的監察，亦有不同的審核制度，特首作為校監根本與大學問責毫無關係，卻從制度上嚴重影響學術自由和院校自主。

香港各所大學皆由法例設立，特首作為各大學的校監由各有關的大學條例所規定，要改變這安排便得修訂相關法例。設立大學的條例屬於私人條例，一般而言，有關的修訂應由有關院校提出，並須通過院校的內部程序。例如港大欲修訂《香港大學條例》，有關修訂須由校務委員會提出並獲校董會（Court）同意，然後按私人草案的程序由一名立法會議員代為提案。立法會議員一般不會沒經有關院校的同意便提出修訂有關院校的法例。理論上，立法會議員可自行提出私人草案修訂相關條文，唯一的限制是該修訂會否涉及政府政策，大學校監應屬大學的內部事情，若特首出任大學校監為政府政策，那便更突顯這安排有違學術自由。

六、大學的管治架構

不同的大學有不同的管治架構，聞說教資會正在研究引入統一模式的管治架構。管治架構須要反映不同大學的歷史、文化和特性，沒有統一的必要。

管治架構大體可以分為幾種模式，一是教授治校，大學的管治基本上是由大學的教授組成，這模式令大學有高度自主，不少英國的大學都沿用這模式。第二種模式則剛剛相反，管治架構主要由校外人士組成，不少美國的大學便採納這個模式，最高的管治架構為信託人，主要為協助大學的籌款和發展，大學的運作則由校長全權處理。港大在二〇〇三年以前基本上也沿用教授治校的模式，二〇〇三年的檢討，認為這模式過於臃腫，缺乏效率，遂決定精簡架構，減少校委的人數，並引進大量校外人士，借助他們的經驗推動大學的發展。這模式的好處是借助校外人士的經驗和人脈關係，但亦很容易造成外行人治校，增加干預大學自主的風險。這模式亦很視乎校委的參與程度，校外人士可能因不熟悉大學的運作，提出的建議或制定的政策可能會脫離實際。第三種模式是混合制，管治架構要平衡不同持分者的利益，沒有那一方佔多數，這模式能反映多種不同的索求，但卻往往欠缺效率。

不論那種模式，當涉及校外人士時，便要處理這些人士如何產生。若管治架構大部分成員由政府任命，大學自主便無從說起。這裏亦引申出上文提到的另一個論點，即大學由公帑資助，故須向公眾問責。故不論特首是否校監，他仍須擁有任命校委及校委會主席的權力，以保障大學的問責。這論點似是而非，首先，練乙錚教授的文章已指出這論點的謬誤，不少受公帑資助的大學仍然可以由教授管理大學，毋須政府干預而仍能保持問責。第二，問責有不同的方法，由政府任命人士進入大學的決策層是否最恰當的方法？用法律的語言表達，則是由政府介入大學的管治是否對學術自由相對稱的限制？第三，大學教育資助委員會的設立，正是為大學與政府之間設一屏障，避免政府直接介入大學事務，省卻大學直接與政府商討資源撥款的問題，但同時保障公帑的合適使用。教資會的角色在「致力促進各院校、政府和社會各界之間的了解，並在院校和政府當局之間協調有關高等教育的事務。教資會一方面維護院校的學術自由和自主權，另一方面確保公帑用得其所。委員會設有開放的途徑與各院校和政府聯絡，藉以向院校和政府提供並收集兩者的意見。教資會的主要職能，是向受資助院校分配撥款，以及就香港高等教育的策略性發展和所需資源，向政府提供中立的專家意見。」

教資會的成員包括本地和海外的專家，除撥款外亦定期評核各大學的教學和研究質素。對大學的撥款，一般是以三年為基礎，撥款主要取決於學生的人數和大學的發展，除了一些特定的項目以配合政府的人力發展和需求外，大學享有自主權決定如何分配撥款，亦要透過每年的匯報和定期的發展策略向教資會爭取撥款。近年教資會亦將部分撥款改為透過競爭和取決於定期的教學和研究素質的評核，以保持大學之間的競爭和優化。換言之，教資會透過其撥款、匯報、質素保證和研究評審的機制，已充分體現大學向公眾的問責。特首任命校委主席和委員，一是沒此必要，二是若任命令政府可以操控校委會從而危及院校的自主，那便有違學術自由的精神。

當然，這並不表示大學只能由教授治校，社會人士的參與是健康和值得肯定的，但大前提是大學是一個學術機構而非商業機構，一些商界的衡工量值概念不能照搬進大學。大學對社會的問責應該建基於對學術的堅持，在運作上具高透明度，而非對政權的附和。大學應由最了解大學的人來管理，不論那一種管治模式，大學教員和學生應該佔管治層的多數。

七、結語

大學肩負培訓人才和推動社會發展的責任，透過科學理性的思辯、論證和實踐，創新和拓展人類的知識領域。科研帶動社會進步；人文科學、社會科學和學者對政府政策的批評，則引領社會成為一個更公平、更有精神內涵的群體。大學代表着客觀、理性、批判和良心，這正是學術自由的內涵。

作為社會的一部分，大學內所發生的事情亦是社會的縮影。學術自由、言論自由和其他權利互相緊扣，一項自由受壓，其他自由亦難以獨善其身。堅持學術自由，亦是堅持言論自由、人身自由和其他核心價值；這些核心價值，正是令一國兩制有繼續存在的價值。保護這些價值，維持香港有別於內地的獨特根基，才是香港為中國發展可以作出的貢獻。

二 梁國雄對公法的貢獻

提起梁國雄（長毛）的名字，香港恐怕無人不認識他，但對從事法律研究的人士而言，梁國雄卻是一連串案例的名稱。多年來他透過司法途徑多次挑戰權威，並釐清不少法律上的灰色地帶和重申一些核心的法律價值，他在這方面是功不可沒的。

梁國雄涉及的案件可以分為兩大類：（一）作為原告提出的司法覆核和（二）作為被告的刑事檢控。前者涉及的範圍相當廣泛，既有挑戰政治制度，亦有觸及基本人權自由；刑事檢控則以涉及《公安條例》為主。

一、司法覆核

（壹）政治權利

二〇〇四年，梁國雄獲選成為立法會議員，按例要宣誓就職。梁國雄要求更改誓詞的內容，加入以中國人民和香港居民以及民主、公義、人權和自由的原則作出宣誓。由於誓詞並不符合法例的要求而不被准許，他便提出司法覆核。夏正民法官在判案時指出，《基本法》規定依法作出宣誓，而法律已規定了誓詞的內容、故沒有更改誓詞的空間，而且宣誓是一項莊嚴的儀式，不應就不同立法會議員因應各自認為重要的原則而各自撰寫誓詞，統一的誓詞亦不會妨礙他的信仰自由或構成歧視，因而拒絕司法覆核的許可申請。

二〇一二年，梁振英當選成為行政長官後，梁國雄聯同何俊仁提出選舉呈請和司法覆核，質疑選舉結果。他們指梁振英在選舉期間發表了一些有關他沒有非法僭建的言論與事實不符，違反《選舉（舞弊及非法行為）條例》。申請先後遭上訴法院和終審法院駁回，法院認為有關的言論不足以證明梁振英在選舉期間作出虛假陳述，但同意司法覆核涉及重大公眾利益而准予提出司法覆核。其後終審法院澄清，選舉呈請並非唯一質疑選舉結果的途徑，選舉呈請只能由指定人士如其他參選人根據特定理由提出，呈請毋須先取得法院許可，以便法院能盡快作出決定，故七天的提出時限並不違憲。但若指定人士根據其他理由或由非指定人士提出質疑，則可以提出司法覆核。

（貳）拉布：立法與司法的關係

近年另一個極具爭議的課題是議員在議會「拉布」。在民主制度下，少數派議員在點票方面沒有議價空間，因而利用程序拖延立法會的議事過程，希望從而令當權者作出更大的讓步或妥協，這是民主社會須要付出的代價。在香港這種扭曲的政制下，「拉布」有一定的存在價值。當然，水能載舟，亦能覆舟，過分玩弄程序亦會產生反效果，甚至嚴重影響民生，於是「剪布」之聲應運而生。立法會主席是否有權剪布以及應如何行使這權力，法院又是否可以或應該干預立法會的運作，便成為另一宗梁國雄案的焦點。終審法院指出，基於三權分立的原則，法院不會干預立法會的內部程序和運作，法院處理的是立法會或其主席是否擁有該等權力，但卻不會干預他們怎樣行使這權力。這宗案件澄清立法與司法的關係，亦闡示三權分立不等於一方獨大。儘管在憲制方面的司法覆核不算成功，但這些判例卻澄清了一些重要的法律原則；相對而言，在一些涉及基本人權的司法覆核中，梁國雄則取得更明確的成果。

（叁）通訊自由與法律真空

早在回歸前已有不少評論指出，當時法例賦予執法機關截查通訊的權力過大，類似的條文已遭歐洲人權法庭頒布為違反《歐洲人權公約》對私隱權的保障。九七年初，立法局更通過由涂謹申議員提出的修訂法案，但其後政府一直拒絕為修訂法案訂下生效日期，直至二〇〇五年中在兩宗刑事檢控中，區域法院拒絕接納截聽得來的證據後，政府才決定以行政指令的方式引入相關的程序。《基本法》要求對私隱權的限制應由法律而非一些可以朝令夕改的行政指令所規限，梁國雄因而成功質疑這些行政指令的合憲性。法院認同撤銷這些行政指令，但為避免令執法人員突然失去截聽的權力，法院頒令指這些行政指令仍具臨時效力，讓政府有時間修訂所需法例。

這便涉及憲法學上一個難題：既然法院已判定行政指令為違憲，為何法院仍可讓違憲的指令繼續生效？然而，違憲的法律若即時遭撤銷，便可能出現混亂的情況，如過往相同的判決甚至判罪可否因而被推翻，或出現法律真空使政府或執法機關無法運作的情況？這問題在不同的普通法系內有不同的處理方法，最後終審法院確立法院有權在極例外的情況下暫時凍結違憲的命令，以便政府提出修法或補救措施，並確立行使這權力時的準則。法院其後在變性人的性別問題上亦引用了這項權力。

（肆）犯人的選舉權

選舉權是一項基本權利，但在服刑中的在囚人士是否仍然享有選舉權？在囚人士因觸犯刑法而被囚，但這並不表示他們將因此而喪失政治權利。在另一宗司法覆核案中，梁國雄便成功推翻了對在囚人士的選舉權的限制。法院認為不理會犯事性質和嚴重性，刑罰的方式和刑期的長短，便一刀切地奪去所有在囚人士的選舉權是不公平的，這種做法亦可能帶有歧視性。這宗判案，令在囚人士有機會在各級議會選舉中投票，亦增強他們參與社會事務的公民意識。

（伍）司法覆核的代價：堂費

提出司法覆核要付上一定的代價，一旦覆核失敗，便要賠償對方的律師費，亦即所謂堂費。在一宗質疑特首沒有引入最低工資的司法覆核中，梁國雄敗訴並被判支付政府的堂費，儘管法院同意他是基於公眾利益而提出司法覆核，但由於他並無任何合理理據提出訴訟，故公眾利益之說亦不足以說服法院免去他的責任。法院亦重申，即使獲得法院批准提出司法覆核，原告及其律師團隊仍有責任認真考慮是否有足夠的理據繼續司法程序。

由於司法覆核涉及一定的堂費風險，梁國雄亦曾多次以身試法，然後在刑事檢控中提出憲制性的質疑，在這方面他也取得一定的成果。

二、刑事檢控

（壹）《公安條例》

二〇〇五年，梁國雄被控舉行未經批准的公眾集會，他在答辯中挑戰《公安條例》，質疑遊行須預先通報警方的機制。終審法院認為《公安條例》中賦予警方以含糊的Ordre Public的理由反對遊行為違反《基本法》所保障的集會自由，並清晰確立法院就解釋《基本法》內有關人權自由的條款的普遍原則。法院指出，對基本權利的演繹法院須採用寬鬆的態度，務求儘量達到保障基本權利的目的。相反，對於限制基本權利的條款，法院則應採取審慎的態度，限制必須要有合理的目的，而且限制的範圍和方法亦應克制，只限於為達致的目的所必須的手段，亦即所謂「合理性」（Rationality）和「對衡性」（Proportionality）的標準。這宗判案對日後法院處理人權自由問題的取態至為重要。可惜法院只着眼於警務處處長批准集會的權力，而沒有進一步考慮整個預先通報機制的合憲性（只有包致金法官的判詞觸及這問題）。

公眾集會和示威遊行的地點只限於在公眾地方，但何謂「公眾地方」並不容易界定。在「孫明揚」一案，法院便指出在涉案的私人屋苑內的公眾地方，不屬於公眾地方，但在考慮何謂「私人地方」時，不能簡單地將地方二分為「公眾」或「私人」，因為不少私人物業如商場、商廈，甚至政府大樓等均在不同程度上容許公眾自由進出，故必須因應個別情況作出考慮。即使是公眾地方，集會遊行的自由亦不應延展至嚴重阻礙業主或住客享用私人物業的權利，例如長時間阻礙出入通道。同樣地，中聯辦的前院屬私人物業，中聯辦有權決定是否讓公眾人士進出及入內的條件，這前院會否構成「公眾地方」，法院便得考慮當時該地方是否讓公眾人士出入。終審法院其後在「方國珊案」肯定這分析，指出即使在私人地方，並不表示完全沒有行使言論和表達自由的空間。法院同時澄清構成非法集會這控罪的元素，這罪行指三人或以上在公眾地方作出擾亂秩序或挑撥性行為，導致任何人合理地擔心集結人士會破壞社會安寧。法院指出，集結人士必須有一共同目的，他們的行為必須和擾亂社會安寧有關才能構成一個集會，如果只有一個人的行為是擾亂秩序或挑撥性，而其他在場人士只是在場旁觀，這並不構成「集會」。再者，這些行為必須令在場人士合理地擔心會造成破壞社會安寧，在場人士包括記者或職員，但該擔心必須是合理的。

（貳）民間電台

民間電台是另一件具爭議的事件，被告申請牌照成立民間電台，申請遭特首否決，但在否決前民間電台已進行廣播，被告公司及其董事遂被控告無牌經營電台。二〇〇八年一月，裁判官認為有關的發牌程序違反《基本法》對言論自由的保障，因而判被告無罪。律政司上訴，並同時申請禁制令禁止民間電台進行廣播。高等法院在聽取政府單方面的申請後頒發短期的臨時禁制令，被告期間雖知悉禁制令卻仍然繼續廣播，並在一星期後成功撤銷臨時禁制令。夏正民法官指出政府以民事禁制令的手法協助一宗刑事案件的上訴並不可取，法院必須謹慎處理並在極端例外的情況下才會作出禁令，在考慮到被告已被判無罪以及民間電台的運作並無影響其他人士，法院遂撤銷臨時禁制令。

其後律政司以被告在短暫臨時禁制令生效期間仍繼續廣播而提出藐視法庭的檢控，夏正民法官指出，即使被告認為禁制令不合理，但若任何人可以因此便置法院命令於不顧，法治便難以維持，法院亦將無法向被告作出他們所要求的法律保障。鑑於各被告坦誠接受抵觸法令的後果和解釋後，法院決定輕判各被告罰款。律政司隨即要求被告支付堂費，初步估計堂費高達一百三十多萬，法院認為這會構成不合比例的懲罰，最後下令各被告每人須支付五萬元堂費。

夏正民法官的判令，既考慮到維持法治和法律尊嚴的重要，亦同時平衡刑責和民事責任的區分，並指出律政司以民事禁制令協助刑事上訴會對被告造成不公，亦令懲罰遠超刑法所規定的範圍。這判決對日後政府處理同類案件的手法具重要啟示。

在刑事檢控的上訴，政府以技術性理由推翻裁判官的決定。上訴庭認為刑事控罪並不涉及發牌制度的問題，故發牌制度是否違憲不該構成答辯理由，若有需要被告應該以司法覆核提出，但法院亦清楚指出，言論自由包括接收和傳播訊息的權利，但這權利可受到合理的限制。有鑑於電波頻譜的局限和可能對其他人如航空管制或緊急服務所造成的影響，發牌制度是合理的，但行使發牌的權力必須合理，若政府以歧視，任意或其他違憲的理由拒絕發牌，其決定便可受到司法覆核的挑戰。

這宗判決，正好說明政策與程序的分別。法院不是處理政府發牌政策的地方，但若行使法律賦予的發牌權力時，出現違法或違反程序公義的情況，法院便可介入。法院的角色不是為政府釐訂政策，而是保證政府不會逾越法律和憲法的框架，法治和法律面前人人平等正是這個意思。

（叁）公平審訊

梁國雄無疑是一個具爭議性的人物，有人支持他，有人同意他的觀點但不同意他的手法，也有人憎惡他，但不論你持什麼觀點，在法律面前他應和任何人一樣享有相同的權利，當他觸及刑法時，他也同樣應該得到公平審訊的待遇。在一次抗議東區海底隧道加價的示威中，梁國雄和其他被告將四部車停泊在隧道入口前進行抗議，因而被控阻塞公眾地方。在一般的刑事檢控中，被告有最後作出陳詞的權利，但因辯方打算提出「法律質疑」，故雙方同意由被告先作最後陳詞，然後控方才作最後陳詞。在第一被告陳詞結束後，裁判官要求他估計有多少車輛受阻，第一被告認為這些證據應由控方提出，要求被告提出這些證據並不公平，裁判官堅持被告有責任協助法院了解案情，在一番爭辯後，被告估計約有十部車輛受阻。其他被告陳詞後，控方作最後陳詞。當控方結束陳詞後，裁判官再次要求控辯雙方提供有多少車輛受阻，辯方力陳這並不公平，連控方也認為案件已到結束陳詞的階段，不宜在這時再提出證據，若控方沒提供足夠證據，那就該疑點利益歸於被告。裁判官堅持要控方提出證據，並將案件押後至翌日。第二天，控方申請重啟控方案情及傳召證人，被告反對無效。其後各被告均被判罪成。

上訴時，原訟法院和上訴法院均指出，若法官的表現有欠持平時，便往往可能令被告失去獲得公平審訊的權利，裁判官在被告陳詞階段強逼被告提交證據絕不恰當，令人感覺裁判官已失去持平公正，而逆轉控辯雙方最後陳詞的次序，令控方作最後陳詞亦有違刑事檢控的一般原則。即使判決沒有錯誤，但公義並沒明確得到彰顯，不論法官個人對被告的觀感如何，法院必須秉持公正，不但判決要公正，過程也須令公義得到明確彰顯，單就這原因已足以推翻原判。

（肆）平等待遇

梁國雄因觸犯《公安條例》被判入獄，懲教署按慣例要剪掉他的一把長髮，梁國雄反對不果，其後提出司法覆核，指出該慣例只適用於男性囚犯，但不適用於女性囚犯，涉嫌違反《性別歧視條例》和法律面前人平等的權利。原訟法庭同意他的論點，並指懲教署未能提供有說服力的理據支持這男女有別的做法。上訴法院並不同意，指女士的髮型的變化較大，難有統一的標準，故男女有別並無不妥，這論點本身便有很強的標簽效應，案件正上訴至終審法院。

結論

梁國雄涉及不少官司，當中有主動提出司法覆核，亦有被動地在刑事檢控中成為被告，本文只選擇了部分較有代表性的案件作討論。整體而言，官司是勝敗參半。然而，重要的不是訴訟的結果，而是不少判決均對相關的法律作出澄清或推展，或是法院對《基本法》內的基本權利的保障的取態和原則，或是立法和司法之間的關係，違憲判決後引來法律真空的處理方法，或是個別權利如私隱權、選舉權、公眾集會遊行的權利和言論自由的範圍和合理限制，以致重申法律面前人人平等和公平審訊的權利。這些判例，對香港憲法和公法的發展影響深遠，從這角度考慮，梁國雄對香港公法的發展是有正面的貢獻。

當然，有部分他所涉及的官司只是應用現有法律，對法制發展並無太大影響，甚至有些案件有人會認為是濫用司法程序。司法覆核是監察政府保障法治的重要渠道，法院處理的是法律而非政治問題，即使案件涉及政治或政府政策，但法院處理的問題依然是政府的施政可有逾越法律的限制而非政策的得失好壞，況且提出司法覆核必須先獲法院批准，法院須同意有合理理由提出司法覆核才會作出批准，這批准程序已大大減低濫用的情況。

另一方面，有些案件涉及的問題在民主社會中應該在立法機關或政治層面上解決，在民主社會中有不同意見是正常的，政府的角色便是透過民主機制去協調和平衡不同的利益和訴求，以互讓互諒的態度謀求共識，但當政府採取敵我分明的態度，把反對聲音置諸不理、不妥協、不讓步，透過扭曲的機制強行通過政策時，當議會已失去作為理性討論討價還價的協調功能時，少數派的議員便只有上街示威或訴諸法院的選擇，這並非健康的發展，亦不能單歸咎濫用司法程序。司法覆核的數字增加，一方面是反映市民的法律意識提高，一方面亦是對民主制度被扭曲（Democracy Deficit）的迴響！

二

銅鑼灣書店事件簿：李波事件的疑問

銅鑼灣書店東主李波失蹤的消息，令香港社會震驚。該書店以出售文史書籍和內地禁書而頗受中港台讀者歡迎，近月書店已先後有五名同事失蹤，這次李波更疑為遭內地公安帶往深圳，他的太太曾接獲李波從深圳的來電，但李的回鄉證仍在其寓所，香港保安局亦證實並無李波的出境紀錄。警方接手調查，但拖延一會後，結果又是不了了之。

李波事件飽受國際關注後，李波其後現身解釋，指自己是自願返回內地協助調查，不存在綁架的問題。一些親中媒體和人士，亦急不及待地指沒有內地執法機關來港執法的問題，力圖淡化事件。

然而，李波的說法顯然是疑點重重。首先，若他只是返回內地協助調查，為何不事先和太太交待，而要毫無聲息的突然失蹤？難道他沒想過他的不辭而別會令家人擔心報警？第二，若只是協助內地調查，為何內地公安不循正常途徑要求香港警方協助？為何香港警方在十多天後才獲通告？第三，如要協助調查，為何李波不循正常途徑離境而要以身試法，採取可能有一定危險性的途徑非法離境？他說他不想外界有人知道他離境協助調查而對他的家人不利，也不想留下出入境紀錄，這個說法難以令人信服。他在香港沒有觸犯任何法例，香港執法機關不會禁止他離境，那為何他會擔心留下出入境紀錄？那些人會對他或他的家人不利？他們是是否有權查察香港出境和內地入境的紀錄？那些人是否一直在監視他的行動，因而會馬上知悉他的離境？如果有人會對他或他的家人不利，為何他不向香港警方求助？現在事情公開了，他可有要求警方保護他的家人？第四，他說用自己的方法返回內地？是什麼方法？以水路偷渡？他是怎樣安排？何時開始籌備？誰人協助？偷渡涉及避開香港的海關和內地的邊防機關，他在那裏入境？誰人在那方作安排迎接？內地公安可有「協助」？第五，他說他是自願返回內地協助調查，那是否有內地執法人員接觸他，要求他作出協助？什麼時候開始接觸他？在那裏和透過什麼方式接觸他？第六，他說他在內地很自由，但卻無法交待什麼時候可以回港。若他很自由，為何不能隨時返回香港？為何不能有需要時才再返回內地協助調查？

李波旋風式回港，停留不足二十四小時，目的似乎只有一個，就是叫港人不要再深究事件，一些建制派人士亦隨即呼應，指事件該告一段落，但事情實在有太多的疑點。沒有完整的解釋，又怎能釋除港人和國際社會的疑慮？

李波一再強調自己是自願返回內地，但為何對如何返回內地他卻三緘其口，一點詳情也不肯透露？柴灣倉庫的閉路電視拍攝到他當日從書店倉庫被人帶上客貨車離去，為何這一點他也要否認？他說返回內地是要配合執法部門的調查，那是否內地執法部門先接觸他，要求他返回內地配合調查？為何他先前只說回去「解決一些個人事情」，或說「解決公司的事務和員工問題」，要在事發兩個月後（三月一日）才說要「配合司法調查，需要指證一些人」？這說法的目的似是為解說他為何「偷渡」回內地，因為擔心有人知道後會對他和家人不利。若這說法屬實，他失蹤一事曝光後他家人的處境便該變得很危險，那為何他在失蹤當天致電家人及在其後的家書內均沒叮囑家人小心？他的家人尚在香港，他不單沒要求警方保護，還叫家人去銷案，這是置家人的安危於不顧，還是這根本不是偷渡回去的理由？

內地要他協助司法調查，大可光明正大要求香港警方協助，何須要他「用自己的方法」返回內地？更毋須要十八日後才能向香港警方確認李波身在內地？

銅鑼灣書店於一九九四年開業，多年來李波均不敢返回內地，申請居英權多少也有點為保障自己的安全，那為何他忽然會發現作為中國人，他「有義務配合調查」？甚至要放棄英國國籍？若然他回去只是協助調查，為何要說「忘記過去，重新開步，展開人生另外一頁」？忘記什麼？為何是「解脫了，不會再怕了」？怕什麼呢？書店業務在港並不違法，為何要從此結業？若說他一直可以隨時回港，香港和深圳只有一河之隔，他大可有需要時才回去作供，何須在內地停留三個月之久？

要問的問題還有很多，一國兩制的精髓在於維持兩個並存的司法制度，內地的法律不適用於香港，內地的執法人員亦不能在香港執法。內地的刑法基本上仍是信奉法律為政治服務，執法和解釋法律也往往帶有政治取向，《基本法》規定除附件三所列載的全國性法律外，其他國內的法律均不適用於香港，而附件三所列載的全國性法律亦只規限於國防、外交和涉及中港關係的法律，這項規定，正是為避免在港實施內地的法律。

李波事件嚴重衝擊一國兩制，所有證據均指向內地公安公然來港越境執法，而且似乎並非單一事件：銅鑼灣書店各名職員先後在港失蹤，然後在內地出現並遭拘禁。桂民海在泰國失蹤然後在內地出現，內地公安指他自願返回內地就多年前一宗車禍自首。內地富商肖建華長期在港的四季酒店居住，又突然失蹤，然後在內地出現和遭拘禁。有人說「內地不會愚蠢至來港執法吧？」但難道香港人會愚蠢到這樣的故事也相信嗎？有內地官員問，香港人為什麼不信任內地的法律制度？銅鑼灣書店事件便是原因。

二

銅鑼灣書店事件簿：林榮基案的處理「符合法治」？

銅鑼灣書店店長林榮基日前講述在內地被拘留的經過，引起香港和國際的高度關注。這不單涉及人身自由和一國兩制，亦同時揭示中國的法治和人權問題。中方官媒的反應是一貫的否認（林已認罪），抹黑（感情欺騙女友），威嚇（透過香港警方協助），而書店一眾連香港警方也無法接觸到的員工也突然紛紛接受獨家傳媒訪問，駁斥林的說法。

就中國的人權法治問題，林榮基究竟被控觸犯什麼罪行？如果他觸犯的是在內地寄賣禁書，那些書是禁書？如何得知那些書是禁書？禁書可有客觀公開的準則和程序，還是取決於當權者的喜惡？法治要求客觀透明的法律，這種以言入罪的罪名，又怎與中國近年強調法治的政策相符？內地如此大動干戈來查一家小書店，到底是什麼書籍觸動中共的神經？八個月的深度調查後仍然未能結案，到底在查甚麼？再者，林榮基被拘留八個月，《中國刑事訴訟法》對拘留的時限均有規定，一般不超過三十七天。公安可指定居所監視居住，但這一般亦不能超過六個月，並須通知家屬，這些程序的保障可有遵從？限制律師代表，透過電視承認控罪，這些手法早已受人詬病，國內亦有不少學者要求司法機關嚴正審視這些證供的可信性。林榮基被長期拘禁，他簽字同意放棄律師代表，一般人會相信這是自願嗎？

寧波公安局一度強硬表示林榮基違反內地取保候審的規定，敦促林榮基返回內地接受調查，並指出「若拒絕，將依法對其變更刑事強制措施」。《環球時報》更指出，「若林洩露了案件的偵查秘密，辦案部門可以提請啟動與香港警方的相關工作機制，對他進行處理。」這種說話，除了令港人對內地制度更沒信心外，也反映了國內對法治認知的貧乏。

林榮基在內地被拘禁近八個月，這是否已違反內地的刑事程序經已是一大疑問。內地稱林榮基因長期與妻兒不和，加上其他個人原因，不願意將涉嫌犯罪事件告知家屬。這種說法難以令人置信，林榮基在內地被長期拘禁，他寧願在人間消失也不願與香港家人聯絡，指他被公安拘禁後會自願放棄律師代表的權利，放棄與外界接觸的權利，稍有常識的人都難相信這是出於自願。內地司法制度習慣以被告的招認入罪，卻鮮有對供詞的自願性作深入探究，如果內地執法和司法機關不改變處理招供詞的態度，逼供和冤案仍會無日無之。

按內地的說法，林榮基已承認控罪，那為何仍要拘留他？若只是候審，為何又說要林榮基返回內地接受調查？調查什麼？這不是和林榮基說要他回港取資料不謀而合？若然這又涉及越境執法了！

《環球時報》的說法，則更顯示對中港兩地制度的無知，中港兩地並沒有移交疑犯協議，更沒有香港警方可應內地相關部門要求對港人「進行處理」。這種大有你不回來我便來抓你的心態，不正好解釋李波為何會「被自願離境」？

在一國兩制方面，林榮基在內地被拘留，從這方面而言，林榮基的情況並不涉及越境執法，但若林榮基是由內地公安押解或監視下回港取證便會涉及越境執法。

李波及桂民海如何會身處內地至今仍是迷團。鑑於李波的妻兒仍在內地（為何他們不回來？），李波不願披露詳情是可以理解的，但越境執法仍然須要追查澄清。另一方面，若林榮基的行為在香港並不構成罪行，內地可以要求香港警方協助嗎？司法互助一般只限於在兩地皆構成罪行的行為，不適用於只在一地構成犯罪行為的政治罪行，林榮基在內地觸犯的所謂罪行似乎是以言入罪的政治罪行！

官媒對中國執法的問題隻字不提，還振振有辭地說符合法治，難怪評論迅即被刪除。真正關心中國發展的朋友，不是該更正面地去面對破壞中國法治建設的問題嗎？

三

法律和公義：「雙學三子案」和公民抗命

最近有位法律學生給我發了一封電郵，對近日法院的判決及法律和公義感到悲觀。他提到去年修讀法律制度一科的時候，我常常談到法律制度必須建基於一些公義的價值之上，衡平法（Equity）的出現，正正就是為修正普通法只顧法則的文意而往往忽略了法律背後所追尋的公義和價值。當然，公義並不是一個絕對清晰的概念，何屬法律所容許（What the law is）和何屬法律應該容許（What the law ought to be）兩者之間亦沒有一條清楚的界線。法院不是立法機關，不能重寫法律，但對法律的解釋並非非黑即白，而是存在一定的灰色空間，法院往往得在這空間游走，從而平衡法律和公義。不少在上訴法庭或終審法院的案件，雙方總有各自的理據，而答案往往並非只有對或錯，而是有不同的選擇。這抉擇需要兼顧法理人情和公義，而法官個人的價值取向亦無可避免地會滲透其中。司法獨立並不能完全排除法官的個人價值取向，只能減低法官個人價值取向對判決的影響，並要求法官平衡各方面的理據，保持開放的態度，以及對其選擇作出解釋，社會亦絕對可以對法院的判決作出批評。

上訴庭就雙學三子的判決便是一個很好的例子。在處理判刑時，法院有相對遼闊的空間，原審法官持一個較諒解的態度，在判刑時較側重被告犯事時的背後動機和理想，而施以較輕的刑罰，上訴法庭則傾向治亂世用重典的阻嚇性刑罰，這兩者都屬於法院酌情權的範圍。即使我們不同意上訴法庭最終的判決，但這不應影響我們對司法獨立的信念。

上訴法庭認為，此時此刻，法院對這類判案應把持阻嚇性刑罰的原則是無可厚非，法院需要發出一個清晰的信息，嚴詞指出以暴力手法爭取社會公義是法律所不容。

終審法院則指出，覆核刑期有別於一般的刑事上訴。處理上訴時法院會重新考慮案情，但覆核刑期時，終審法院只會在判刑超出法律容許的範圍、或涉及原則性的錯誤、或刑期明顯過分嚴苛或過分不足的情況下，法院才會改變判刑。非法集會涵蓋很多不同的情況，控罪的嚴重性得視乎案情而定，社會服務令可以是合適的判刑，原審裁判官在作出判刑時，已考慮了所有相關的因素，並無犯上任何技術上的錯誤，上訴法庭不應改變刑期。

終審法院同時指出，鑑於涉及暴力的大型公眾集會有愈趨普遍的現象，上訴法庭就這方面作出判刑指引，強調須施以阻嚇性和懲罰性的判刑是恰當的，但這並非表示任何涉及暴力的集會都會受到重罰。若案件只涉及輕微的暴力，亦沒有對人身或財物造成任何損傷，那被告的個人背景，犯事的目的等便會較阻嚇性懲罰更為重要。法院必須考慮所有相關因素，酌情考慮合適的判刑而非盲目地施以重罰。換言之，雖然終審法院同意上訴法庭的判刑指引，但卻強調判刑並非機械式的施判重刑，一切還要視乎案情而定。由於上訴法庭作出了新的判刑指引，這不應影響在發出這指引前的行為，不具追溯力成為另一個推翻上訴法院的判決的另一理據。

雙學三子刑期上訴得直後，一些泛民人士批評終審法院的判詞猶如糖衣毒藥，量刑指引傾向從嚴處理暴力抗爭，這將令日後參與公民抗命的人士有所顧忌，無可避免地會窒礙公民抗命的發展。這種批評似乎誤解了法院的判詞。

誠然，在不少社會運動中，一些輕微的肢體碰撞是無可避免的。如何界定那些衝突才算暴力行為，相信法院日後仍然會以務實的態度來處理。終審法院亦清楚指出，非法集會這類控罪，可以涵蓋很多不同的情況，若涉及嚴重暴力，法院便應偏向施以具阻嚇和懲罰性的判刑，但若只涉及輕微的衝突，被告的動機和背景便成為較重要的量刑考慮。法院亦拒絕為量刑定下起點，一切均須視乎案情而定。

至於公民抗命，法院強調相關行為必須是和平和非暴力的，提出公民抗命者亦須接受法律的制裁。若公民抗命並非針對相關的法律，則抗命者和一般違法者並無分別，法院對違法者將作一視同仁的處理，施以刑罰並不會和言論自由相互衝突。法院亦不會衡量抗命的目的是否崇高，因為這屬於政治判斷。至於上訴法庭楊振權法官指被告受到一股歪風所影響，這並無任何證據基礎，亦不該是法院在判刑時所應考量的因素。

北大饒戈平教授對終審法院認同公民抗命感到關注，他認為「八三一決定」出自國家最高權力機關，不容挑戰，公民抗命等同否定《基本法》的有效性。饒教授這種想法，在一個一黨專政的單元體系內是可以理解的，但香港是個多元化的社會，政府只是人民的公僕，市民一向均可對最高權力機關提出質疑、批評和挑戰；況且，法院強調公民抗命必須是和平、非暴力和有節制的，即使符合這些條件，公民抗命仍然只是量刑的其中一個考慮因素。鄒平學教授則認為法院應重判雙學三子，但既然是新的指引，便不應有追溯力；重政治效果而輕程序公義，這又是兩制之間的差異。

二

守法和違法：公民抗命

二〇一四年，香港掀起了一場前極具爭議的社會運動，這運動其中一個惹起社會爭議的議題是守法、違法和法治的問題。當今天事過境遷，大家都能較冷靜下來時，或許我們可以再次思考這問題。我無意指誰是誰非，但或許可以提出這個案例作思考。

一九七〇年以前英國的《道路交通條例》有這樣的規定：任何司機在道路駕駛時若不遵守交通燈號的指示，即屬違法，可被罰款五十英鎊。除交通燈號故障或現場警員另有指示外，這條例並無列出任何其他例外的情況。

倫敦的消防局向所有消防員發出這樣的指示：在執行任務期間若遇上紅燈，司機該在燈前稍停，只要是在安全的情況及警號在鳴響時，便可以不理會燈號繼續前行。工會認為這指示違法而拒絕遵從，多名消防員因此遭紀律檢控。

消防局認為，救火救人分秒必爭，只要是在安全情況下，衝紅燈是合情合理的。

司機認為，合情合理不一定合法，如果因為合情合理便可公然違法，那法治何存？在法治的社會，人人皆有守法的責任，作為紀律部隊，他更加需要守法。法律並沒有豁免消防車，即使法例不合理也要循法律途徑提出修訂，市民不能因為他有崇高的理由便可肆意違法，不然社會秩序必然大亂，法治亦會蕩然無存。

消防局回應說，法律應該要合理的，立法機關當日草擬法律時可能沒考慮消防車的需要，立法原意不會是影響消防救人的工作！

司機回應，立法原意只能從字面推敲，衝紅燈明顯是違法，若消防車享有例外，那救傷車、警車，甚至趕着送妻子入醫院的私家車又如何？如果要作出例外，要由立法機關修訂法律，但法例未作修改前，我們必須守法。

消防局則反駁，法律不外人情，若紅燈前二百碼外已是火災現場，有人困在火海極度危險，現場夜深人靜，街上沒有任何車輛，難道消防車還是要在紅燈前停下來，耽誤救人的時間？若消防車衝紅燈，相信警方也不會起訴；即使起訴，法院也不會作出判罰。

司機說，警方不檢控並不等如合法，況且警方絕對可以提出檢控，交由法院處理。法院雖然可能輕判，但法例規定衝紅燈會扣分，扣滿分便會吊銷駕駛執照，對職業司機而言便等於失去工作，對此法院也無能為力。總而言之，合法與否視乎法例，而非視乎違法後的後果。再者，近年衝紅燈的情況日益嚴重，社會普遍認為必須嚴刑重典才能收阻嚇作用，若衝燈涉及公職人員，法例更須一視同仁，法律面前人人平等。

若消防員經充分考慮仍知法犯法，獲判重刑那是「求仁得仁」！若說違法達義，但什麼理想是崇高偉大是相當主觀，甚至因人而異，若法院憑這目的來決定是否執法，那法律便會變得很主觀。即使接受違法達義，是不是等如可以以公義之名而漠視任何法律？若消防車為救人衝燈而引致交通意外，並撞傷路人又如何？違法達義能否成為傷害他人或破壞他人財物的答辯理由？

如果你是法官，你認為司機應違法衝燈救人，還是停車遵守法律？守法還是違法，你會如何取捨，如何判刑？

二

法律與道德的抉擇

在小息時，一位同學在課室黑板寫上咒罵老師的字句，老師上課後大怒，問是誰人幹的，同學們均默不作聲。如果你是同學之一，你會選擇沉默，還是會挺身指證同學？

同樣地，當我們目睹罪案發生，你會挺身作證，還是選擇明哲保身？

我們會認為良好公民應該挺身而出，在這兩宗事例中，並沒有任何法律規範逼使市民或同學作證，同學或市民面對的是道德良心的驅使，以及如何平衡挺身而出對一己的弊處。

但假若有專業操守甚至合約上的限制又如何？信徒向神父告解，說出犯罪的行為，神父便得面對宗教道德與社會公義的抉擇。社工、醫生等亦會同樣面對專業保密責任與社會公義的衝突。若在法院的命令下，保密責任不能構成不作證的理由，但若沒有法院的命令又如何？早前便有宗案件，被告被判罪後，控方呈上被告沒有案底的犯罪紀錄有誤，這有利於被告，被告的律師是否有責任指出控方的錯誤？在刑事檢控中，舉證責任在控方，辯方沒有責任指出控方的錯誤，根據律師的專業守則，一般是除非辯方的行為構成誤導法院，否則辯方律師並無主動責任指出控方的錯誤。這指引頗具爭議，上訴法庭過往亦曾指出，被告律師不應保持沉默，並利用這錯誤作為日後上訴的理由。

這些例子均涉及第三者（受害人或被告），但若只是公眾利益與保密責任之間的衝突又如何？日前港府就電視發牌事件發表聲明，指顧問報告亦贊同只發兩個牌照。顧問公司的員工隨即指出政府誤導公眾。顧問公司與政府有保密協議，但若政府故意錯誤陳述報告內容而事件又涉及公眾利益，那員工是否有責任公開指出政府的誤導？有報道指涉事的員工其後被公司辭退，從違反保密原則的角度看，這是難以責難的，但從道德判斷和公眾利益看，員工願意冒着被辭退的風險而說出真相，難道不值得大家敬重？

遠至名首相湯瑪士，近至前中情局僱員斯諾登，其實均面對法律與道德之間的衝突和取捨，這是個歷久常新永具爭議性的問題，公民抗命何嘗不是一樣？這是值得我們三思的難題，而非三言兩語簡單地說這屬違法便能解決的問題。

二 逃犯條例風波系列：序幕

二〇一九年，香港爆發了回歸以來最嚴重的社會衝突。事件由林鄭政府以一宗在台灣的謀殺案為由，於三月引入對《移交逃犯條例》的修訂引起。修訂容許政府就個別案件與內地、台灣和澳門等未有與香港簽訂移交逃犯協議的地區作單次性移交逃犯。這建議引起社會各界廣泛的憂慮，雖然政府說修訂適用於世界各國，但明顯主要對象是香港和內地的移交逃犯安排，這觸動了不少港人對內地法制不健全的憂慮，但林鄭政府堅持己見，並打算強行通過《移交逃犯條例》的修訂。

六月九日，一百萬人上街抗議修訂《逃犯條例》，政府回應聽到市民的聲音，會加強向市民解釋，但卻堅持《逃犯條例》的修訂將會如期在立法會進行二讀。六月十二日立法會開會當天，部分示威者強行衝入立法會大肆破壞，警方施放近一百五十枚催淚彈，並不分青紅皂白地向和平示威者及記者使用橡膠子彈及布袋彈。這次衝突，成為和平示威走向武力對抗的轉捩點，亦為日後警方與示威者爆發大規模衝突揭開序幕。

政府其後態度依然強硬，並指稱事件為暴亂。六月十三日，中國駐英大使公開表示修訂《逃犯條例》並非中央政府的意思。六月十三或十四日，國務院副總理韓正南下與特首在深圳會面。六月十五日，特首在記者會上一反日前強硬的態度，宣布暫停修訂《逃犯條例》的工作，但卻堅持警方的行為天經地義。六月十六日，香港爆發有史以來最大規模的遊行，二百萬人上街要求特首撤回《逃犯條例》的修訂及追究警方濫權，不少市民要求特首及涉事的問責官員下台。隨後的幾天，特首兩度向市民道歉，保安局局長及律政司司長亦先後向市民道歉，並清楚說明修訂《逃犯條例》的工作經已停頓，相信在明年本屆立法會休會前也不會重提這法案，《逃犯條例》的修訂已等同撤回。立法會主席亦同時宣布，另一具公眾爭議性的《國歌法條例》的立法工作亦會暫停。

然而，民間並不接受，堅持特首必須撤回《逃犯條例》的修訂，並追究警方的濫權，其後提出五大訴求。林鄭政府則寸步不讓，在隨後幾個月，警民衝突不休。林鄭政府堅持止暴制亂，試圖以武力鎮壓，但結果是縱容警方濫用暴力，止暴制亂變成以暴易暴。示威者和警方的武力衝突不斷升級，期間又爆發元朗白衣人向示威者作無差別的襲擊，及警方涉嫌縱容白衣人的暴力行徑。其後北角福建幫和示威者發生衝突，不同政見者互相攻擊和「私了」不斷出現，以及警方在封鎖太子地鐵站後發生死亡事件的傳聞。至此，《逃犯條例》的風波已演變為市民對特區政府完全失去信心和警民關係的徹底破裂，故即使特首在九月正式撤回《逃犯條例》的修訂，但為時已晚，於事無補。儘管民間有共識成立獨立調查委員會徹查警方的濫權行為，特區政府卻堅持由監警會進行調查。

自六月至十月初，警方拘捕了三千多人。警務人員處於長期壓力狀態，當中亦確實出現不少濫捕濫權的情況。不少示威者則視抗爭為革命，不少商場和地鐵站遭大肆破壞，挑釁行為和武力亦不斷升級。十月初，特首引用《緊急法條例》修訂《反蒙面法》，令情況火上加油。其後警方兩度開槍，並近距離擊傷一名涉嫌襲警的示威者；十一月初，科大學生周梓樂在示威期間從停車場三樓墮下身亡，觸發更大規模的示威、縱火和破壞。十一月中，警方再度開槍擊傷一名示威者，一名警員駕電單車兩度衝向人群，示威者則向一名持不同意見的人士潑淋易燃物體和放火，該名人士四成皮膚被燒傷，其後暴力衝突更延至各大專院校校園，警方與示威者在理大和中大校園爆發激烈衝突，全港多處地區亦爆發衝突，交通陷於癱瘓。示威者佔據大學，所有大專院校停課一星期，部分大學更提早結束學期。至此，暴力已變得有點失控。衝突持續四個多月。十一月底，社會暫顯平靜，區議會選舉投票率破紀錄高達七成，建制派幾乎全軍覆沒，揭開另一新局面，這次風波將如何終結，完稿前仍未明朗。即使衝突結束，如何修補社會的裂痕和重建市民對政府和警隊的信任，以及如何協助不少年輕人撫平精神和心理創傷，將會是社會面臨的極大挑戰。

這次風波，涉及多方面的問題，餘下幾篇將會逐一分析。

二

逃犯條例風波系列：法律漏洞

《移交逃犯條例》列明條例並不適用於香港以外的中國地區，特區政府指這是法律草擬時的漏洞，北京大學法律學院陳端洪教授更直指這是草擬官員的疏忽，甚至有違《基本法》，實情並非如是。

《中英聯合聲明》生效後，港府首要處理的一個問題便是延續與各國簽訂的國際條約，當中又以移交逃犯協議至為重要。這些協議皆是透過英國與外國簽訂並伸延至香港，九七年後便會隨主權更變而不再適用於香港。於是，中英聯合聯絡小組在過渡期間的一項重要工作，便是批准港府與相關國家進行磋商、審議和重新簽訂移交逃犯協議。

國際間就移交逃犯有不少慣常的安排，其中一項慣例是要求移送逃犯的國家不能將移送的逃犯送往其他國家，當時一部分和香港有移交逃犯協議的國家並沒有和中國簽訂這方面的協議，它們擔心在九七年後當逃犯被移送來香港後會否被移送至內地，因為屆時香港已成為中國的一部分，移送逃犯往內地並不抵觸不移送往第三國的規定。為令這些國家釋懷和願意和香港簽署協議，港英政府花了不少力氣作出游說，強調香港和內地是兩個不同的司法體制和司法管轄區，兩地之間亦沒有任何引渡或移交逃犯的安排，故不存在香港轉送逃犯往內地的問題，這是為何《移交逃犯條例》列明條例並不適用於香港以外的中國地區。

至於香港和內地的移交逃犯安排，其實香港早在一八四三年便已制定《中國移交逃犯條例》，容許港府應中國的要求移送中國籍人士返回內地，但自一九四九年後，內地政府以該條例提及不平等條約為由，拒絕承認該條例，改而透過以出入境管制來處理內地罪犯匿藏在港的問題，由港府以撤銷入境批准為由將他們遞解出境，並知會中方在內地口岸接收這些逃犯，這方法一直沿用至今天，但這安排並不適用於享有香港永久居留權的人士。然而，即使該條例早已名存實亡，它仍屬香港法例的一部分。一九九七年二月，人大常委會頒布決議，決定《中國移交逃犯條例》不能順利過渡。換言之，在過渡期間，中英雙方均從沒遺忘兩地移交逃犯的安排。

一九九六年二月，兩名疑犯在來往港澳的渡輪上搶劫了一千萬元，其中一人在香港被捕，內地當時要求香港移交該名犯人，但遭港府拒絕。另一疑犯在內地落網，經審訊後被判處死刑。

故此，當副保安司在一九九六年十二月二日向立法局指出《移交逃犯條例草案》已獲中英聯合聯絡小組雙方確認，明顯是各方均清楚明白為何這條條例並不包括中港兩地的移交逃犯安排。其後，在十二月二十日的條例草案會議上，政府再一次重申，條例草案不包括中國其他地方是刻意安排而非法律漏洞。

《基本法》第九十五條容許特區和全國其他地區的司法機關通過協商進行司法方面的相互協助，這一條是授權特區政府與內地作出司法互助的安排，它並不否定《移交逃犯條例》內與外國的安排並不適用於中港之間的協議，故此不存在違反《基本法》的問題。

事實上，在九七年後，中港雙方曾就這方面作出磋商。當年在香港犯案累累的頭號通緝犯張子強在內地落網，他在港曾犯持械行劫和綁架等嚴重罪行，港府要求引渡他回港受審，但內地認為他的槍械在內地購買，這已違反內地刑法，故內地法院對他有審轄權，可待他完成內地的審訊和服刑後才移交香港。張子強在內地被判罪名成立，處以死刑，也因此無法再回港受審！

一九九九年有另一宗發生於德福花園的謀殺案，死者為香港人，案發地點在香港，疑犯是內地人，在內地落網，內地以他為中國籍人士而受內地法院規管，並判處死刑！這兩宗案件再次引發兩地的刑事管轄權的問題，突顯特區和內地有需要就移交逃犯達成一些安排，特區政府亦承諾就任何移送協議均會先諮詢公眾，但死刑和移交逃犯國際慣例的適用問題一直是主要的絆腳石，以致二十年下來，中港兩地並無正式的移交逃犯的安排。

二　逃犯條例風波系列：各界的憂慮

上一章提到中港之間其實一直有就移送逃犯問題作出磋商，但當中面對兩個難題：一是死刑問題，香港在一九六六年後已沒再執行死刑，並在一九九三年正式廢除死刑，內地則仍有不少罪行可被判死刑。二是國際間就移送逃犯的慣例是否適用於香港與內地之間的安排，中方認為中港關係是內部問題，國與國之間的安排並不適用，香港則認為，這些安排對移犯提供有效保障，同樣適用於兩個不同法域。於是，多年來這問題皆未能解決。

回歸以來，香港人在港犯案逃回內地，內地一般均會應特區的要求將在內地落網的疑犯遣送回港。內地人在內地犯案在香港落網，特區政府則先撤回他的入境批准，然後以非法入境的罪名將他遞解出境，並在邊境由內地邊防人員接收。但至於香港人在內地犯案，特區政府則以沒有協議安排而拒絕移送。於是，長年下來，移送逃犯只有從內地送來，內地的機構對此漸有微言。加上內地近年經濟蓬勃，不少內地商人定居香港，成為香港永久居民，他們當中有涉貪污賄賂或其他罪行，但特區政府一直拒絕移送香港永久居民。隨着這些人數增加，解決移交逃犯的困難也變得日益逼切。

二〇一九年初，林鄭特首藉着一宗台灣謀殺案，希望能解決二十年來歷任特首皆未能解決的中港兩地移送逃犯的問題。中央亦就這問題作出讓步，不再堅持死刑及同意沿用國際慣例，先以個案形式入手，到安排較成熟後便可正式簽訂長期協議。

可惜，林鄭特首的剛愎自用，加上成功硬闖一地兩檢後，令她雄心勃勃，目中無人。推行的手法過急，手法拙劣，結果好事變壞事，最終釀成回歸以來社會最大的動盪。

一 理據不足，缺乏政治敏感度

首先，政府提出移交逃犯的建議，諮詢期只有二十天，然後以極速時間提出修訂法例草案。匆匆推出草案，令一般市民對草案的目的產生疑慮，而這建議的理據，自相矛盾之處簡直令人慘不忍睹，也是特區成立二十多年來最低水平的建議。

第二，特區政府借用一宗在台灣的謀殺案推出這建議，甚至請來死者的家人聲淚俱下地要求討回公道。但事件明明只涉及台灣，政府卻堅持要將這建議的適用範圍擴展至內地，理據極為牽強。當被問及為何不能和台灣訂立協議解決這問題，讓家人可以討回公道時，甚至當台灣當局亦願意和香港訂立協議時，討回公道忽然變得無關宏旨！

第三，林鄭特首的政治敏感度不足，一心想利用與台灣的缺口來達成與內地的移交逃犯安排，但當修訂條例涉及將台灣當作中國的一部分，卻完全低估了台灣對這問題的政治敏感性，甚至批評台灣方面不合作。當修訂條例受到各方批評時，一些香港的人大代表還指稱修例要求來自台灣，卻隨即被台灣當局否認。在這處理台灣問題上，政區政府給人的感覺是借台灣為藉口，根本不是想處理台灣殺人案，台灣自然不甘被利用。

第四，林鄭特首亦沒料到商界的憂慮。商界擔心建議所涵蓋的四十六項罪行過於廣泛，內地法規五花八門，甚至朝令夕改，往往令商人無所適從；在內地商人因商業糾紛而遭刑事檢控，地方勢力借刑法逼使商人作出商業妥協，品牌原創人控告內地侵犯版權後反而由原告變成被告，這等事例在內地幾乎無日無之。此外，內地多年來奉行「幫忙文化」，不少商人在內地投資時，難免要向各級官員提供「幫忙」。條例有追溯力，商人自是人人自危。即使奉公守法，但內地官員下馬，亦隨時可遭株連，況且內地對刑法的解釋往往超越條文的範圍，單看人大常委會如何將出任議員的宣誓條件演繹為參選的要求便可見一斑。說清楚一點，商界擔心的不是罪行的涵蓋範圍太廣泛，而是一旦誤墮法網而遭引渡回內地，他們根本不會得到公平的審訊。

第五，林鄭政府誇大其詞，理據前後矛盾，匆匆的修改明顯向商界傾斜。當公眾質疑內地的司法制度不能保障公平審訊時，政府說法院可以把關；但當政府順應商界的反對而將一些商業罪行剔除於建議時，為何在這些商業罪行，靠法院把關並不足夠？政府說沒有這建議香港會成為罪犯天堂，但剔除九項商業罪行，香港為何不會變成商業罪行的罪犯天堂？

——剛愎自用，漠視法理

第六，林鄭政府一意孤行，對任何反對意見皆採取高傲和不屑一顧的態度，甚至在沒看過大律師公會先後三份陳詞，便公開說這是垃圾。在涉及複雜的法律問題上，律政司司長也只是在政府決定暫緩《逃犯條例》的修訂的前一晚，才匆匆首次約見大律師公會。大律師公會指出，修訂並未能足夠保障被移送者的權利。現時法例下對被移送逃犯有數項保障。第一，當一個國家提出移送逃犯的要求時，特首可以以不同原因拒絕要求。第二，若特首認為申請應該考慮，便可將申請提交法院，申請國得提出足夠的表面證據支持移送申請所涉及的控罪，法院亦須信納該申請符合《移交逃犯條例》的規定，包括疑犯的行為需在申請國及香港同屬刑事罪行，控罪並非屬政治性罪行，疑犯不會被判死刑等。第三，若法院認為申請符合《移交逃犯條例》的要求及同意移交，特首仍可基於人道或政治理由拒絕申請。最後，即使特首同意移交，疑犯仍可以向法院提出司法覆核。

再者，若是涉及一次性的安排，則須以附屬立法提出，並由立法會審議。與香港沒有移交逃犯協議的地區提出移交申請時，提請須經當地司法機關批准。內地則可由「高級部門」提出，單次性的移交提請亦無須經過立法會審議。政府說立法會公開進行審議會打草驚蛇，但立法會進行閉門審議又有何難處？若說疑犯可能因此逃之夭夭，但世上那有未拘捕疑犯便會提出移交申請？

而且，若申請由中央政府提出，特首是難以推辭啟動移交程序。當法院同意移交時，特首否決移交的權力亦會形同虛設。

至於法院審理申請是否符合《移交逃犯條例》的要求，由於舉證標準較低，只須表面證據，法院亦不會處理證據是否可信，甚至有法院曾指出，《移交逃犯條例》並無賦予法院審轄申請是否符合人權的權力，這觀點值得商榷，但它反映了這一環節所能提供的保障非常有限。至於司法覆核，其中一個重要論據乃批准申請將會違反《人權法案》，例如申請國的人權差劣，被移送犯人沒機會得到公平審訊，包括獨立的律師代表等。但若申請是由中央政府提出，很難想像特區的法院會在判詞內公開指稱中央政府為一個人權極差的國家。

至於一般市民，大家擔心《移交逃犯條例》的修訂可被濫用來打擊異己，當中有些觀點未必完全符合實情，但卻反映市民對國內司法制度缺乏信心。這種憂慮是當權者需要面對而非將之抹殺。

——結語

中港之間移交逃犯一事長遠是需要解決的，可惜林鄭政府的處理手法過於拙劣。逃犯條例風波的成因，可以用幾句話概括：無知、高傲和無能。無知是好大喜功，林鄭政府以為可以利用台灣殺人案一舉完成前任特首無法完成的工作，卻低估了問題的複雜性和欠缺對國際政治的敏感度。高傲則是漠視民意，完全不理會所有理性的反對聲音，一、二百萬人上街仍一意孤行。無能則是由六月至今，林鄭有多次機會平息事件，卻因其無知和高傲而錯失良機，既不願作出讓步，亦不肯面對警方濫用暴力的情況，結果事情愈鬧愈僵。面對危機卻束手無策，到四面楚歌時，唯有依靠武力實行鎮壓，最終弄至一發不可收拾！

二

逃犯條例風波系列：兩制的差異

上一章指出，《逃犯條例》修訂風波主要原因是特區政府處理不當，從而觸發一些潛藏已久的社會矛盾。《逃犯條例》的另一問題癥結在於港人對內地的司法制度沒有信心，這又同時觸及多年來的中港矛盾和基本價值的差異。

從中央政府的角度而言，回歸二十年中港之間仍沒有任何移交逃犯協議，加上近年內地加強打壓貪污，他們不想香港成為這些貪贓枉法人士的避難所是可以理解的，但移送一名疑犯往外地受審，該名疑犯可能因此失去人身自由。故此，保障該名疑犯在外地受審時能獲得公平審訊，便成為移交逃犯安排中至為重要的一環。當涉及刑法和人身自由時，這便觸及兩制之間對人權自由法治的價值差異，這些價值差異只能透過時間和溝通來處理，不能操之過急。

平心而論，中國過去四十年在法治建設方面確實取得一定成績，基本上做到有法可依，但執法和司法方面仍然是千瘡百孔，有法不依和貪污瀆職的情況嚴重。司法不能獨立，對國家提出的刑事檢控，法院基本上是全面配合，刑事罪行的入罪率接近百分之百，律師為維護當事人的權益質疑檢控以致身陷囹圄的例子不勝枚舉。

對中國法制的憂慮，近因便有「孟晚舟」和「王全璋」案。加拿大和美國有雙邊移交逃犯的協議，加拿大應美國根據引渡協議提出的要求，拘捕過境的華為集團高層孟晚舟，以進行引渡聆訊。美國指華為違反美國的禁令向伊朗輸出敏感科技，加拿大履行條約責任，拘捕孟晚舟，但這並不表示加拿大一定會將孟晚舟移交美國，美國須要在引渡聆訊中提出足夠的表面證據和符合引渡的條件，包括所涉及的行為是否在加拿大和美國兩地同屬罪行。

中國外交部隨即連續多日高調炮轟加拿大的司法制度，指加拿大漠視孟晚舟的人權。其後中國更拘捕包括前加拿大外交官康明凱在內的幾名加拿大籍人士，謝倫伯格更因販毒罪名成立被判處死刑。在回應加拿大要求中國不執行死刑時，中國外交部的回應是中國司法獨立，政府及行政機關不能干涉法院的獨立運作。

中國的反應在西方社會受到普遍批評，並被視為幼稚和漠視國際協議及法治不彰的明證。加拿大只是在履行與美國所簽訂的移交逃犯協議的責任，是否進行移送還需由獨立的法院作出裁決。中國的報復行為顯示其對協議缺乏尊重，亦不了解加拿大的司法獨立，以為法院只會執行當權者的意願。政治與司法不分，報復行為更被視為幼稚和不文明。向法院和國家施加政治壓力，對一個獨立主權國也如是，對中港兩地的逃犯移交安排，又怎能令港人安心？

中國政府批評加拿大漠視人權，並稱中國司法獨立，亦令國際社會發笑。孟晚舟在加拿大被囚約十天，法院便開庭聆訊，聆訊過程公開，中國官員有列席聆訊，孟晚舟有律師代表，其後孟晚舟獲准保釋候審，期間可返回其豪宅與家人相聚。相比之下，維權律師王全璋被囚禁三年多，被囚期間音訊全無，家人無法與他聯絡，被囚的理據欠奉，審訊時沒有律師代表，審訊閉門進行，最後被判觸犯顛覆國家政權罪成，判刑四年半。有人辯稱這案件涉及國家機密所以要閉門聆訊，但孟晚舟被指向伊朗售賣敏感科技，這類指控在中國肯定也涉及國家機密。當中國指控加拿大違反人權時，同樣受中國憲法保障的權利在中國又如何受到尊重？而這種漠視法治和法律程序的案例，在內地俯拾皆是。

趙連海要求中央政府正視有毒奶粉，被判入獄；譚作人追究豆腐渣工程，被判刑五年；銅鑼灣書店的越境執法，桂民海下落不明；肖建華在香港四季酒店被帶走後音訊全無，「議員宣誓案」中人大常委會透過釋法試圖干預法院的判決，以及不斷強調司法須配合政府施政，這些都令港人對內地法制缺乏信心。

特區政府說不少國家和中國及一些人權狀況很差的國家也有簽署移交逃犯協定，這是事實，大部分簽署國為前蘇聯國家和非洲第三世界法治較落後的國家，雖然亦有個別西歐國家，但這些協議一般包括拒絕移交國民的權利。一個主權國可以拒絕任何一個國家提出的逃犯移交要求，我們的特首可以拒絕中央政府向特區提出的逃犯移交要求嗎？英國的法院可以因為另外一個國家的人權和法治狀況，而拒絕移交逃犯要求，香港的法院可以基於中國的人權和法治狀況而拒絕內地的移交逃犯要求嗎？澳洲政府可以拒絕移交澳洲公民，特區政府可以根據修訂條例拒絕向中央政府移交香港永久居民嗎？

特區政府指會提高罪行的門檻，要由國家機關提出移交請求，這些只不過是一般的國際慣例，談不上是額外保障。申請移交逃犯只需提出表面證據，理由是相信被告在移交後在申請國內會得到公平審訊的權利。這份信心是任何移交逃犯安排的基石，而市民正不斷告訴政府，與內地作移交逃犯安排的基石並不存在。政府推說市民不了解《逃犯條例》，這只是政府不敢面對內地法治不彰、司法不全的事實。

內地法治觀念薄弱，但中央政府卻不斷將內地的價值體系強加於香港。近年中央加強介入香港內部事務，處處封殺泛民和年輕人參選的權利，當他們不容於政體之內，他們唯有在政體之外作反對的聲音。而內地長期拒絕與泛民溝通，亦難以令他們對中央政府或內地制度建立互信。沒有互信的基礎，任何移交逃犯的安排皆難以開展。

此外，由於中央駐港聯絡機構局限了聯絡的對象，以致往往未能充分掌握香港的民情。逃犯條例風波中，中央指事件源於外國勢力介入，這點說法便有點脫離現實。香港作為一個國際城市，《逃犯條例》的修訂影響在港的外國公民，外國的關注是無可厚非。至於說物資供應，當中絕大部分來自市民；警方的濫權濫捕，激起了不少市民對示威者的同情和支持。在和平示威和其後的衝突中，不少市民皆以物資和捐款作為支持。當然，美國將香港列為與中國對奕的一部分確是不能排除，但將百萬多人的和平示威和其後的衝突皆歸咎於外國勢力，一來將問題過分簡單化，二來因此而忽略了一些更重要的原因，低估了市民對政府及警方的強烈不滿，以致未能及時對症下藥。

同樣的錯判民意出現於經濟領域，中央對商界施加壓力，希望藉此可壓制示威暴亂，但結果適得其反。自由經濟的理念是市場能自行調節，政府的角色限於提供一個合理和公平的營商環境，監管的目的是保障公平競爭，投資者及小股東的利益。企業的運作，不論是投資營運還是人事管理，基本上是企業自主，政府不會干預。

在八月左右，當衝突持續時，香港兩大企業出現重大變動：滙豐一星期內三名高層先後請辭，雖然滙豐沒有披露詳情，但市場普遍認為是中方在影響高層的人事變動。與此同時，國泰亦出現高層人事變動，而且明顯受到中方的壓力。作為上市公司，國泰的高層變動須由公司正式公布，由於人事變動會影響股價，監管機構對披露有嚴格的保密要求，但國泰的人士變動，竟然率先由中央電視台披露，這便涉嫌違反監管機構的規定。中央政府以禁飛中國領空作威脅，逼令國泰審核及辭退參與遊行示威的員工，這是赤裸裸的干預香港的自由經濟和商業運作。中央政府以航權來脅迫航空公司的運作，這種情況只會發生在極權國家，更遑論自由經濟社會！航運和金融是香港的經濟命脈，中央政府的干預明顯違反《基本法》對香港作為國際航運和金融中心的保障，即使出於好意，亦對一國兩制造成深遠破壞。其後深圳過關時，內地邊防要求查看手機，手機內有涉及支持抗爭的訊息便不准入境，這在香港引起很大的迴響，亦加劇市民對中央政府的不信任，這政策聞說在特區政府的要求下，施行了一段短時間便給終止，但由於沒有向外作出澄清，結果這擾民和侵犯個人私隱的政策仍在民間廣泛流傳。

一國兩制要保持兩個不同的制度，但兩個制度有截然不同的價值觀念，要維持一國兩制，便得互相尊重兩制各自不同的價值觀，不要強求一致。價值觀不同，只能透過溝通相互了解。逃犯條例風波，正好再一次揭示兩制的差異。

二　逃犯條例風波系列：從和平示威走向暴力衝突

自特區政府提出《移交逃犯條例》修訂後，建議一直受社會各界反對。二〇一九年六月九日一百萬人上街遊行，和平有序，令舉世觸目。在不少國家，若有七分一人口上街示威，恐怕即使領導人不下台，她的內閣也要有人問責請辭，委任獨立委員會調查事件更幾乎是指定動作。可是，在香港，儘管有高官問責制，卻是無人需要負責，特首更一意孤行，堅持立法會二讀程序如期進行。

六月十二日立法會進行二讀，示威者包圍立法會，一些較激進的示威者更以硬物撞擊立法會，撞碎玻璃幕牆後衝入立法會，作出不少破壞，結果令立法會會議無法展開。防暴警察其後到場和示威者發生大規模衝突，警方施放近一百五十枚催淚彈，不少手無寸鐵的示威者被打至頭破血流。

六月十四日，特首宣布暫停修例的工作，但認同警方的執法乃天經地義。撤回的理由是過往的諮詢工作不足，社會對修例的分歧極大，要令社會盡快回復平靜，加上台灣謀殺案的疑犯移交無望，修例再沒逼切性。這些理由其實早已存在，但在一百萬人上街及六月十二日的流血衝突後，政府當時仍然堅持修例，直至六月十三日中國駐英大使在倫敦接受 BBC 訪問時指出，修例並非中央政府的意思，及隨後報章報道國務院副總理韓正南下深圳和特首會面後，政府才最終決定暫緩修例，而且對重新進行的諮詢工作亦不設時限。事實上，當二〇二〇年立法會年度結束，所有未完成的法案亦會隨之而逝，暫緩修例其實和撤回修例已沒有太大分別。既然如此，政府何不順應民意撤回修例，以示對民意的尊重和政府認真的反省？還是撤回修例仍是不情不願？

林鄭特首的讓步，不單未能化解市民對修訂條例的疑慮，更激起六月十六日香港有史以來最大規模的示威遊行，參與人數高達二百萬，遊行和平進行。示威者提出四項訴求，即（一）撤回逃犯修訂條例；（二）委任獨立委員會調查六一二警方使用過分武力；（三）撤回對六一二事件的暴亂定性及（四）林鄭下台（後來改為引入雙普選及增加另一要求，無條件釋放被捕人士，成為後來的五大訴求）。

特首對這些訴求寸步不讓，至此不少示威者認為特區政府根本不會理會民意，和平表達意見不會見效，這些所謂勇武派傾向以激進和暴力的手法抗爭，衝突持續；另一些所謂和理非派（和平、理性和非暴力）雖然不主張激進手法，但又不得不承認，若非激進勇武派在六月十二日闖入立法會，《逃犯條例》的修訂可能已獲通過，加上警方的過分使用武力，這些和理非派便不願意和激進的勇武派割席。

七月二十一日，一批身穿白衣的人士，晚上在元朗西鐵站內手持武器向一些示威者及市民作無差別的攻擊，事件中有指警方縱容白衣人施暴，對此政府的態度相對曖昧，這令市民對警方的信任幾乎完全破產，以致後來在八月三十一日當警方封鎖地鐵太子站時，傳出有人死亡的的消息，以及在文錦渡新屋嶺扣留中心內警方對被捕人士施暴的傳聞，大部分示威者便深信不疑。

元朗事件令不少市民感到憤怒，要求政府成立獨立調查委員會之聲此起彼落。政府多個部門，包括屬施政骨幹的行政主任和決策層的政務主任，皆公開表態要求政府成立獨立調查委員會，這是百多年來香港政務體系從未出現的情況，令林鄭政府陷入四面楚歌的局面。

佔中時，政府採取三不政策：不回應、不干預、不妥協，待佔領行動曠日持久，對市民造成不便後，讓市民之間的對立令佔領行動潰散；這策略某程度上是成功的，但卻換來社會撕裂和年輕一代對政府憤怒的代價。《逃犯條例》修例風波開始時，政府似乎也採取同樣的對策，但這次的社會行動和佔中運動有很大的差別。第一，佔中運動的基調是和平理性，修例風波中部分示威者則傾向採取激烈的衝擊手法。第二，佔中運動的發起人和所有暴力行為割席；修例風波中由於警方的濫用暴力，不少市民對示威者使用暴力相對容忍。第三，佔中運動有大台，即使到後期，仍然有一些骨幹的領導人物；修例風波中的衝突則是流水形態，基本上是由群眾透過社交媒體作出的游擊行動，沒有領導，沒有計劃。於是，無論是政黨或社會領袖，基本上都無法影響示威者的取態和行動。沒有談判對象，令政府難以開展對話，政府的回應亦顯得被動。第四，佔中的目標比較單一，較易令社會產生二分化，參與運動者亦相對理性；修例風波則目標含糊，甚至沒有具體目標，既有「五大訴求，缺一不可」（後來有部分人士再加入其他訴求）或「時代革命，光復香港」這些相對空泛的口號，訴求中夾雜很多感性和高度浪漫化的情緒。第五，佔中運動的支持者相對上較單一，主要是一批爭取民主運動的人士，影響地點集中於金鐘和旺角；修例風波的支持者則是跨界別，影響地區遍及港九新界，反映普遍市民對政府和警方的強烈不滿。

面對這些訴求，林鄭特首仍然堅持由監警會進行調查。由於衝突持續，故監警會被要求進行調查的事項亦不斷增加。可是，監警會先天不足，政府長期的用人唯親政策，令大部分成員來自建制派，缺乏代表性和較受市民認可的中立人士。其次，監警會沒有權力傳召證人或強逼任何人提交文件。即使證人願意作供，其供詞亦不會受到法律保障。監警會委任一個國際專家小組，但小組在十一月中亦指出，監警會沒有足夠權力去調查這樣複雜的事件。任命監警會進行調查，政府自然希望監警會的報告能化解一些對濫用警權的爭議，但當其獨立性和權力均受質疑時，它的報告不論有多中肯，也可能不為市民所接受，結果只會徒勞無功。在這情況下，林鄭特首仍堅拒成立獨立調查委員會，實在令人費解。

九月初，特區政府終於決定撤回《逃犯條例》的修訂。可惜，這決定來得太遲了。若特首在六月時順應民意撤回條例，隨後幾個月的衝突相信可以避免。事情發展至今，社會的焦點已從《逃犯條例》轉移至警方的濫權濫捕，社會普遍支持成立獨立調查委員會，但特首仍然堅持由監警會進行調查，唯一讓步是委任余黎青萍和林定國兩人加入監警會。余氏是林鄭競選時的資深顧問，林氏則因出任大律師公會主席時的親建制表現令會員不滿而在上屆選舉時以大比數票數落敗，委任不單未能增強監警會的公信力，反而令市民更感政府不理民意的態度。社會上有能力，獨立和有公信力的人士大有人在，當監警會內建制派人士已佔大多數，林鄭仍不能容下一兩名真正獨立的人士。新增任命的原意是增強監警會的公信力，結果卻弄巧反拙！她的剛愎自用，拒絕委任獨立調查委員會，令政府又失去另一次可化解或最少可避免風波惡化的契機。

林鄭政府寸步不讓，堅持以武力鎮壓來止暴制亂，結果是縱容警方濫用暴力，止暴制亂變成以暴易暴。網上流傳大量片段，警方對手無寸鐵的和平示威者、記者甚至途人胡亂動武的場面俯拾皆是：在近距離射擊示威者的眼睛，在扶手電梯棒打離開的人群，在對被壓倒在地上滿面鮮血的示威者拳打腳踢，在地鐵站內不理無辜地施放多枚催淚彈等，並以種種手法阻撓被捕者獲律師代表的權利。與此同時，示威者的暴力抗爭亦有變本加厲的情況，而且已遠超合理爭取政治訴求的地步。十月一日警方和示威者在多區爆發大規模衝突，雙方暴力持續升級。政府引用《緊急法條例》修訂《反蒙面法》，令衝突升溫。十一月初科大學生周梓樂墮樓身亡後，更激發示威者的情緒，連日大肆破壞商場，堵塞交通和鐵路，嚴重癱瘓香港，甚至向持不同意見人士行使私刑和潑淋易燃物品加以燃燒，警方則在鬧市近距離開槍和騎電單車兩度衝向人群，雙方都有點失控。示威者佔據中文大學和理工大學，雙方爆發大規模衝突，校園設施遭嚴重破壞，吐露港公路和紅磡海底隧道被封多日，最後警方包圍理工大學多天。

誠然，部分示威者的武力已遠超合理訴求，甚至已變得有點為破壞而破壞的發洩行為，但當我們譴責示威者不能以達義之名使用暴力時，我們亦應同樣譴責手執公權的警方，不能以執法之名濫用暴力。

武力鎮壓並不能解決問題，以暴易暴只會令暴力升級。可是，特區政府似乎束手無策。武力鎮壓即使能短暫制止民間的暴力，但當警方濫用武力在制度內受到默許時，這種制度化的暴力文化便很難消解。有人說年輕人斷送了香港的前途，但政府的無能不是要負上更大責任嗎？

二

逃犯條例風波系列：走出困局

《逃犯條例》風波已持續四個多月，由最初和平示威反對修例，漸漸演變為對警方濫用暴力的憤怒，對政府管治無能的失望和對制度的失卻信心。在這場運動中政府已失去了整整一代的年輕人。在面對不斷升級的的衝突，武力鎮壓恐怕只會加劇衝突。要走出這個困局，已經不是小修小補可以解決，而是要一些大刀闊斧、有勇氣和承擔的決定。解鈴還須繫鈴人，解決問題最終還是取決於政府的態度。

短期而言，要走出目前的困局，必須雙管齊下，即成立獨立調查委員會向社會就《逃犯條例》風波始末作一個交代，及對觸犯刑法的示威者及警務人員作出特赦，讓社會能放下過去的傷痕。政府面對的是一個信任和管治的問題，以武力鎮壓是無法重建市民對政府的信任，只會加劇社會的矛盾和衝突。

—　獨立調查委員會

成立獨立調查委員會經已是社會各方的共識，特首堅持由監警會進行調查，但監警會缺乏蒐證的權力，成員又以親建制為主，即使監警會儘量保持獨立持平，但日後所作出的報告，必定會受到各方的質疑。報告內對示威者的批評或還警方的清白，皆會被認為是監警會偏幫警方，只是基於警方提供有限度，甚至片面的證供而作出的結論，而對於警方濫權的批評，亦可能會被指避重就輕，這些都是可以預見的結果，報告無助解決問題。政府須知目前面對的是市民對政府和警方缺乏信任，獨立調查有助重建市民對制度的信心，還社會一個真相。調查委員會大可以包括監警會主席，而調查的範圍亦不該只限於警方濫權，而是對整個風波的檢討，找出事實的真相及提出建議。

特赦

所謂特赦，是泛指不對觸犯刑法的人士作出追究，而非單指在判罪後獲赦免刑責和刑罰。特赦的權力來自《基本法》及普通法。在《基本法》下，特首可以就已被判罪的犯人作出赦免，律政司亦可以對被檢控人士撤銷檢控。而根據普通法，特首亦可以指示警務處處長對某些案件因公眾利益而不再進行調查，上訴法庭在「劉夢熊案」中亦肯定這普通法下的權力。該案涉及廉署，但同樣的原則亦適用於警方。法院在判詞中指出，警務處處長有很大的酌情權決定是否對案件不作調查，例如案件證據不足或調查只會浪費公帑。由於警務處處長是向特首負責，特首有權指示警務處長終止調查，但為防止這權力被濫用，特首終止調查的權力必須受到法律的限制，例如只能出於公眾利益的理由，以及終止調查不會構成妨礙司法公正等。一九七七年港府對警務人員作出特赦，就是以某一日為界線，在該日之前所有涉及警務人員貪污的案件都不再調查，但部分案情特別嚴重的罪行除外。一九八〇年，在撤銷抵壘政策及對非法入境者實施即捕即解政策時，政府同時提供三天的寬限，讓已抵港的非入境者自動向入境事務處投案登記。一經登記，政府不會對其拘捕和遞解，並將運用酌情權讓他們留港，不少人因此在日後獲得在港的居留權，這是香港史上另一次特赦。香港目前的情況，特赦是一個可行的方法，而特赦必須同時包括示威者和警方，特赦可以劃定某一天為界線，而部分較嚴重的事件如元朗白衣人的襲擊及新屋嶺事件則不該在特赦範圍之內。

特赦是否有違法治？特赦並非認同犯罪行為，而是指對已被起訴者終止起訴，對未被起訴者終止調查，兩者皆早存於制度內。正如上文指出，即使證據確鑿，律政司仍然可以基於公眾利益的理由，對一些人不提出起訴或終止起訴。警方同樣可以公眾利益的理由不再對某些罪行繼續調查，上訴法庭在「劉夢熊案」中便曾確認廉政公署和警方不去調查某些案件的權力。當然，這個權力必須受法律的限制。特赦的目的是讓雙方放下仇恨，香港曾經作出最少兩次特赦，南非和愛爾蘭都曾經以此癒合社會的傷痕。但特赦必須與獨立調查並肩而行，沒有刑事檢控的憂慮，獨立調查更能彰顯公義，讓社會可以放下過去，重新上路。

特赦是否公平？有些人認為，對社會未來的一代寬容一點，會變成縱容犯罪行為。然而，按此思維，一些濫權的警務人員，也該同樣受到法律的制裁，否則也只會姑息犯罪行為！在過去幾個月，暴力不斷升級，濫用暴力者，既有示威者，也有警務人員。若果大家堅持這種絕不姑息的鬥爭思維，不但暴力無法解決，而且社會的仇恨只會愈來愈深。就如李嘉誠所說，寬容並不等如縱容；一位警長說，中秋節是一家團聚的日子，也是大家放下仇恨的時機。社會現在需要的是多一分寬容和諒解，而非繼續互相譴責和批鬥。

要走出目前的困局，唯一的方法是特赦所有在這段日子內的相關違法行為，包括示威者和警務人員，這是令社會癒合傷痕的出路，若雙方都堅持執行公義，我們只能繼續停留在憤怒和仇恨當中，唯有放下過去，我們才能走向未來。

—— 走出困局

佔中之後，政府沒有作任何公開檢討，亦沒有嘗試處理佔中背後的社會矛盾。修例一役，正好說明政府是無法迴避這些深層次矛盾。這些矛盾並非單單是房屋問題，而是整個政府政策和制度向權勢和既得利益者傾斜，及欠缺公平公義的結果。

首先，林鄭政府並沒有脫離親疏有別的政策，用人和施政仍是依賴建制派和親政府人士，結果是政府架構中充斥意見相同和唯唯諾諾之輩。《逃犯條例》一役，政府進退失據，反應遲鈍，錯失多次平息風波的機會。推出《反蒙面法》，更猶如火上加油。面對暴力，只知不停地譴責，卻完全束手無策，甚至提出向市民派發一百二十元的旅遊津貼這等反智的建議。就如區家麟所說，有心有力的人不受重視，庸碌無能者則充斥高位，其他人則不敢有所作為，這就是特區政府的寫照！只有真正用人唯才，政府的管治才有出路。

第二，林鄭政府的精英心態，遠比歷屆政府為重，自恃熟悉政府運作，態度傲慢，鄙視任何反對意見，稱批評者為眷戀舊時代的精英，沒看過批評意見書便稱之為垃圾，在這種管治心態下，誰還願意提出金石良言？任命特首以忠誠為重，結果是首任特首以腳痛辭任，第二任特首則受刑事檢控，第三任特首將香港撕裂，第四任特首則完全拖垮市民對政府的信任。這不單是個人的問題，而是任命制度和只考慮忠誠的任命準則的結果。

第三，沒有民主政制，加上政府的傲慢心態，施政便愈來愈脫離群眾。行會成員則完全與時代脫節，將 Telegram 和 Airdrop 這些由小學生至八旬老人也懂得的應用程式視為「高科技」，足以證明有外國勢力支配云云！修例一役，政府視民意如無物，政治架構內沒有中肯獨立或反對的聲音，建制派的主流亦只是盲從附和，結果弄至一發不可收拾的地步。年輕人並不是洪水猛獸，也不是不講道理的暴徒，一些年輕人走到今天這一步，就是掌權者一直不願聆聽的結果。政府要止暴制亂，但目前的情況已不單是治安守法的問題，而是不少市民對政府失去信任和失望。壓制只會令事情更僵，對話才能重建市民對政府的信任，但對話不是重申立場，而是用心聆聽，以真誠和回應而非打壓和譴責，來挽回政府的聲譽。

第四，就如丘成桐教授指出，香港的年青人缺乏歷史觀，因而缺乏國家民族的觀念，在《逃犯條例》風波中，年青人對歷史斷章取義，既沒細緻的分析，也沒有宏觀的認知，這和香港長年輕視人文科學有關。歷史不等同國民教育，香港對歷史和人文科學的教學亦大有檢討的空間。

在年輕人方面，須知任何一場社會運動，必須建基於道德高地和社會人士的支持。警方對示威者濫用暴力，並不構成示威者向無辜的第三者施以暴力的理由；政府不回應市民的訴求，並非強逼其他人接受和支持你們的理由。社會要尊重個人權利，但在行使個人權利時亦須同時尊重其他人的權利。人權是建基於對人的尊重和對人性尊嚴的維護，行使權利是建基於衡等（Proportionality）和平衡公眾利益之上。以暴易暴只會令你們變成那些被你們批評指罵的施暴者；因為人家發表一些你不同意的言論便要對人家的財物或處所施加破壞，那和政府不同意你的意見而作濫捕濫刑又有什麼分別？和理非的人士不願與暴力分割，但當暴力不斷升級和破壞已經變成為破壞而破壞，搗亂已經只為洩憤的時候，這場運動便會漸漸失去它的道德力量和社會的支持。

有同學說，香港沒有明天，我會告訴大家，太陽明天還是要起來，民主和改革的道路永遠是漫長的。我仍然相信，從制度內去改變制度，總比破壞制度來得有效。如果不是泛民在立法會仍有否決權，二十三條立法可能早已訂立了。若泛民在立法會有大多數，《逃犯條例》早已給否決了！

政府和警隊亦須重建市民對他們的信任，為今之計，獨立調查在所難免，委任有公信力的人士出任調查，既可平息民憤，亦可作認真和全面的檢討，對各方面均會公平，這並非妥協或示弱，而是設法解決深層次矛盾。與此同時，如何提升警隊的問責，檢討投訴警察的制度和監警會的權力，將有助恢復市民對警隊的信任，外國在這方面有不少可供借鑑的經驗。其次，改組行會，令行會真正能反映不同意見。第三，問責官員必須貫徹問責，亦可借機引入獨立和有能力之士出任問責官員。第四，重建民主政制及檢討各級諮詢架構的人士任命，真正做到廣開言路，聽從民意的政府，這才能重建大家對一國兩制的信心。

中央政府亦得重新審視對香港的處理手法，過度介入香港事務只會令兩制的磨擦加劇。唯有加強與各方面（包括不同政見人士）的溝通，避免深化社會不必要的對立和撕裂，才能重建互信。香港人絕大部分仍然是尊重一國，他們所要求的只是《基本法》所賦予的高度自治和尊重香港的核心價值，他們追求有足夠的個人和公共空間，這空間是多元和並融。香港人習慣有不同意見，對不同意見是以理性對話而非封殺來處理，這和一國並沒有衝突。只有雙方能建立互信和尊重，多一點認識和尊重兩制的價值之異同，一國兩制才有成功的希望。

IV

法庭篇

互相制衡是《基本法》的中心設計，即使要強加含糊的行政主導論，實際上仍走不出互相制衡不容一方獨大的憲制思想。在互相制衡的同時，三權分立亦包含三權互相尊重，法院要監督行政和立法行為符合法律，亦同時承認有些地方專屬於立法或行政機關，法院會避免過分干預。

三 褫奪立法會議員議席的「宣誓案」

二〇一六年九月立法會選舉，梁頌恆和游蕙禎兩位年輕人成功獲選。在十月十二日宣誓就任時，他們兩人均展示一面藍色橫額，上面寫着「香港不是中國」字樣。宣誓時兩人故意將「中國」讀成「支那」，這是日本侵華期間對中國人一種侮辱的稱號，負責監誓的立法會秘書長認為宣誓無效，其後立法會主席容許二人在下次會議重新宣誓，但遭建制派議員杯葛流會，並於十月日二十六的會議阻止梁游二人進入立法會會議廳，結果釀成泛民和建制派議員之間的肢體衝突。梁游二人的侮辱性誓詞觸怒了不少港人。十月下旬，律政司司長和特首梁振英以他們拒絕宣誓為由，向法院提出司法覆核，要求褫奪他們的議席。

案件由高等法院原訟法庭區慶祥法官主審，根據《宣誓及聲明條例》第二十一條，任何人拒絕或忽略作出宣誓，若其人尚未就任，則須被取消就任資格。案件在十一月三日開審，在法院的爭議包括（一）在三權分立下，法院是否有權推翻立法會主席容許二人重新宣誓的決定；（二）梁游二人的宣誓是否有效；及（三）若宣誓無效，法例是否容許他們重新宣誓？各方陳詞在當天完結，法院押後宣判。

十一月四日，人大常委會在會議議程臨時加插對《基本法》第一百零四條的解釋，並急召基本法委員會委員上京開會。翌日（星期六），人大常委會審議釋法初稿，釋法涉及宣誓的原則、形式、要求和內容，以及拒絕或忽略宣誓的後果，並於十一月七日（星期一）由全體委員通過及頒布。從時序來看，人大釋法明顯是要對法院施加壓力，並指示法院應如何裁決，這是赤裸裸的干預司法獨立。

由於人大釋法對法院有約束力，釋法內容觸及法院須要裁決的問題，法院得考慮該釋法，區慶祥法官遂邀請各方就人大釋法作出陳詞，然後於十一月十五日宣判。

法院認為，宣誓涉及議員就職的資格，這是法例的要求，解釋法律的權力在法院，若立法會主席錯誤理解法律的意思，法院自然有權作出糾正，這不存在法院干預立法會的運作。就第二十一條的解釋，宣誓必須莊嚴和認真，宣誓者須真誠相信其誓詞，若宣誓無效，該人便自動失去議席，立法會主席無權容許相關人士重新宣誓。法院同意二人最初的宣誓無效，二人隨即被褫奪議席，立法會主席無權容許他們重新宣誓。由於這是違反《宣誓及聲明條例》第二十一條的後果，法院無須進一步考慮人大釋法。

原訟法庭的判決可能差強人意，但總算將人大釋法干預司法的影響減至最低。

——上訴法庭

梁游二人提出上訴，上訴法院於十一月駁回上訴，但有別於原訟法庭，上訴法院全盤接納並以人大釋法為判案依據。這便引伸出另一問題，由於釋法在宣誓後才頒布，這便涉及人大釋法是否具追溯力的問題。法院認為這問題取決於中國法律，在沒有相關的證據下，普通法的律師不能自行演繹。

上訴法庭認為議員資格是憲法問題，應由法院作最終決定，這一點是無可厚非。但法院卻進一步指出，法院的角色是重新審視證據的決定者，而非監察監誓人的決定是否合理和合法的監督者，這一點則有違憲法和行政法中法院對行政或立法機關的決定保持尊重，只會在不相稱（Disproportionate）的決定時才會作出干預的原則。議員是否拒絕或忽略宣誓及如何處理這情況，既是法律問題，亦是政治問題。當日立法會秘書長及主席容許議員重新宣誓的決定，除考慮有關議員的言行外，相信亦會考慮褫奪議員議席可能引發的政治後果，議會黨派之間日後的合作和過往議會處理這些問題的經驗。法院現在指出，議員一旦拒絕或忽略宣誓便馬上失去議席，立法會主席能考慮政治後果的空間，便只限於決定有關行為是否構成拒絕或忽略的行為，但當這問題完全由法院作決定，法院便被逼將一個政治問題包攬上身。尊重議會的原則，正正就是避免法院介入政治決定。法院不願將褫奪議席的決定由政治機關全權決定是可以理解的，但完全否定議會的角色而將法院變成決策者時，便會不自覺地將法院推向政治考慮。

這次人大釋法對香港特區法制的衝擊很大，原審法官避開人大釋法的問題，上訴法庭卻將人大釋法照單全收，這是令人失望的。釋法的權力來自《中國憲法》，但釋法是在普通法地區執行，就等如制訂《基本法》的權力來自《中國憲法》，但法院在解釋《基本法》時卻是以普通法的原則來演繹。人大釋法在普通法地區是否有追溯力，並非如法院所說，普通法不能作演繹。

——終審法院

向終審法院提出上訴，必須證明上訴涉及重大廣泛或關乎公眾的重要性問題需要終院作出裁決，「梁游案」最少涉及三個重大的憲法問題。

第一，人大釋法是否具追溯效力？原審法院以本地法律為依據作出判決，避開了釋法是否適用的問題，上訴法庭則將釋法照單全收，作為判決的主要依據，於是，釋法是否具追溯力便成爭議的焦點。終院一方面認為釋法並不影響判決，但另一方面又指釋法具追溯效力，前者可以理解，後者則影響深遠。法院提到過往的判決，但在「莊豐源案」，終院同意釋法屬立法行為，那為何立法行為在普通法制內具追溯力？在「劉港榕案」，政府要解決因「吳嘉玲案」引致大量內地人士享有居港權的問題，釋法在那案若沒追溯力便解決不了問題，但「梁游案」要處理的問題正由法院處理，釋法沒有必要具追溯力。再者，釋法是否具追溯力這問題在國內學術界仍眾說紛紜，普通法應怎樣看待釋法的追溯力，這些問題是否毫無爭議的空間？（就人大釋法是否具追溯效力，見本書〈人大釋法是否具追溯力？〉）

第二，議員拒絕宣誓是否即時喪失議席？這一點在《基本法》和《宣誓條例》均沒清楚說明，唯一說法來自人大釋法，若法院認為釋法並不影響判決，那這問題只能取決於對本地法律的解釋。《基本法》說宣誓由本地法律規定，《宣誓條例》在褫奪議員資格有明確的程序規定，原審法院認為這些規定只適用於議席已經確立的議員，而不適用於尚未宣誓就職的議員，但兩者皆涉及褫奪經過民主選舉產生的議員資格，這個分別是否符合《基本法》及《人權法案》對選舉權的保障？這為何不涉及重大廣泛或關乎公眾重要的問題？

第三，議員拒絕宣誓後立法會主席可否讓議員再次宣誓？這涉及法院和立法會的關係，終院以「梁國雄拉布案」為由，認為這問題已無爭議空間，立法會的權力由法院裁決，如何行使權力法院則會尊重立法會的決定。這一點終院的理據較強，但拉布只涉及程序問題，如何處理議員拒絕宣誓卻是一個政治多於法律的問題，兩者是否可相提並論？

終院可以在上訴時維持原判，但若認為這些問題完全沒有爭議的空間而拒絕批准上訴許可，則較難令人信服，亦喪失了一個理性平息憲制危機的機會。

——第二波

梁游在上訴法庭敗訴後，律政司司長隨即提出司法程序，一口氣褫奪另外四名立法會議員（梁國雄、劉小麗、羅冠聰和姚松炎）的席位，並指這是純粹法律決定，沒有政治考慮，這是三歲孩童也不會相信的。司長指決定是經諮詢獨立的資深大律師意見，但律師只能提供法律意見，決定提出訴訟與否時，律政司司長又可有考慮公眾利益？褫奪民選議員的議席是重大的憲政問題，議員們背後是近十三萬選民的抉擇，決定會影響議會的運作，加劇社會的撕裂，如果沒有考慮這些因素，那只是一位法律工匠，法律只會淪為排除異己的工具。

由於上訴法院在「梁游案」的判決對原訟法院有約束力，故在第二輪的司法覆核中，可供爭議的空間相對為少。這宗司法覆核也是由區慶祥法官主審。議員的答辯律師指出，「梁游案」中法院未有充分考慮選舉權和參選權，亦沒有考慮宣誓的目的。

—— 宣誓的由來

十六世紀初，馬丁路德提出宗教改革，脫離天主教會另闢基督教會，在歐洲引起極大震動，英王亨利八世因反對馬丁路德的主張而獲教廷封為「信仰的守護者」（Defender of the Faith）。其後，亨利八世要求羅馬教廷批准讓他休棄妻子亞拉岡的嘉芙蓮（Catherine of Aragon），以便他另立安娜保蓮（Anne Boleyn）為王后，但遭教廷以離婚違反上帝的律法為由而拒絕。亨利八世一怒之下，決定與羅馬教廷決裂，透過國會通過《最高權力法例》（Act of Supremacy），訂明英王為英國教會的最高領袖，不再受羅馬教廷的支配。諷刺的是法例保留了英皇為「信仰的守護者」的稱號，這稱號仍沿用至今。

為爭取朝野的支持，亨利八世極希望得到時任律政大臣湯瑪士麼亞（Thomas More）的支持。湯瑪士為人清廉，德高望重，且是位虔誠的教徒。然而，湯瑪士對另立王后一事一直保持緘默。當英國部分教會人士及貴族聯名上書教宗，要求教宗同意亨利八世的離婚要求時，湯瑪士拒絕參與聯署。一五三二年，湯瑪士有感無力解決君權與神權間的衝突，遂向亨利八世辭去律政大臣一職。

根據《最高權力法例》，亨利八世要求所有神職人員作出宣誓，接受英王為英國教會的最高領袖，但湯瑪士認為他並非神職人員，故毋須作出宣誓。亨利八世又重新引進普通法棄用已久的刑事罪行，規定任何人公開承認英王以上的權力（如教宗），即屬違法。惟湯瑪士極小心言行，對亨利八世休妻及自立為英國教會領袖一事一直默不作聲。然而，他的沉默已成為最強的反對聲音。最後，亨利八世要求所有公職人員宣誓承認他為英國教會的最高領導（Oath of Supremacy），當湯瑪士拒絕宣誓後，他被控叛國罪，並被裁定罪成，判以斬首死刑。「我至死仍是國家的忠臣，但更首要是上帝的忠僕。」（I died as a King's good servant, but God's first.）他臨行刑前的名言，成就了他日月精忠的光輝人格。

在此後的三百餘年，宣誓一直用作排除異己及保證皇權和國會由基督教派人士所掌控的工具，直至十八世紀，法例才容許其他教派或無神論者作出和宣誓有同等效力的聲明，亦為香港《宣誓及聲明條例》的前身。

鑑於這種歷史背景，律師陳詞指出，法院在決定宣誓是否有效，必須採納較狹義的解釋，以避免過分削弱選舉和參選的憲法權利。由於法例並無界定何謂莊嚴，過往立法會亦曾容忍不同程度的宣誓形式，故法院在決定相關宣誓是否莊嚴得考慮立法會的先例，並須給予立法會主席的決定充分的考慮，不應輕易推翻立法會主席的決定。至於真誠是相當主觀，只要宣誓者作出宣誓，除非有其他理由，法院應假設宣誓者真誠宣誓。

法院並不否定這些論點，但認為在事實方面有足夠證據證明各議員的宣誓並不符合法例的要求，法院亦指出其判決受上訴法院在「梁游案」的約束，最後裁定四名議員喪失議員資格。四人中，只有梁國雄提出上訴，案件仍在上訴至終審法院。

二

政治篩選

人大常委會對宣誓的釋法，遠遠超乎《基本法》第一百零四條的範圍。這一條是要求議員於獲選後作出就職宣誓的要求，但人大釋法卻將這些要求伸延至參選者，使之成為參選資格，若候選人未能證明他真誠擁護《基本法》便沒資格參選。自二〇一六年以來，多名候選人便被選舉主任以這原因取消參選資格。陳浩天是首名質疑選舉主任這權力的候選人。

在駁回陳浩天的選舉呈請中，法院指出宣誓擁護《基本法》和效忠特區既然是獲選者的責任，自然是參選的要求。由於選舉主任有責任核實候選人的參選資格，故選舉主任有權作出查詢，並在他並不信納陳浩天乃真誠擁護《基本法》的情況下，有權取消他的參選資格。

參選權是一項重要的基本權利，亦受《人權法案》的保障。因此，法例對參選資格和程序均有明確的規定。《立法會條例》第三十八條列出參選資格，包括年齡、居港年期、國籍等。第三十九條則列出那些類別人士喪失參選資格（如法官）。第四十條列出一些程序的要求，如提交按金及簽署聲明擁護《基本法》。

第三十八至四十條所列的要求，大都是簡單和客觀的事實，選舉主任當然有權核實這些事實，如查驗參選人的身分證，居港年期，有否簽署第四十條所要求的聲明等；故對那些沒有簽署有關聲明的參選人，選舉主任有權認為他們並不符合參選資格。

獲選者要履行權責，選舉則是讓選民透過選票表達民意，兩者不能相提並論。法院這個裁決，等同肯定了對候選人作政治審查。擁護《基本法》是一個相當籠統的概念，判斷可以因人而異，並沒明確的客觀標準。選舉主任還要信納候選人是否真誠擁護《基本法》，但法例又沒有列出明確的程序，選舉主任的蒐證權力有多大？什麼證據可以考慮？選舉主任在互聯網上搜尋候選人的言論，這些言論可以追溯到什麼時候？可否傳召證人？法院要求程序公平，例如必須給予候選人答辯的機會，周庭的選舉呈請便因選舉主任沒有讓她就她的政見作出解釋而獲法院推翻選舉主任的決定。但只要符合最基本的程序要求，選舉主任仍然可以有很大的空間拒絕接受候選人的解釋，而法院是難以過問的。不同的選舉主任，可以有不同的取向，亦令整個程序變得主觀。

選舉和參選的權利是《基本法》所保障的基本權利，對這權利的限制必須有清晰客觀的法律基礎，真誠擁護《基本法》這籠統模糊的準則，便難以符合這要求。可惜陳浩天決定不提出上訴，周庭則因程序不公獲勝訴而未能上訴。政治篩選的問題，恐怕只能留待日後有適當的機會，再向較高級別的法院尋求指引。

從另一個角度看，每個人均可持有不同的政見，立法議會應該是個海納百川，容讓不同政見的民眾代表互相辯論的地方，但法院的判決，等同持某些政見的人士便不能參選，這不單和民主社會的理念背道而馳，更令人擔憂的是法院這要求同樣適用於《基本法》第一百零四條內所列的其他公職人員，包括法官在內。若法官的任命須要先通過政治審查，則司法獨立危殆矣！

二

朋友

何謂朋友？是否一定要互相認識才是朋友？這個常識問題竟然要弄到終審法院！

被告在六年前開辦一間公司提供代客探監服務，主要代家人或朋友給一些還押候審的在囚人士帶一些日用品。法律上這些還押候審的在囚人士仍被假定無罪，他們在囚時也獲較寬鬆的待遇，例如可以不穿囚衣及食用由獲懲教署批准的商戶提供的膳食。法例亦規定家人和朋友可以在平日探望，每次限時十五分鐘。不少在囚人士都希望得到家人和朋友的關懷和支持，但短短十五分鐘的探視，連同交通及輪候時間往往需要花上半天，不少家人可能因為種種原因未能親自探望，例如年邁或行動不便的父母，懷孕或要照顧小朋友的妻子等。被告提供代客探監的服務，主要代家人為在囚人士帶來日用品，讓他們知道家人並沒遺忘他們。獄中亦有不少外籍人士，在香港無親無故，代客探監服務讓海外的家人傳達關懷，委託被告給無親無故的在囚人士帶來日用品的甚至包括獄中的社會福利官！

被告聘請了一些兼職員工進行探監，當中也包括一名義工。由於懲教署的電腦系統只容許訪客填寫親戚或朋友，而被告及他的員工並不認識在囚人士，故在探監時他們均填寫「朋友」。他們其後被指訛稱是朋友而獲准探監，遭檢控串謀詐騙。

懲教署若因為保安需要，大可對代客探監的機構進行規管，而非作出檢控。串謀詐騙是一項可被判監七年的嚴重控罪，終審法院在上訴聆訊時亦質問控方，這樣的檢控是否矯枉過正（Heavy-Handed）？

在初審時部分被告認罪並被判監一至兩個月，部分被告抗辯後被定罪。雖然法例及懲教署皆沒有界定何謂朋友，而前線職員亦採納一個相當寬鬆的定義，只要認識在囚人士的家人也算是朋友，但法院認為一定要互相認識才是朋友。上訴法庭以同樣理由駁回上訴，最後只剩下被告和一名員工堅持上訴至終審法院。在考慮到探監有助在囚人士康復和更生，終審法院指只要是有合法的目的代表家人或朋友探監，而在囚人士又願意見他們，被告便可以算是「朋友」。前後經歷六年，嘗盡精神壓力，雖然最後終審法院還被告們一個清白，公義得以彰顯，但一項有意義的服務卻早因官僚取態而遭扼殺。

二

懲教政策檢討

近年懲教署多次受司法挑戰，早前梁國雄以性別歧視為由，成功推翻懲教署只要求男性囚犯剪短頭髮的政策。在「代客探監案」中，被告提供探監服務，令在囚人士仍然感覺到親人和朋友的關懷，這本是一項很有意義的服務，懲教署基於保安理由，對這項服務加以規管是合理的，例如審批提供服務者的背景，便可達致雙贏的局面。可惜懲教署卻選擇對被告提出檢控，而控罪更是相當嚴重的串謀詐騙罪，結果遭終審法院強烈批評。法院最近又批評懲教署對正在接受變性治療囚犯的處理手法僵化和欠缺敏感度。

懲教署若從一開始便願意採取一個開明的態度來處理這些爭端，認真審視一貫奉行的政策，務求與時並進，上述的官司絕對可以避免的。司法程序曠日持久，勞民傷財，而且一旦輸掉官司，對部門會帶來負面的影響。

懲教署近年對在囚人士的更新工作不遺餘力，而且取得很好的成果，這是值得肯定的。筆者尤其讚賞懲教署和香港電台合辦的「萬千寵愛在一身」的點唱節目，令社會人士對在囚人士有更正面的認識。因此，對懲教署花上大量的人力物力去維護一些僵化的政策，令人更感不值，與其花費資源在司法程序上，何不將這些寶貴資源投放在改善現有的政策？一些民運人士入獄後，憑藉自身的經驗，就懲教署的政策提出不少質疑，或許這是時候懲教署對現有的政策和安排作一次全面的檢討。

二

案件進入司法程序

當案件進入司法程序，是否等如任何相關的問題皆不能討論？

在法治的社會裏，法院是一個解決爭端的地方。作為一個獨立的機構，法院根據法律作出裁決，不偏不倚。法院的權威建基於法院和法官的獨立與公正。

從另一個角度看，涉及爭端的市民可以合理期望他的爭端會獲得一個公平的審訊。公平審訊的權利意味着爭端會由一個獨立公正的法院審理，而在審理的過程中，法院會聆聽雙方提出的證據和陳詞，最後基於證據和法律作出判決。在這個過程中，法院不受任何外在甚至內在（例如首席法官）的因素影響，完全獨立運作。同樣地，任何人嘗試干擾法院的獨立運作，影響法院最後作出的裁決，這些行為便會構成蔑視法庭。

於是，假如案件已在法院審理當中，而傳媒對有關案件大肆評論，甚至為案件中法院須要裁決的問題作出定論，例如案中一個須要裁決的問題是控方證人會否錯認被告，但在審訊前傳媒先刊登了被告的樣貌及案發時他身處的地方；又例如在刑事審訊前公開被告的刑事紀錄，這些過往的案底與被告面臨的控罪並無關係，卻對被告極不公平，這些報道便可能構成蔑視法庭罪。

另一方面，有些案件涉及公眾利益，如果案件一旦進入司法程序，公眾便不能作任何討論的話，便有違言論自由的保障。公平審訊和言論自由便會產生一定的衝突。

曾經有一段時間，只要一方發出告票，案件便進入司法程序，從這時起任何對案件的討論皆會被視為蔑視法庭，但這規則容易遭濫用，當事人只要發出一張傳票，便可制止公眾討論，故漸漸地法院將蔑視法庭的範圍縮窄，只適用於即將開審的案件。專業法官或上訴法庭一般均不易為傳媒報道所影響，但公眾人士如證人或陪審團成員則較易受傳媒報道的影響，故蔑視法庭罪一般只會涉及各級原訟法院的聆訊，較少適用於上訴法院。若公眾真正討論涉及重大公眾利益的事情亦可免於蔑視法庭。最後，蔑視法庭只限於法院須要處理的問題，對於並非案件涉及的問題，公眾仍然可以自由討論。

在保障公平審訊時，法院會儘量與言論自由作出平衡，兩者同樣重要。故此，案件進入司法程序並不等如公眾不能討論，更加不是政府官員逃避問責的藉口。

二

「只售內地人」

當英國佔據香港後，為有效統治香港，遂引入英國的法律，但訂明若英國法律不切合香港當地的情況或不適宜引用於本地居民時，便會繼續沿用中國的法律和風俗。這設計原為尊重當地的風俗文化，但實行起來卻充滿歧視性。例如英國人認為中國人惡性難除，仁慈的英國司法制度對中國人不會有阻嚇作用，故中國人犯法，便以較嚴苛的中國法判刑，笞刑便是慣常用於中國人，但卻不會施加於外國人的刑罰。

此外，例如一八八八年通過的《保存歐洲地區條例》（European District Preservation Ordinance），便將部分地區保留作歐洲人居住，雖然實際上中國人與歐洲人的社交生活圈子是完全兩個世界，但法例還是對華洋居所作清楚區分。一九〇四年的《保存山頂條例》（Peak Preservation Ordinance）更規定山頂只供歐洲人居住，以免華人污染山頂寧謐的歐洲氣氛。在太平洋戰爭結束前，唯一能入住山頂的華人是何東爵士，但何東爵士具歐洲血統，而且富甲一方，也是少數獲封爵士的華人，故他能入住山頂也不能算是例外。這條例直至一九四六年才被廢除。

今天看來，這些歧視性的規定令人難以置信，然而，最近長實以代理身分出售一山頂樓盤，便規定只售與內地人而不接受港人認購。長實聲稱這是按美國業主的要求。美國業主這要求會否違反美國的法律，這一點還得深入研究，但一直以來政府拒絕訂立普遍性的歧視條例，在訂立《種族歧視條例》時亦多番阻撓，以致香港人一直可以任意歧視內地人。或許，這一次是「風水輪流轉」了！長實一直自稱以香港為家，卻帶頭作出這種極具歧視性的買賣，怎不令人嘆息！由於目前的歧視條例只涵蓋性別、殘疾、家庭崗位及種族，因而未能覆蓋這種基於社會出身而作的歧視，但若政府願意為這種買賣作業權註冊登記，又會否因而觸犯《人權法案》或《基本法》對平等待遇的保障？

二

法治墮落

東北十三子早前被上訴法庭判監八至十三個月，他們最近獲終審法院減刑，並當庭獲釋，事後一些對法院的批評頗欠公允。

有人批評這是「法治墮落」，甚至指終審法院法官「害死青年」，是「社會罪人」。終審法院二〇一七年在「黃之鋒案」定下新的量刑準則，指出社會行動若涉及暴力將受到重罰。然而，這新的量刑指引並不適用於在該案之前發生的行為。換言之，新的量刑指引並沒有追溯效力。法例一般不具追溯力，這是法治重要的一環，否則，昨天合法的行為可以因為今天法律的修改變為不合法，這會令市民無所適從，法例變成秋後算帳的工具，這才是真正的法治墮落。

再者，由於上訴法庭的判決，各人已在獄中服刑三至四個月，這段刑期已足以對年輕人以儆效尤，難道要將他們置諸死地才算公平公義？社會現象的出現總有背後的社會原因，不去解決這些深層次矛盾，光喊嚴懲會改變這些矛盾和衝突嗎？當溝通變成訓話，當偏見代替道理，這對年輕人有幫助嗎？法官依法行事，所謂法官害死青年，是完全不負責任的評論。

年輕人亦應以此為鑑，社會運動必須建基於市民大眾的認同，香港是一個崇尚和平法治理性的社會，訴諸暴力，不會得到社會的認同，亦無助解決問題。以年輕人的創意，一定可以想出和平理性甚至有趣的方法引起社會的關注和共鳴，有大眾的支持，才有機會解決矛盾。

二

公義須彰顯於人前

在一九二三年的一宗危險駕駛案中，控方舉證完畢後，裁判官和法庭書記退庭商議，最後判被告罪名成立。上訴時，被告指法庭書記是在同一宗交通意外中，代表受害人向被告追討民事賠償的律師事務所的成員。裁判官作出宣誓，指書記沒有參與判決，裁判官在案件中與被告人並無任何關係，亦沒有任何利益衝突。然而，上訴法院仍然推翻原判，雖然裁判官並沒有任何偏袒，但在考慮判決時，書記在場已足以令合理人士擔憂裁判官會有所偏頗，普通法不單要求公義，還要求公義必須彰顯於人前。

這是任何法律學生均耳熟能詳的原則，律政司司長卻似乎遺忘了。在回應為何律政司一反過往的政策，在考慮是否向前特首提出檢控時，不向外間尋求獨立法律意見，司長強調律政司有能力作出公正獨立的決定。這是難以令人信服，向外尋求獨立法律意見的目的是令檢控程序更公平，而非質疑律政司的能力或承擔。律政司是政府部門，特首則是政府各部門之首。在處理前特首的案件，律政司需要釋除公眾對律政司有所偏袒的疑慮。獨立法律意見能令人更信服決定的公平性，也是普通法公正行使法律權力的要求。況且，最後的決定權還是在律政司手中，不會因此而產生推卸責任之嫌。有說司長和梁先生沒有任何關係，亦沒有個人利益，但法院經已指出，這不是個人的問題，而是市民對政府高官處理前政府首長及現國家領導人會否出現官官相衛的疑慮。

二

監獄違紀與太平紳士

原訟法院判了一宗值得深思的案件。案中申請人為正在赤柱服刑的囚犯，他被指違反監獄內的紀律而受罰。根據《監獄規則》，若囚犯在獄中行為良好，刑期可獲減免三分之一（Remission）。相反，若囚犯在監獄有違紀行為，則可因此喪失獲減免的刑期。對囚犯的違紀指控，一般由監獄的監督（Superintendent）處理。在案中，法院指出《人權法案》中關於公平審訊的保障亦同樣適用於監獄。當囚犯被指控違反紀律並會面對喪失可獲減免的刑期時，這與加長囚犯的刑期並無實際分別，既然涉及喪失人身自由，囚犯該獲得公平審訊的保障。由於有關指控一般由懲教署的職員提出，而處理這指控則由其上司即監獄的監督處理，這有違公平審訊的原則，法院故此推翻有關指控，並示意若由另一監獄的監督處理便可符合《人權法案》的規定。

由另一間監獄的監督處理指控或投訴，表面上是隔了一重，增添處理指控的公平性。然而，監督很多時會由一間監獄調往另一懲教機構，而全港只有約五十名監督，故由另一機構的監督來處理違紀指控亦難令人信服其公正性。

其實，目前政府有定期安排太平紳士前往監獄探訪。太平紳士的制度可追溯至十二世紀，他們可謂是現代裁判官的前身，但自十六世紀全職有薪的裁判官出現後，太平紳士的司法角色便漸漸式微。香港自九七年後，太平紳士基本上是一個虛銜，唯一的職務便是定期造訪懲教場所。

囚犯有權向到訪的太平紳士作出投訴，太平紳士紀錄下投訴後，便會交由懲教署跟進。由於投訴由懲教署跟進，不少囚犯均不敢提出投訴；即使作出投訴後，懲教署的年報顯示，九成以上的投訴均遭駁回，這便令人質疑處理投訴的公平性。既然有一大班太平紳士，政府亦為定期造訪花了不少公帑，那為何不更進一步，讓太平紳士參與違紀聆訊，這將比由另一監獄的監督來處理來得更公平！

三　防貪條例適用於特首？

早在二〇一二年，一個由前首席法官李國能領導的獨立檢討委員會已建議，將《防止賄賂條例》第三條及第八條的應用範圍伸延至特首。第三條訂明任何相關人員未經行政長官的許可而索取或接受任何利益，即屬犯罪。第八條則規定任何與公共機構有事務往來的人，在沒有合法權限或合理辯解而向公職人員提供任何利益，即屬犯罪。事隔七年，近日政府表示該項建議涉及憲制問題，故仍在考慮當中，立法時間遙遙無期。

所謂憲制問題，不外是指行政長官作為特區的最高級官員，並須向中央政府負責，故由一獨立委員會批准行政長官能否收受利益會和行政長官的角色有所衝突。這並非新鮮事物，政府早在檢討《防止賄賂條例》時經已提出這些理據，而這些理據亦遭獨立委員會全面駁回。委員會指出，法律面前人人平等，現時所有公職人員能否收受利益要由特首批准，但特首能否收受利益則由他自己批准，這是難以服眾，亦難以令公眾對這制度保持信心。廉潔奉公是對香港所有公僕的要求，當全香港的公務員也受《防止賄賂條例》規限時，特首作為公僕之首，更應該樹立榜樣，以身作則，而非將自己置於法律之上。

特首行使權力時受制於法律，這並不涉及什麼憲制問題。現時的建議是這獨立委員會只負責處理特首收受利益的問題，並不會對特首的其他權力有任何約制，《基本法》規定特首必須廉潔奉公，這建議只是落實《基本法》的憲制要求。

二

纏擾行為

早前法院有一連串求愛不遂的案件，當中較嚴重的有一名獸醫因女方拒絕復合而將其禁錮於診所內，甚至恐嚇注射空氣針，最後年輕獸醫遭判監，除失去自由外，更是身敗名裂，專業前途盡毀。上星期另一名男子求愛不遂，竟向前女友淋鏹水，被法院重判十年監禁。這些悲劇皆有一個共通點，即受害人曾遭被告纏擾一段日子。

所謂纏擾行為，是指被告以一連串的行為對受害人造成騷擾，驚恐或煩擾，這些行為包括在不受歡迎的情況下登門造訪，發出受害人不欲收到的電話、電郵或短訊，甚至默不作聲的電話。纏擾行為也包括暗中監視或跟蹤受害人，或在受害人家門或辦工地點等候，或不斷在街上尾隨受害人，或不斷給受害人送贈他不欲接受的禮物等，而這些行為均是受害人不歡迎或已拒絕的。

纏擾者無分性別，但當中近八成為男性，而受害人則多為女性。纏擾的原因亦有多種，當中以求愛不遂，或分手後癡纏要求復合者為多數。纏擾者有些有輕微的精神病徵狀及情緒問題，有些患有嚴重的心理綜合症或精神崩潰，不少為自我形象低落，但也有些曾受高深教育的專業人士，如律師、醫生，甚至法官。纏擾行為一般出於無法面對或接受已逝去的過去，初時纏擾行為只屬令人煩厭、驚恐，但亦可能演變成危險、暴力，甚至侵害他人身體的行為。

不少纏擾行為，其實在法律上已構成罪行，例如一些帶性意識的電郵或短訊已可構成性騷擾。一位不斷在受害人家門等候受害人及以其他方法不斷向受害人示愛的人便曾遭判犯遊蕩罪，法院亦曾對不斷尾隨受害人上班的人頒發禁制令。根據法改會的研究，纏擾行為是相當嚴重，報告書羅列了不少纏擾的個案，對受害人亦構成很大的困擾，甚至會演變為暴力行為。諮詢文件公布後，社會上反對的聲音不算強烈。

主要的擔憂為纏擾法會侵犯公眾表達意見的自由和新聞自由。首先，纏擾行為主要針對個人，一般與公眾表達自由無關。公眾的疑慮主要來自政府建議將纏擾行為擴大至包括不同人士向同一事主進行單一的纏擾行為，這主要針對如財務公司以不同職員向同一事主進行單一纏擾行為，這是可以理解的。事實上，透過以不同人士對同一事主進行纏擾行為不算普遍，當中不少涉及財務公司追數的行為。如果這是主要憂慮，立法時大可擱置這新增的建議。

至於新聞自由，這當然是我們社會必須捍衛的核心價值之一，要解決這方面的憂慮，一是豁免合理和正常的新聞採訪活動，或以此作為答辯理據。事實上，法改會建議一個更普遍的合理行為作答辯理由，但新聞界仍擔心所謂合理和正常的新聞採訪活動難以界定，容易遭濫用。誠然，什麼是合理和正常的新聞採訪活動並不容易界定，但法例可清楚列出一些考慮因素，例如若被告人的身分為新聞記者，而追訪的話題是針對一些新聞時事問題，便可假設為正常和合理的新聞採訪而受豁免。

不少曾受纏擾之苦的人士皆是普羅市民，社會上普遍同情她們的處境，在這共識上草擬一些豁免條款以紓解部分人士的憂慮並非難事。近日發生的悲劇，若能在早一階段已被阻止，悲劇或可避免，法改會的建議，該是時候認真正視和落實。

二　刑責與道德責任

「我的狗隻咬傷了小朋友，這是我的過失，故此我打算認罪。」陳博士以堅定的眼神說出這番話。

「但如果法律上你沒有觸犯法律你便不該認罪，刑法處理的是你是否須負上刑事責任，而非你的道德責任。」何律師以同樣堅定的語氣回應。

某個星期天，陳博士一如往常和丈夫到公園溜狗，狗隻在草地來回奔跑，陳博士則在冬日的陽光下靜靜看書，享受一個寧靜悠閒的下午。跑了個多小時，兩頭白色可愛的威斯狗也累了，於是陳博士兩夫婦帶同狗隻返回住宅的停車場，準備往超級市場買菜。上車前，陳博士除去狗隻的口罩和牽帶，給狗隻一點水喝。他們的汽車停泊在地下二層的地庫停車場。這時候，在一百多米外的入口一對夫婦正推着嬰兒車徐徐走進停車場，嬰兒的哭聲觸動了狗隻，兩隻小狗忽然向嬰兒車發足狂奔，陳博士和丈夫連隨追趕，雖然她丈夫及時拉回一隻小狗，但另一隻小狗在陳博士追到前已在嬰孩的手臂上咬了一個印，幸好傷口不算深，陳博士連忙向嬰孩家人道歉，家人見只屬皮外傷，也沒特別追究。

三個月後，陳博士接到漁護署發出的告票，控告她在事發當天在停車場沒有以帶牽引狗隻，而當時可合理預料狗隻可以遊蕩至公眾地方。

陳博士如不少人一樣，一生從未入官門，接到告票後感到忐忑不安，一方面擔心刑事責任，一方面又認為錯在自己，自該一力承擔責任。

「首先，你當日身處的停車場是私人屋苑的停車場，公眾人士不得進入，故停車場並非公眾地方。」何律師娓娓道來。「其次，當時你在停車場地下第二層，由這裏到地面足要走近二百公呎，再從地面走到屋苑外還有七十多公呎，又怎能合理預料狗隻會跑上兩層直到近三百公尺外的公眾地方？故此怎能入罪？」

陳博士聽完何律師的分析後仍是一臉惘然，刑責和道德責任是否真的可以分開？

二 「W案」的反思

終審法院在「W案」的判決，肯定變性人士結婚的權利，確實令人有點意外的驚喜。終院的判決連日來引發不少關於同性戀與反歧視的討論，社會上對這些問題多加討論是值得鼓勵的，多認識多接觸才能減少誤會和誤解。另一方面，細心閱讀終院的判詞，它所觸及的其實只是一很狹窄的問題。

首先，法院開宗明義指出，這案件只涉及變性人士是否有權在香港註冊結婚，而非泛指變性人士的所有權益，更與同性戀或同性婚姻完全無關。跟着法院花不少篇幅解釋變性手術是怎麼一回事，這是一段漫長和痛苦的過程，而且是一項不能逆轉的手術。

一般而言，性別包括生理和心理兩方面的因素，有些人士在心理上無法接受生理上的性別，在醫學上這稱之為「性別身分失調」（Gender Dysphoria）。性別身分失調的原因，近年的科學研究結果較傾向是源於遺傳或基因缺陷，患者輕則情緒低落，嚴重的會有自毀傾向，進行變性手術是現今唯一的治療方法。在初步評估通過後，患者得以異性的身分生活，並經過長達兩年的心理和醫學評估，通過後才可進行變性手術。手術完成後，變性人士擁有主要的性器官，可以有正常的性交行為，但卻不能射精或排卵。醫院會發出有關手術的證明書，證明有關人士已切除原來的性器官及植入異性的性器官。入境處會據此為有關人士更改身分證或護照，但由於出生證明書為紀錄出生時的性別，故出生證明書的性別則不會更改。

由此可見，變性是一項漫長的過程，變性人士在手術後已變為另一性別人士，過着新的性別身分和生活，這有別於同性戀者仍然生活在原有性別當中，這亦是為何這宗判案並不涉及同性婚姻問題。法院要處理的只是法律是否承認變性手術後的性別？

在W案中，婚姻註冊處認為W出生時為男性，其性別不會因後天手術而改變。這裏便引申出兩個問題：（一）性別是否只由生理特徵決定？（二）若法律上拒絕承認變性人士手術後的性別，不容許他們結婚，會否違反《基本法》內對婚姻自由與私隱的保障？

在一九七〇年英國的一宗判例中，法院指出根據《婚姻法》，結婚為一男一女的自願結合，這結合成為家庭的基石，從而生兒育女，法院從而推論性交乃婚姻的重要環節。因此，性別便只能取決於生理特徵，包括性器官如卵巢、睪丸及染色體，這些特徵是與生俱來，因性別在出生時候已決定，不能因後天手術而改變。法院的結論其後為國會所接納，一九七一年的《婚姻無效法》（Nullity of Marriage Act）便規定若非一男一女的婚姻，該婚姻便屬無效。同年香港修訂《婚姻訴訟條例》（Matrimonial Causes Ordinance），引入相同的條文。

基於這段歷史，終院認為《婚姻條例》中對男女的定義須採納英國案例的定義，即由生理特徵所界定，並於出生時已決定。法院跟着便須決定這解釋是否符合《基本法》，而這裏法院作出了兩項影響深遠的決定。

首先，法院認為《基本法》是部有生命的憲法，它的解釋須與時並進。故此，法院無須假設《基本法》中所保障的結婚的權利是指在《基本法》通過時香港法律對婚姻的定義。事實上，在過去幾十年，不論在醫學或社會方面對婚姻的理解已出現了巨大的變化，結婚與生兒育女是完全兩回事，一些不育人士仍能結婚，不少結婚人士決定不要生兒育女，也有不少人生兒育女而沒有結婚，社會上亦普通接受結婚有別於生兒育女。故此，一九七〇年的判例以生兒育女為基礎的婚姻觀念已變得不合時宜，隨着醫學與科技的進步，一旦婚姻與生兒育女分開，便難有理據支持以出生時的生理特徵作為界定性別的唯一依據。

法律需要與時並進，在可能的範圍內反映時代與科技的發展，這點國際間在解釋憲法與人權條約方面早有共識，而所謂「立法原意」，便不能成為固步自封，限制權利的理由。法院在這方面的判決，對日後解釋《基本法》將會有深遠的影響。

在「W案」中，政府指出，男女的定義影響深遠，當社會沒有共識時，法院不應隨便改動這定義，這便帶出法院的憲法角色。

在三權分立下，法院的角色是解釋和應用法律，儘管普通法系內法院擁有一定的立法權力，但這權力屬微調性質，若判決會帶來重大的法律改變，法院一般會自我約束，不對有關問題作出裁決。於是，即使原訟法院和上訴法庭皆對原訴人的處境表示同情，但當社會沒有共識，而法院的解釋有可能根本地改變家庭與婚姻的概念時，法院認為這種改變應交給立法會而非由法院作出決定。終院的陳兆愷法官在反對判詞中亦指出，除非社會有明顯的取態，否則法院不應以解釋為名推動社會政策，這該是政府和立法機關而非法院的角色。

終審法院多數法官卻認為，當人權的保障涉及少數人士的權益時，若將這爭議留待社會大眾議決，結果只會令少數人的權益繼續遭漠視，亦即所謂的「大多數獨裁」（Majority Dictatorship）。法院認為應以維護少數人利益為前提，並在考慮變性人士在目前法例下所面對的困境後，宣判有關《婚姻法》對性別的定義為違反《基本法》，並宣告W女士在婚姻法中屬女性的地位。

換言之，就婚姻而言，法院承認變性人士在變性手術後的性別。這判決所引起的一系列問題，法院認為應該由立法規定，並指出英國的相關立法頗具參考價值。法院更罕有地解說這判決可能引致而需要立法處理的問題，但這方面的解說，某程度上正好是支持這重大改變應由立法機關而非法院主導的論據！

雖然如此，法院將保障人權的責任，由保護社會的核心價值和大眾的權利，推廣至要顧及和平衡少數人士的權益，這是值得肯定的，但當中權利與政策、立法與司法、中立的保護者和推動公平的先驅者之間的界線如何拿捏，則將會極具爭議，亦正好為考驗社會對尊重人權的決心和承擔。

「W案」判決之後，政府嘗試修訂法例，處理因承認變性後的性別所引起的問題，例如變性者為一雙性婚姻的一方，變性後對現存婚姻及子女的影響。修訂以完成變性手術作為承認變性後的性別的準則，這引起部分支持變性者的反對，他們指出有很多原因令變性者沒有進行或完成變性手術，反對單從醫學角度處理性別問題，並建議以較寬鬆的原則來界定性別。反對變性者則擔心法律會為同性婚姻開路。在兩邊不討好的情況下，法例無法在法院給予的一年寬限期內獲得通過。於是，變性人可以以變性手術後的性別和另一性別人士結婚，但沒有完成變性手術及因變性引起的其他問題，便可能要留待日後再由法院裁決。事後回顧，終審法院的大多數意見是對的，若將這問題留給立法會，可能會毫無寸進！

二

同性伴侶

為吸引人才來港，入境處容許人才申請其配偶來港定居，但在「QT案」中，當事人申請其在英國註冊的同性伴侶來港定居時，卻遭入境處以配偶並非異性為由拒絕。終審法院最近裁定入境處的決定屬性別歧視，入境處的權力在於吸引人才來港而非鞏固兩性婚姻。事實上，來自一夫多妻制的人士亦可申請一位配偶來港，人才的配偶是同性或異性和相關的政策並無關連，甚至是背道而馳。在該案中，十五間銀行和十六所國際機構均指出，入境處的做法令他們難以吸納海外的優秀人才。

入境處認為婚姻包含一些核心權利和義務，故此對異性配偶和同性伴侶有不同待遇並不屬歧視。終審法院並不認同這個觀點。以婚姻作為不同待遇的理據是否成立，更重要的考慮是有關待遇的目的。例如在涉及兒童的最佳利益時，家長是否異性結合便會變得次要。當容許配偶來港的目的是吸引人才，而同性伴侶在英國屬合法註冊，他們的權利和義務亦跟婚姻配偶大致相同時，異性婚姻便不能作為不同待遇的理據。同樣地，配偶福利、稅務優惠、遺產繼承、認領遺體等，都不能單一以異性婚姻作為基礎，而要從相關待遇的目的出發，考慮對異性婚姻和同性伴侶給予不同對待是否合適。

在判案時，終審法院強調此案的問題是入境處拒絕承認海外合法註冊的同性婚姻的伴侶為配偶是否涉及性別歧視，而非同性戀者是否有權結合。不過，在最終會上訴至終審法院的「MK案」，終審法院便得面對同性婚姻的問題。

近年平權問題備受社會關注，他們所爭取的只是法律面前人人平等的基本權利。與其交出法院就個別問題逐一處理，政府應該引入反性傾向歧視條例，徹底解決這些紛爭。

二 風水師的貪念

陳振聰貪得無厭，以一介風水師獲華懋集團主席龔如心的信任，多次獲龔如心贈以巨款。可惜他坐擁數十億元仍未心足，於龔如心病逝後，不惜偽造遺囑，意圖侵吞數百億的華懋王國。在爭產過程中更大量披露龔如心的私隱，妄顧死者的聲譽和對生者的傷害，終於被判罪名成立，判囚十二年。社會上普遍的反應均認為陳振聰罪有應得，自食其果。

在判刑時，控方披露陳振聰早年曾有案底，訛稱為醫生向銀行騙取信用卡。有論者提出為何控方不在較早前提出陳振聰的刑事紀錄？控方的做法其實是按普通法的一般規定，刑事紀錄一般只能在罪名成立後，在判刑階段才能提出，以供法院作量刑的參考。由於在刑事檢控中，法院要決定被告有否干犯遭檢控的罪行，他的前科與檢控的罪行並無直接關係，即使被告有案底也不表示他在這次撿控中有罪，但刑事案底卻往往令人覺得被告並非好人或可信之士，因而可能對他產生偏見而造成不公。因此，除非被告在盤問控方證人時主動質疑控方證人的刑事紀錄，或在答辯中主動提出品格證供，否則控方不能在判罪前提出被告的刑事紀錄。

龔如心的遺產案前後擾攘了近十年，是一宗令人欷歔的案件。先有她與家翁王廷歆的爭產案，媳婦與年邁九十的家翁對薄公堂，勝訴後卻知患上癌症，死後陳振聰與華懋信託基金展開另一場爭產官司，最後陳振聰敗訴，旋即面對刑事檢控，龔如心死後還落得失去清譽，凡此種種，皆由貪字而起。有錢人總擔心死後財產給人侵吞，機關算盡，結果還是人算不如天算。中國人就鮮有外國人如 Bill Gate 那種胸襟，給兒女供書教學，他們成才後，便於在生時將家財悉數捐贈慈善用途，甚至身體力行，參與和推動慈善工作，不再留下巨額財富給子女，讓他們自食其力。以財富造福世人，自己留得兩袖清風，一縷清譽，無牽無掛。

二

「曾蔭權案」

前特首曾蔭權被起訴公職人員行為不當罪，訴訟長達四年。他曾被判罪名成立，並在終審前服滿刑期，最後終審法院推翻判罪。他曾意氣風發，位居特區最高位置，最後黯然離去，是另一宗令人欷歔的案件。

曾蔭權於二〇〇五年在董建華於任內辭職後接任特首，一直至二〇一二年。案件涉及在二〇一〇至二〇一二年間他擬在退休後在深圳福田區租住商人黃楚標旗下的複式單位，而黃楚標當時正申請數碼廣播牌照，而牌照須由特首會同行政會議作最後決定。二〇一五年，他被控兩項公職人員行為不當罪，第一項指他在處理數碼廣播牌照申請時，沒有向行會申報他租住黃楚標的物業；第二項指他在批核受勳名單時，沒有申報其中一名受勳者建築師何周禮正為他的深圳物業進行裝修。其後他被加控一項收受利益的控罪。

案件在二〇一七年一月十日在高等法院開審。二月十七日，陪審團裁定第一項控罪罪名成立，第二項控罪則罪名不成立。至於第三項控罪，陪審團則未能達到五比二或以上的多數裁決，須要重審。法官在判刑時指出，雖然他在過去四十年的公職生涯中毋庸置疑地對香港作出了重大的貢獻，但他犯案時是特區的最高級官員，有違誠信的行為便顯得更為嚴重。在考慮過所有求情的理由後，法官最後將三十個月的刑期改為二十個月，被告並須支付控方部分堂費。

控方就第三項控罪提出重審。二〇一七年十一月三日，新的陪審團依然未能達成多數裁決，控方最終決定不第三次提出重審。

曾蔭權提出上訴，上訴法院在二〇一七年駁回上訴，但將刑期減至十二個月。曾蔭權後來決定不再申請保釋等候上訴，並於二〇一九年初服滿刑期出獄。

二〇一九年一月二十六日，終審法院指出，原審法官在引導陪審團時犯上技術性錯誤，控罪須要證明被告蓄意（Willful）犯罪，原審法官向陪審團指出，只要陪審團認為曾蔭權是故意（Deliberate）不作出申報便足以入罪。終審法院認為，一個人可以在考慮過相關因素後認為無須或沒責任申報，這決定是一個「故意」的決定，甚至是一個錯誤的決定，但要證明他蓄意犯罪，還須要進一步證明他知道有責任須要申報而仍然作出這決定，但原審法官並沒有這樣引導陪審團，亦沒有就陪審團就第三項控兩次未能達成多數裁決對被告的誠信在其他控罪中有何影響作出闡述，故裁定判罪不穩妥或不令人滿意（Unsafe and Unsatisfactory）而推翻原判。在這情況下，法院可以下令重審，但考慮到曾蔭權經已服刑十二個月，案件亦已經歷數年，再次重審並不符合司法公義，遂決定了結案件，這宗回歸以來涉及特區最高級官員的案件，亦就此告一段落。

這是一件令人傷感的案件，法院的判決，只是說明曾蔭權的罪名不成立，這是我們司法制度的特點。刑事檢控的舉證責任在控方，檢控不成功可以基於不同的理由，故法院只會判罪名不成立，這並不一定表示被告沒有道德或其他方面的錯誤。曾蔭權服務香港四十多年，他的努力和付出是值得肯定的。我亦相信他並非貪婪之輩，但不小心避嫌，或貪圖一時的小便宜，便足可毀盡一生。正當北來的貪風在特區刮得愈來愈凜冽之際，這宗案件，正好重申廉潔奉公的香港核心價值。

有位內地朋友對我說，這宗案件令他更感到一國兩制的可貴，他說這樣的案件在內地一定不會發生。由於曾蔭權位高權重，在香港人脈廣闊，故從一開始律政司便徵詢海外資深大律師的意見。整個審訊完全公開，控辯雙方皆聘請了最強的律師團隊。為避免嫌疑，控方的主控團隊亦由海外資深大律師領軍。法官就案情作出詳盡解釋，清楚引導陪審團，至判罪後法官亦詳細考慮求情理由，不偏不倚地作出判刑及解釋量刑的理由。即使終審法院最後認為原判犯錯，但判詞作出清楚解釋，結局情理兼顧。公平審訊，特首犯法與庶民同罪，這正是香港法律制度可貴的地方。

—— 旁聽審訊

案件還有另一段小插曲。曾蔭權被裁定一項公職人員行為不當罪成後，法院判他需支付控方在該次檢控中三分之一的堂費，並批評他在隨後的重審中的行為。法院指出，由於曾蔭權在第一次的審訊中已被定罪，故不能在第二次審訊中提出良好品格的證據，於是他透過公關公司安排知名人士到法院，包括前財政司司長曾俊華及前律政司司長黃仁龍出席旁聽，藉此影響陪審團，令他們相信曾蔭權有良好的品格。

陪審團制度是我們法制中重要的一環，任何嘗試干擾陪審團的行為均屬嚴重的刑事罪行。與此同時，正因為這是嚴重的刑事行為，這類指控必須基於充分的證據，舉證更須達沒有任何合理的疑點的標準。可惜，法官的指控似乎只是基於他個人的臆測，並沒提出任何客觀的證據。判詞中更點名提及某些列席的知名人士，即使判詞說無意指責他們，但已難免令人認為這些人士可能被公關公司安排以影響陪審團。這是極其嚴重的指控，對相關人士極不公平，而且法官在作點名批評時，亦沒有給予這些人士任何解釋的機會，有違程序公義。事實上，一些相關人士事後分別發表聲明，指列席法院只是出於對朋友和舊上司的支持，並非由公關公司安排。

公開審訊是法治重要的一環，對保障公平審訊至為重要。任何人均有權到法院旁聽審訊，法院拒絕任何人進入法庭必須有充分和合理的理由。若法院的判詞令到一些人士不敢到法院旁聽，這除有違公開審訊的原則外，亦影響法律面前人人平等的保障。

二 「放風箏案」

一位升斗市民，閒來喜愛在屋宇天台的水箱上放風箏，為此而與屋苑的管理處有多番爭拗。管理處在天台加設鐵絲網，防止他爬上水箱。有一天，管理員發現該名市民在天台水箱，鐵絲網一角遭剪破，他趨前時該市民已離去。他爬上水箱時，只見到該市民在他自家的天台淋花。管理處報警，最後警方控告該市民刑事毀壞。

被告否認控罪，並準備了一份自辯書，他否認當天在天台，並指管理員誣告他。開審時，裁判官認為此乃小事一宗，不應浪費法院時間審理，遂問被告是否願意守行為；若他願意守行為，控方將不提證供指控，案件便可了結。被告拒絕，堅持他是遭誣告，於是案件開審。

管理員作為控方證人作供後，被告開始盤問證人。一般市民多不能分辨盤問證人和自己作供的分別，他多次嘗試向法院提交他事先預備的自辯書，但裁判官卻拒絕接受，並表示不會理會。在盤問過程中，裁判官亦多次干預，令被告無法向證人質詢對他的辯護的回應。在審訊中途，裁判官突然中止審訊，他認為被告語無倫次，說話顛三倒四，遂下令將被告還押小欖精神病院兩星期以索取精神報告。其後報告指出被告精神健全，但在收押兩周後，被告決定認罪，並被判罰五百元。

法律學院的港大校園免費法律諮詢計劃協助他提出上訴並成功推翻原判。高院法官對裁判官的處理感到驚訝，裁判官不單沒嘗試明白被告的答辯，反而多番阻撓。高院法官在聆聽了原審的錄音和審訊紀錄後，並不認為被告語無倫次，亦無合理理由將被告押送精神病院。即使被告真的精神有問題，亦沒有證據顯示他會對其他人構成危險，裁判官卻沒考慮准予他保釋在外等候精神科的檢驗，而且案情輕微，即使判罪也不會被判監禁，但裁判官卻等同將被告囚禁於精神病院兩星期，被告更因而改變答辯承認控罪，這明顯違反公平審訊和法官持平的責任。

雖然公義最後得以彰顯，但被告卻無辜被囚於精神病院兩星期。人身自由是法治的重要一環，這宗案件，究竟只是個別事例，還是冰山一角，提醒我們要正視司法公義的素質？

禍從天降

一個平日的下午，荃灣街道上行人熙來攘往，路旁泊滿了車輛。一位司機正在搬運貨物，忽然發覺一名男子在關上他客貨車的車門。該司機當時約在十呎開外，他隨即前往客貨車察看，發覺車廂內的手提電話不翼而飛，他認定一名正徐徐橫過馬路的男子為偷去他手提電話的竊匪，便隨即追上前截停該男子加以質問。

被告說他剛從藥房出來便給司機截停，指他偷竊及報警。警方並沒有在被告身上找到失去的手提電話，客貨車的車廂內或車門亦沒有被告的指模。被告沒有案底，有正當職業，一直採取合作態度，報警等候期間他還要為無法趕回公司接替另一抱恙同事工作而致電道歉。

這該是一宗典型認錯人的案件。當時路上車水馬龍，司機在竊匪的背後，他說他視線一直沒離開該竊匪，但他趨前往客貨車察看，抬頭再見到的會否已是另一個人？那時被告已在橫過馬路，路上還有不少車輛往來影響視線。況且，若司機一直緊盯那竊匪，為何在被告身上找不到手機？那竊匪和被告唯一的共通點是兩人均背着一個很普通的背包，司機很可能因背包便認定被告是竊匪。

警方沒有證據指控被告偷竊，卻控告被告沒合理理由干預車輛，唯一的證據是司機在十呎外看到一名男子在關上車門，而該名男子和被告背着相同的背包！若被告不是竊匪，他便沒任何動機去干預車輛。儘管疑點重重，裁判官仍判被告罪名成立，甚至認為向感化官堅稱無辜的被告沒有悔意而判他入獄六星期！

上訴時，高等法院認為審訊沒有不公，亦只涉及事實裁斷，裁判官已提醒自己舉證責任和標準，並無犯錯而駁回上訴。最後港大校園免費法律諮詢計劃協助他向終審法院提出上訴，刑事檢控專員介入後亦同意沒有足夠證據入罪，上訴最終得直。

我們的刑事制度假定任何人在未判罪前為無罪，舉證責任在控方，證據須達沒任何合理疑點的標準才能入罪，這是對人身自由的重要保障，但若只將這些原則掛在嘴邊而不理案情疑點，則冤案自難避免。這種處理只是個別事件，還是冰山一角？一宗不該入罪的尋常冤案，為何要去到終審法院才得到平反？

二

代母產子

早在二千年時，立法會已通過《人類生殖科技條例》，對生殖科技和代母安排作出規管，並於二〇〇一年成立人類生殖科技管理局。十多年過去了，有關方面對代母安排依然諱莫如深，有關的訊息既不足夠亦不普及。

對一些不育的夫婦而言，代母安排是其中一個解決他們希望有自己的下一代的方法。在代母個案中，一般方法是將夫婦二人的精子和卵子，或丈夫精子和第三者卵子於體外受精，然後將胚胎殖入代母體內，由代母懷孕產子。代母安排本身並不違法，但只局限於已婚夫婦，而且若有關安排涉及商業性質即屬違法。根據現時法例，任何涉及作出或接受金錢付款的安排即屬商業安排，而所有參與者均會觸犯刑法。這條例還有涉外效力，即不論安排是在海外或本地發生，參與有關商業安排者仍會觸犯香港的刑法。

可是現實上不會有太多人願意代別人產子，不少願意提供這種服務的人士皆是出於補償的考慮，商業性質的代母安排，在美國某些州分是合法的，甚至當地法院在孩子出生前已會作出頒令，清楚闡釋各方的權責，包括承認提供受精卵子的夫婦為法律上唯一的父母，和取消代母及其丈夫在法律上任何對孩子的權利等。近年香港便有些不育的夫婦前往美國進行代母安排。

然而，根據香港的法例，代母夫婦仍是孩子的父母，提供精卵的夫婦若想成為孩子的合法父母，便得根據《父母與子女條例》向法院申請家長令，而法院在考慮是否批准時，可以考慮涉及的付款是否合理，這就給法院提出一個難題，既然安排是違反香港法律，法院怎能裁定有關付款為合理？然而，拒絕申請即意味代母夫婦仍為合法家長，但根據美國法例，代母夫婦已失去所有家長的權利，孩子頓時成為法律上的孤兒！

英國近年也有不少這樣的案例，香港的法院在二〇一九年首宗代母產子案中，決定以小孩子的利益為最重要的考慮，並指出目前的法例可能拆散一個幸福的家庭，要求政府正視這問題。代母安排會產生很多倫理、道德和法律方面的問題，不鼓勵這種安排是可以理解的，但不鼓勵並不等如要迴避這問題，帶有商業性質的代母產子亦有一定的正面社會功能，需要規管而非杜絕。現存法例存有不少灰色地帶，亦過於嚴苛和有點不合時宜，該是作出檢討的時候。

二

知情權

剛離逝的山崎豐子，在上世紀所寫的《白色巨塔》，五十年來在社會上一直引起巨大的迴響。這部長篇小說，以一位醫術精湛，雄心勃勃的年青副教授，如何在大學醫學院往上爬，最終成為教授的故事為骨幹。前半部精采地勾勒出象牙塔內激烈的人事和派系鬥爭，以及大學醫學院、政府醫院和私人執業醫生之間的利益衝突。後半部則描述該醫生所涉及的一宗醫療事故，闡述病人在面對龐大的醫療系統時是如何無助，在舉證醫生疏忽時所面對的重重困難！

今天不少醫生已屏棄了那種醫生乃高高在上的心態，法院在這方面亦與時並進，在最近一宗重要案例中，將知情權的準則由過往數十年取決於醫學界當前的合理意見，改為以當前病人的合理要求為標準。

在「Montgomery」一案中，原告是一位精明的孕婦，她患有糖尿病，由於這類孕婦所懷的嬰兒體積會較大，在分娩過程中出現肩難產的風險亦較高。然而，主診醫生沒有告訴病人這個風險，因為她認為病人會因而選擇剖腹生產，而這對孕婦不利。

在分娩過程中果然出現肩難產的情況，嬰孩亦因缺氧而導致腦和四肢癱瘓。原告在初審和上訴均敗訴。法院指出，醫生的處理，與當前該醫學領域內的主流意見相符，即使有其他團體提出相反意見，亦不能證明醫生疏忽。

英國最高法院在二〇一八年推翻了自一九五七年沿用至今，以醫學界合理意見為準則的判例（所謂 Bolam Test），認為病人有權決定所須承擔的風險，故應從病人的角度出發，以他身處的情況而推斷的合理要求為準則。一般而言，醫生須確保病人知悉治療的方法，當中所涉及的重大風險及任何合理的替代或其他治療方法。病人該獲得的資訊，並非單純依賴專業醫學界的判斷，而是取決於個別案件的實際情況。至於何謂合理要求，最終決定權在於法院而非醫生手上。

法院更進一步指出，醫生所提供的資訊必須為病人所能理解，若只是拋出一大堆技術訊息或在同意書上簽署並不足夠。這宗英國的案例大大增強了病人的自主權，亦勢增加醫學界所面臨的法律風險，尤其是在疏忽責任方面，影響並非只涉及知情權，香港法院相信也會跟從這方向發展本地的普通法。

醫護之間

日前醫委會就病人因遭紗布封喉致死的紀律聆訊，裁定涉事的醫生兩項專業失德罪成，被停牌六個月。事件引起前線醫生強烈不滿，有醫生組織認為，「護士做錯不應由醫生負責」，批評醫委會嚴重損害專業互信和合作。

醫生的責任大致可以分兩方面：第一是專業疏忽的責任，這是指在當時的情況下，該醫生的診斷是否達到一位合理的專業醫生的標準。醫委會認為，被告醫生巡房八次，造口長時間被紗布蓋着，物理治療師的報告亦有記載，但該醫生仍未能從記錄中發現護士出錯，屬不能原諒的錯誤。換言之，醫生的責任並非為護士的錯誤包底，而是一個合理的醫生在這種情況下應該能夠發現錯誤，這是醫生本身的專業水準。

前線醫生強調醫生和護士是夥伴而非從屬關係，這涉及第二種的責任，即僱主須為僱員的疏忽負責。這方面的責任建基於僱主或上司對下屬的管理權力，即使僱員或下屬的工作高度專業，例如僱主可能對電腦一竅不通，但她還是要為專業僱員因電腦疏忽引致的損失負責。這種責任，一般但不一定建基於正式的僱傭或從屬關係，要視乎在相關事件上，一方對另一方的工作範圍或模式可以有多大的主導或決定權。

現代醫療涉及不同的專業，醫生一般不該為其他專業的失誤負責是可以理解的，但這似乎並非醫委會的判決的基礎。至於前線醫生指出，公立醫院醫生的工作極度繁重，資源和人手亦嚴重不足，則是政府應該正視的。

二

長者的人身自由

長者的權利和一般人士的權利沒有什麼分別，那為什麼要特別談到長者的人身自由？若果有人將我縛在牀上，或綑綁我雙手，或以其他方法束縛着我，令我無法自由行動，法律上這已構成侵害他人身體或毆打，那人可能要負上刑事或民事的責任。可惜，當這種情況發生在長者身上時，卻沒有引起社會的關注。過往的研究指出，這種情況在香港的老人院，甚至醫院並不罕見，甚至是無日無之。

常見的身體限制包括將長者縛在衣櫃旁或牀頭欄杆，或以安全帶將長者綑綁在裝有固定托盤的椅子上，或將老人家雙手束縛於拳擊手套內，或以夾克大衣將其上身綑綁，令其上身動彈不得。有關機構指這一般是為保護長者，免其傷害自己或別人，或為控制情緒，或避免長者走失或跌倒和確保醫療設施能順利運作。

醫管局和社會福利署對實行身體限制均有詳細指引，這些指引有兩個重點。第一是必須尊重長者的尊嚴和人身自由，因此，除非有確切的必要，否則不應對長者實施身體限制。即使要實施身體限制，限制的部位和時間均必須減至最低。某些束縛，尤其是涉及使用鎮靜藥物，必須得到醫生的同意及對家人作充分的解釋。第二是必須定期檢視這些束縛，這種檢視包括兩個層次。第一個層次是在實施身體限制期間，必須密切監察老人家的身體和情緒反應，並每兩小時審視是否需要繼續施行身體限制及將檢查記錄在案。第二個層次是定期有高級護士或醫生對所使用的身體限制作徹底檢討，若果認為需要繼續約束，則應說明原因，以及如何保障長者的日常生活，尊嚴和私隱等。

可惜，不少研究指出，這些指引並未得到貫徹執行。有接近七成的長者均受到不同程度的身體束縛，有些老人家甚至長時期被束縛，有些時候對老人家施加身體束縛只是為方便照顧者，讓照顧者處理其他工作。有些院社則誤以為將長者縛在牀邊欄杆並不算身體約束，或以為這樣可以避免長者跌倒以及因跌倒而引致的法律責任，但卻忘記對長者施加身體約束亦會有法律責任，以及這些約束對長者身心造成的影響。這種情況是令人憂慮的。

二十二 「七警案」

「七警案」中七名警員被判意圖導致曾健超身體受傷罪名成立，各被判入獄兩年。警務處處長隨即發表聲明，明顯不服判決，連最基本一句「尊重法庭的判決」也沒有。網上有不少人辱罵法官，亦有人發起撐警遊行。一時間，警察不該被判犯法，犯法也不該被判入罪，入罪也該獲赦的言論不絕於耳。

事件發生於佔中期間，市民一時間的情緒反應是可以理解的。情緒過後，讓我們較理性地回顧這案件。我自己絕對尊重警務人員，亦絕對明白前線警務人員在執法時所面對的困難。示威者表達訴求是憲法的權利，但刻意的挑釁行為則不該被縱容。與此同時，警務人員是執法者，法律賦予他們一系列的權力執法，亦同時規定他們必須合法行使這些權力，手執公權力者更應守法。

司法獨立是香港法治的基石，沒有司法獨立，法治便無從談起。這並不表示法官不能被批評，法官絕對可能犯錯，學術界便不時對法官的判詞作出批評，這種理性的批評是大家習以為常的。這案的主審法官，頒下長達二百二十五頁的判詞，詳細解釋他的理據，大家絕對可以就這些理據作出批評；那些作出謾罵的人，我不知當中有多少人看畢整篇判詞，不喜歡這判決，便不理法官的理據，瘋狂地辱罵法官。縱容濫權，攻擊司法，最終只會損害法治。

這宗案件一項關鍵的證據是傳媒拍攝到曾健超被眾警員圍毆的情況，法官信納這些錄像為可信賴的證據。這不是兩個人在衝突之中一時衝動的即時反應，而是在曾健超向警員潑淋液體後數分鐘才發生，數分鐘足夠讓警員冷靜下來。曾健超被抬去電壓站暗角，雙手被反鎖，倒在地上給眾人圍毆，這是在執行職務嗎？即使曾犯法在先，但警務人員的職責是拘捕他，交由法庭審理，而非自行執法懲罰疑犯，更遑論曾健超當時毫無反抗之力。嚴格而言，這屬濫用私刑，這難道不是警務處處長該感到心痛嗎？

法官的判詞並沒有否定警方面對的困難和維護法紀的貢獻，但執法者犯法，同樣需要受法律的制裁，面對壓力並非犯法的理由。警方需要克制，示威者亦同樣需要克制。七警被判有罪，其實更突顯市民支持警方合法合理地執法。

二　從暴動罪談起

「七警案」判案後一個月左右，法院就另一宗在二〇一六年初在旺角發生的騷亂頒下判決。三名涉案被告被判暴動罪成，各入獄三年。所謂暴動（Riot），是指參與非法集結並作出破壞社會安寧的行為。暴動罪不單要證明被告有參與非法集結，還須作出破壞社會安寧的行為。「非法集結」（Unlawful Assembly）有別於「未經批准集結」（Unauthorized Assembly），後者是指在《公安條例》第十七A條下未得警方批准或發出不反對通知書的集會遊行，這些集會或遊行仍然可以是和平進行，而「非法集結」則指根據第十八條所界定的集結，即三人或以上集結，作出擾亂秩序性、帶有威嚇性、侮辱性或挑釁性的行為，並意圖導致任何人合理地害怕這些集結人士會破壞社會安寧，或害怕他們會激使其他人破壞社會安寧，即屬非法集結。若非法集結並作出破壞社會安寧的行為而令集結變為暴亂，其他在場人士亦可能被控參與暴亂。一般而言，暴亂涉及較大規模，較嚴重及較長時間破壞社會安寧的行為。

另一方面，法例仍然保障和平集會的權利。故此，參與和平集會的人士毋須擔心會觸犯暴動罪行。若和平集會演變成為非法集結，則參與和平集會的人士便得考慮是否該繼續逗留在現場及其行為，法例並非說在場人士皆會成為參與非法集結，這還得視乎在場人士的行為表現，是否在支持那些作出擾亂秩序性、帶有威嚇性、侮辱性或挑釁性的行為的人士。不過，即使沒有參與非法集結的人士，仍可根據第十八條被控告參與未經批准的集會。

與此同時，法院亦作出明確表示，公民社會不接受暴力行為，不論是執法人員或示威抗議人士，也不論作出暴力行為的人士是否出於良好目的，作出暴力行為者均得承擔觸犯法律的後果。案中三名被告不止一次向警方投擲玻璃樽，法官認為他們是明顯衝着警方有備而來，並非出於一時衝動，故須重判以收阻嚇作用。三名被告中有兩人仍是學生，令人感到惋惜。前一陣子梁天琦被控暴動罪成，被判六年監禁，案件仍在上訴。在這宗案件，三年的刑期是否過重，可能要留待日後上訴法院作出判決，但鑑於近年社會衝突不斷升級，法院要作出具阻嚇性的判刑亦無可厚非。「七警案」和「暴動案」的判決，希望可以為正在升溫的衝突作一點降溫，但衝突背後的撕裂和矛盾仍須面對，強硬的手段只會激發強硬的回應，進一步撕裂社會和增加人民對政府的冷漠，對抗和不信任。香港現在需要的不是一個強硬自傲，剛愎自用的領袖，而是一個願意對話，能夠匯聚人才的領袖。

二

侮辱法官

前首席法官李國能近日再度開腔，高調批評那些在「七警案」後辱罵主審法官的言論，李官甚至動氣地說，有人用政治口號攻擊外籍法官，純粹因為判決不合乎他們的政見，反問若果法官判七警無罪，「是否又會贊成各級法院都是外籍法官？」

自回歸以後，批評法官的國籍始於一九九九年的「國旗案」，當時上訴法院推翻裁判官的決定，認為侮辱國旗罪違反《基本法》所保障的言論自由，不少左派傳媒便隨即評擊上訴法院三位法官均為外籍人士，幸而這些針對國籍的言論並不持久，其後終審法院推翻上訴法院的判決後，這種言論亦隨之消聲匿迹，諷刺的倒是當時終審法院的法官亦多為外籍人士！

到近年佔中之後，這種針對法官國籍的言論又再次冒起，隨之而來的亦是不少因不滿法院的判決而對法官作出毫無根據的人身攻擊。「七警案」後，一些知名人士更肆無忌憚地對主審法官的國籍和個人作侮辱性的攻擊，在網上更一度廣泛流傳，直至法院表示關注及轉交律政司研究該等言論會否觸犯藐視法庭罪後，該等言論才稍為收斂，但類似的言論在內地媒體卻仍是鋪天蓋地的廣為散播。

法治的基本精神是法官依法判案，普通法的特點是極為重視判詞，法官必須在判詞中詳細分析案情和證據，闡述法理原則和雙方提出的論據。這些論據，將成為日後衡量上訴是否得直的基礎，法院（尤其是高級的法院）的判詞亦成為法律的原則，判詞的質素更往往成為衡量法官質素的客觀標準。內地行歐陸法制，法治的基礎薄弱，對判詞和法官的要求一般亦相對粗疏。

可惜，那些作出侮辱法官言論的人士，恐怕大部分均未有細讀判詞。這種評論，正是對人不對事的偏頗態度的表表者。近年這種不問理據，只是以對判決結果的喜惡來批評法官的判決的情況，大有上升的趨勢。若法官只作出一些迎合大眾或當權者的政治取向的判決時，司法獨立便會蕩然無存，法治也只會淪為空談。

二

辱罵執法人員罪

周末途經跑馬地，路旁有不少違例停泊的私家車，一名交通督導員剛經過，一些司機隨即駕車離去。一位司機似在等人，不願離去，交通督導員遂上前抄牌。司機要求只稍等一會便立即離去，交通督導員不理會繼續抄牌。司機深感不憤，語調提高：「法律不外人情，使唔使咁呀？警察大晒呀？」

這些場面，相信不少駕駛人士均曾遇上，很少司機在被抄牌時會和顏悅色地承認錯誤。求情不遂後，好的會勉強合作，較差的會惡言相向。近年警務人員在這方面的表現確實值得讚揚，不論司機的態度如何，警務人員在抄牌時總保持禮貌，不會動氣，這樣多少能令激動的駕駛者平伏下來。

可是，若梁美芬議員最近提出的私人條例草案獲通過，這些司機便可能觸犯法律和面對一年監禁！草案建議增加辱罵執法人員罪，但卻沒有界定「執法人員」，於是適用的範圍遠超於警察，除海關、入境處、稅務局，廉政公署，還有交通督導員、食環署、地政總署等等。針對的行為是「使用滋擾性或辱罵性的言語，或進行滋擾性或侮辱性的行為，或展示出滋擾性或侮辱性的標語」。英文同樣用上Insulting，但中文卻出現「辱罵」和「侮辱」不同的翻譯，兩者是否有分別？英文說slogan，該是「口號」，中文版卻用上「標語」，喊口號和張貼標語可以是完全不同的行為。至於「滋擾」，所指為何？滋擾警員執法和阻差辨公罪有何分別？滋擾和辱罵是主觀還是有客觀標準？英文用上Disturbing，這詞可以是主觀，甚至可包括影響執法人員的心理狀況。《公安條例》內的罪行一般均要求相關行為會導致破壞公眾安寧或秩序，但草案卻沒要求該等行為可導致任何後果，舉舉標語，喊喊口號也可能觸犯法律。故意觸犯是罰款，惡意觸犯則要坐牢，但怎樣的故意侮辱行為不會是惡意？

目前的法例已有阻差辦公、襲警、在公眾地方作出喧嘩或擾亂秩序的行為、非法集會，暴亂等罪行，草案是多此一舉的過度反應，而且概念模糊。法律條文講求清晰，知法才能守法，這是法治的首要條件。含糊的法律，往往是極權國家縱容濫權的表徵，亦無助改善警民關係。

二 「佔中案」：一個開始的終結

在獲知佔中三子均被判監十六個月，其中朱耀明牧師獲緩刑兩年，整天是心情沉重。這個判刑孰輕孰重？支持和反對佔中者各執一詞。

有人說年紀大就可以獲減免刑期嗎？判刑必須考慮被告的背景，身體狀況，過往對社會的貢獻，犯案的性質和動機等，年紀只是其中一個考慮因素。朱牧三十多年的牧者生涯，引導不少信眾循循向善，讓多少人在失落中看到希望，長年的牧養和青年工作，又豈能和一位終生糊塗，干犯藏毒的七旬老翁相比？

法院接受各人背景良好，曾受高深教育，不少人更長年服務社會，他們犯案的目的並非出於貪婪、慾望、憤怒或錢財，而是出於對爭取普選的信念，刑期主要反映他們的行為對社會的嚴重影響。

各被告要對他們的行為負責，這是無可厚非。法官的量刑似乎以一宗英國案例為鑑，該案的被告以環保理由佔據油公司的油車，橫放馬路，佔據多日及引致嚴重社會後果，最後被判監十六個月，但其後獲上訴法庭改判社會服務令。香港法院似乎沒有充分考慮上訴法庭的量刑。即使香港的案情較嚴重，但由社會服務令跳躍至十八個月作量刑起點，當中有頗大差距，法院對這量刑起點並沒有太多的解釋。（詳見筆者按）

這判決只是一個開始的終結，引發佔中的問題依然沒有解決。五年過去了，貧富懸殊有增無減，政治制度毫無改變，法治和司法獨立不斷受到衝擊。當社會要去懲處大學教授、牧師、議員和學生時，問題一定是出於更深層的社會矛盾。

筆者按：法院以十八個月作量刑起點，考慮到被告品格良好，沒有刑事紀錄，故減去兩個月，最終判十六個月監禁。

英國原訟庭的判決為十六個月，香港地院法官認為佔中案比英國的案件的情況更嚴重，故以十八個月為起點，但英國上訴庭其後推翻原判，改為社會服務令，但香港法庭並沒理會英國上訴庭社會服務令的判決。

二

立法與司法

新世界發展主席鄭家純在二〇〇九年一宗司法覆核案中質疑立法會專責委員會行使《立法會（權力與特權）條例》的權力依據，申請遭原訟法院駁回。這份判詞，對香港的憲制發展有深遠的影響。

該案涉及三個問題：第一是特權條例所賦予的權力是否只能由立法會大會，而不能由專責委員會或其他委員會行使？若該權力可由立法會的任何委員會行使，這是否符合《基本法》的規定？第二個問題是在調查紅灣半島事件上，專責委員會在行使該權力時可有超越調查的範圍？第三個問題是法院對立法會行使權力時所扮演的角色，這涉及司法與立法之間的關係。

在第一個問題上，法院詳細考慮了特權條例和《基本法》的條文，並追溯立法會進行調查的權力的歷史背景。立法會早在一八五八年起便曾多次引用相關的權力。特權條例在一九八五年通過後，立法會在一九九四年才首次引用該條例。對於《基本法》作為憲法性的條文，法院強調該採納一個較寬鬆的解釋，而非拘泥於技術性的層面。與此同時，法院亦强調立法原意是指從條文理解推敲出來的原意，而非個別草擬委員的理解。故此，個別委員的誓章闡釋其理解，對解釋《基本法》的條文無甚幫助。

法院亦重申《基本法》的設計是以三權分立互相制衡為基礎，立法會負責監察政府，它必須有足夠的權力履行這責任。與此同時，司法與立法各司其職，在涉及對《基本法》的理解或法律的闡釋時，法院肩負重要的角色，立法會在這方面亦受司法覆核的規管，但當涉及立法會的程序與運作時，這屬立法機關內部運作，在三權分立的模式下，法院只會在極例外的情況下才會作出干預。這論點終審法院其後在「梁國雄剪布案」中再加以闡述，當相關的問題涉及立法會的法定權力時，由於法例的解釋權在於法院，故立法會的權力的解釋將取決於法院。於是，在該案中，立法會主席是否有權剪布，這問題最終該由法院決定，但當法院認為主席有權剪布後，主席如何行使這權力便屬立法會的內部事務，法院一般不會干預。

三權分立或行政主導在過往政改爭論中一直爭辯不休，三權分立亦有不同的模式，但其中心思想仍是避免權力集中，一權獨大，從法理而言，法院已多次重申，互相制衡是《基本法》的中心設計，即使要強加含糊的行政主導論，實際上仍走不出互相制衡不容一方獨大的憲制思想。在互相制衡的同時，三權分立亦包含互相尊重，法院要監督行政和立法行為符合法律，亦同時承認有些地方專屬於立法或行政機關，法院會避免過分干預。

二

披露廉署調查

一九九四年五月，在港府一次官地拍賣會上，多名地產商被發現在會場內互傳訊息，涉嫌聯手壓低拍賣價。翌日各大傳媒對事件均作大幅報道，不少報章更以地產商聯手壓價作頭條新聞，甚至點名指出涉事的地產商。事件引起社會嘩然，最後政府更要修訂拍賣程序以避免同類事情再次發生。

數月後廉署接獲投訴對事件展開調查，並嘗試會晤當日負責採訪的記者。他們來到《明報》報館，卻找不到負責人，留下口訊便離開。翌日，《明報》報道廉署展開調查，並覆述拍賣事件經過。其後《明報》及三名最高層編輯被控披露廉署的調查詳情，違反《防止賄賂條例》第三十條。

《明報》在答辯時指出，該篇報道的內容皆為已公開的資料，唯一未曾公開的是廉署已着手調查，但報道並沒透露任何調查的詳情。這答辯並不為法院所接納，裁判官在判案時指出，第三十條旨在保障廉署的調查工作不受干預，亦為保障當事人的聲譽，故披露調查本身已屬披露調查詳情，但裁判官認為第三十條過分嚴苛，影響新聞自由，因而違反《人權法案》而判被告無須答辯。

律政司不服提出上訴，案件轉介上訴法院，上訴法院推翻裁判官的判決，指出貪腐案件因為缺乏受害人，一般的調查工作十分困難，一旦廉署的調查曝光，被告容易銷毀證據，故第三十條並不違反《人權法案》。

《明報》繼而向倫敦樞密院提出上訴，樞密院同意第三十條並不違反《人權法案》，它指出第三十條有兩部分，一部分是直接向被調查人士披露廉署的調查，另一部分是向其他人作披露，兩者同樣會打草驚蛇，損害廉署的調查，故裁定披露廉署的調查或任何詳情均屬違法，但為平衡新聞自由，第三十條只適用於有明確調查對象的情況，在這案中廉署仍未有調查對象，故裁定各被告無罪。

近年有不少人士在向廉署作出舉報後大肆宣揚，甚至點名指出被投訴人士的身分，這些行為往往出於政治考慮，卻不知經已觸犯法律，對被投訴者不公平外，亦可能影響廉署的調查工作。在二〇一九年一宗涉及一名社運人士的案件中，被告高調披露廉署已就一名前高官的投訴立案調查，法院裁定該披露並無任何公眾利益，只是出於提高個人知名度的目的，判處被告監禁四個月，上訴其後遭駁回。

V 民主篇

公民社會，需要有知其不可為而為之的魄力，也要有知其為而不為之的勇氣。有很多事情並非法律規定，而是為與不為之間的取捨。

即使是英明神武的領袖，在位太久，總難免權欲薰心，或是囂張跋扈，或是不思進取。領袖最大的挑戰是能在高位時急流勇退，不要在人家均期盼你離去時才黯然下台。可惜，大部分的領袖在該離去的時侯，總找到千百個理由令自己留下。

三　民主制度

民主制度並非最有效律的制度，但它有兩個特點：第一個特點是權力的和平移交。透過選舉制度產生新的領導班子，而選舉則是檢討原來政權的得失與審視候選人的政綱宏願的時機，成熟的選舉往往能帶領國家走向新的局面。反觀沒有民主制度的國家，權力移交往往是政治鬥爭的開始。中國幾千年來，政權移交不是排除異己便是征戰連年，即使近年的政權較穩定，但每次權力移交，還是派系鬥爭不絕，政治氣氛凝重，逮捕異見分子，禁絕言論。新的領導人上台，難免清算舊人的黨羽，輕則罷官，重則被判罪，打擊貪腐亦是打擊政敵。這是制度的缺陷，也可說是中國的悲哀。

民主制度的另一個特色是領導人下台後便回復平民百姓的身分，不再享有特權。有人漸漸淡出，過一些尋常百姓的生活，有些則繼續運用其影響力，為慈善事業盡一分力。克林頓下台後致力推動愛滋病的研究，貝理雅則推動信仰的並容。貝理雅曾來港大演講，並與港大合作推動對宗教研究。他指出宗教有關愛的一面，也有衝突的一面。目前國際關係中不少衝突均與宗教有關，他倡議正視宗教問題，不少宗教衝突源於對其他宗教的誤解與排斥，故認識和理解不同宗教，往往能促進和平共存，而大學便正好扮演研究討論這方面的角色。

這便是領導人下台後如何能為世界和平盡一分力的具體例子。雖然他的演詞的內容並沒太大新意，但他不愧為前英國首相，演辯出色，簡單一兩個論點，他可以用上五十分鐘而能一直牽引觀眾的情緒。面對示威者，他只是淡然一笑說，他相當習慣這些場面，與台下對答時他提到民主、領袖與信仰等問題，比他的演說更精彩。當中談到民主並非制度而是包容與尊重的態度，領袖更需要謙卑而不失自我，自信而不致專橫等，都是值得我們深思。

二〇四七

不經不覺香港回歸已超過二十年，雖然《基本法》沒有訂出屆滿的日子，但《基本法》是落實《中英聯合聲明》內中國對香港回歸後的政策的承諾，而這承諾到二〇四七年便屆滿，這個日子似遠還近，二〇四七年後香港何去何從？何時該作出決定及如何作出決定？

上世紀七十年代，隨着新界新市鎮的發展，大量人口遷移往新界，造成對樓房的大量需求，亦令銀行樓房按揭的需求大增。按揭是以樓宇作抵押，但由於租讓新界的條約在一九九七年六月三十日屆滿，故新界所有屋契均在一九九七年六月二十七日到期，面對抵押物業的不明朗因素，銀行開始逐步收緊按揭年期，至七十年代末，在銀行界的強大壓力下，港英政府遂得和中國展開香港的前途談判。

借鑑這段歷史，商界和金融界需要約二十年的時間準備，尤其是不少大型建設的投資均需三十年或以上的回報期。事實上，早在二〇〇三年迪士尼來港投資興建樂園時，有關批地便已超越二〇四七年，其後的兩鐵合併亦涉及超逾二〇四七年的權益。換言之，香港二〇四七年後的地位，在二〇三〇至二〇三五年間便需確定，才可減少因前景不明朗所帶來的經濟動盪。

何時該開始提出討論？八十年代初，中國剛經歷文革，經濟上開始開放改革，政治上亦較開明，香港的發展經驗正好可幫助國內的現代化改革，英國便看準當時是談判的適當時機。同樣地，二〇四七的討論，亦該在中國領導層變得較開明，香港在經濟上仍對中國有貢獻，和香港在反貪、法治、管理制度等方面仍對國內的發展有借鏡價值時提出討論。在這時刻來臨前，香港必須作好準備，並努力維持本身的優勢。

一九八二年的前途談判由中英兩國主導，當時中方堅拒港人的參與，甚至反對尤德爵士以港督的身分參與談判。二〇四七年後香港的地位問題已不再是外交而屬中國內政的問題，特區官員與中央亦變成上下從屬而非對等的地位，那二〇四七年後香港的命運會如何決定？

廣泛諮詢和聽從民意並非國內制度的強項，如何設計一套討論的程序，既能照顧國家的主權，又能充分照顧香港的民意和讓港人有意義地參與，以及二〇四七年後有多少可行的模式，這些問題現在已該開始探索了。獨立自主看來是不切實際，香港亦缺乏這方面的條件，但高度自治和民主政制卻是《基本法》所賦予的，當中還有不少可以爭取的空間。今天年輕的一代，更應好好裝備自己，二〇四七年後的安排的討論，便落在你們身上。

二

美國總統選舉制度

最近在一個研討會上，一位著名的內地學者在支持香港現時的選舉制度時說，美國總統也是由五百多人的選舉團間選舉產生，這個論點實在有點混淆視聽。

美國總統技術上確是由一個選舉團選出，選舉團的人數是根據國會上下議院的人數決定。以美國每州有兩名參議員，共一百人，下議院共四百三十五人，加上首都華盛頓三人計算，合共五百三十八人，稱為選舉人票。這五百三十八張選舉人票的分布將根據各州的人口分布，大的州分如加州便獲五十五張選舉人票，最小的州份如阿拉斯加或華盛頓則只有三票。

大選年的十一月，全國的選民會在各州選出該州的選舉人，候選人在參選時須明確表明支持那一位總統候選人，例如甲候選人是支持奧巴馬的，選民投票選甲時，其實就是投票支持奧巴馬，雖然技術上他的票是投給支持奧巴馬的選舉人。

雖然每一個州有不同數目的選舉人票，但在該州勝出的總統候選人，不論是以大比數還是些微比數勝出。皆可獲該州全數的選舉人票。例如奧巴馬在紐約州勝出，他便會獲得紐約州全數二十九張選舉人票。這規定適用於全國四十八州，只有兩州（Maine 和 Nebraska）以比例代表制分配選舉人票。總統候選人須獲最少二百七十張選舉人票才能勝出。

各州的選舉人必須在同日選出，亦即所謂的大選日。然而，真正的選舉是在十二月初，各選舉人在當日投票選出總統，然而，由於選舉人必須跟從州選的結果投票，所以這個投票只是技術性的，真正的結果是由選舉人選舉的結果所決定。

美國行聯邦制，這個選舉制度保障各州參與選舉總統的權利。由於總統候選人在勝出州分可獲該州全數選舉人票，這可以產生一些扭曲的結果，如二千年戈爾獲百分之四十八點四而布殊只得百分之四十七點九的選民投票支持，但布殊卻得到二百七十一對二百六十六張選舉人票勝出選舉，或二〇〇八年奧巴馬和麥凱恩分別獲百分之五十二點九和四十五點七的選民投票，但奧巴馬卻以三百六十五對一百七十三張選舉人票大比數勝出。

美國的選舉制度有它的弊端，但若指這支持香港的間接選舉便貽笑大方。美國的選舉人是由選民一人一票產生，而他們在總統選舉投票時必須依從他們所屬州分的投票結果，這怎能和香港的小圈子選舉相提並論？

二　民族自決

最近這大半年，年輕人不時會談到民族自決權。雖然民族自決權可以追溯至美國獨立，但這概念主要是在二次大戰後才被確立。戰後各國致力於維護和平和重建國際秩序，當時國際法有兩個主要觀念：一是各國平等，主權受尊重，二是反對殖民主義，讓殖民地的人民自由選擇其政治地位，或發展為獨立國家，或歸屬於另一獨立國家或與另一獨立國家構結關係，亦即民族自決。民族自決要成為國際法的一部分，得受各主權國認同，但沒有主權國會同意讓國家分裂，故初期的民族自決權只限於殖民地，《聯合國憲章》便清楚指出這一點，即使後來民族自決權受拓展，但亦只延伸至人權受長期嚴重侵犯的地區。

民族自決權其後發展為內在和外在兩部分，外在即指由人民決定其政治地位，這並不等如獨立，直布羅陀便曾進行兩次公投，結果仍是保留其受英國管轄。內在則指當地人民有權決定其內部政制的發展，一般指民主體制的發展。外在和內在兩者又息息相關，加拿大最高法院便曾指出，只有在殖民地或當地人民面對壓迫或無法有效參與管治時才能行使外在的民族自決，魁北克並不處於這些境況，故不能引用民族自決分裂國家！

此外，民族自決權屬於「人民」而非個人的權利。所謂「人民」，須要符合一些條件，如種族、歷史、語言、文化、宗教等，並須有一定的人數而非只是一小撮人的訴求。提出港獨的人只是極少數，稱不上為「人民」。

一九六一年香港被聯合國列入殖民地之列，但在一九七二年，由於中國的反對，聯合國將香港剔除於該表列，這令香港失去獨立自治的機會。一九八二至八四年的香港前途談判，香港人被排除於中英談判，令香港第二度失去行使民族自決的機會。《中英聯合聲明》公布後，港英政府讓香港人表態是否接受《聯合聲明》，但前題是若港人不接受《聯合聲明》，英政府不會重啟談判，故基本上香港人是沒有選擇的。隨後香港人參與制定《基本法》，在一定程度上實現了內在的民族自決。回歸十多年，亦再沒有人認真重提民族自決。當大部分人均普遍認同香港為中國的一部分時，除非香港人權受到嚴重侵犯，否則外在的民族自決權便難以啟動。

面對二〇四七，民族自決權表示香港人有權參與制定二〇四七年後的體制，較有意義的民族自決的焦點是在承認中國作為主權國的基礎上，爭取更高度的自治權和民主體制。

二 歷任特首

自九七回歸以後，香港歷經董建華、曾蔭權、梁振英和林鄭月娥四任特首。董建華是商人，曾蔭權和林鄭月娥是公務員，梁振英是專業人士，他們相信均屬於清華大學王振民教授心目中的「商界與專業界的精英」，但回歸二十多年了，如果要形容香港的管治，似乎只是「每況愈下」！

回歸初期，不少人對特區有一定的期望。然而，二十多年後，香港貧富懸殊位居世界前列，樓價高企，亦在舉世獨居鰲頭。醫療融資談了近十年仍停留在談的階段，教育政策更是一塌糊塗。政治上只見愈來愈封閉，市民遊行表達不滿幾乎無日無之，中港矛盾則日益加深，社會分化嚴重。當然，造成今天這個局面有不少原因，但特首領導無方，則是難辭其咎。

幾任特首其實均有一共通點，就是不能知人善任，廣納百川。董建華隻身走上特區權力的高位，推行親疏有別，用人唯親的政策。沒有黨派的支持，他對支持者所能給予的回報，便是委任這些人士進入各式各樣的諮詢架構，令本來用作吸納社會精英的諮詢架構，漸漸變為對支持者的獎賞，不少諮詢或法定架構漸漸充斥一些毫無經驗或無心無力的人士。這情況到曾蔭權年代更是變本加厲，以他公務員出身的背景以及他與泛民的交往，本以為他可以凝聚各方的力量。可惜，胸襟狹窄的他，反而將親疏有別的政策推至高峯。在位期間政策向地產商傾斜，只顧籠絡權貴，任滿前更屢被揭貪圖小便宜，其後更被判公職人員行為不當罪成，入獄十二個月。雖然最終法院判他上訴得直，也落得慘淡收場。

到了梁振英，已不再是親疏有別，而是排除異己。什麼「沒有唐營，沒有梁營，只有香港營」之說，早已忘得一乾二淨。特首身邊只有梁粉，上任以來醜聞不絕，有人應聲墮馬，有人抽身而退，期間更不斷挑起爭端，令社會分化和撕裂。梁振英更善於權術，將梁粉安插於各行各業，甚至委任心腹高靜芝審批所有諮詢和法定架構的人士任命。於是，社會上有能之士紛紛敬而遠之，與政府保持距離。回歸以來，從未見過社會精英與特區政府是如此疏離。

林鄭月娥上台後，本以為情況能有所改善，可惜她剛愎自用，獨斷獨行，持才傲物而又脫離群眾，身邊充斥唯唯諾諾之輩。《逃犯條例》一役，令社會嚴重撕裂，政府反應進退失據，面對日益嚴重的衝突顯得束手無策。

中國歷代賢君均能廣納人才，虛懷若谷，從而得到各方賢能的輔助。相反，剛愎自用，獨斷獨行，不得民心者，往往為亡國之兆。歷史的教訓是今時今日的特首不再是一個個人，而是一個團隊。若不能凝聚各方，不能海納百川，用人唯才，根本便難勝任特首之位。港英年代的行政局成員盡為社會各界的翹楚，彭定康的行政局有前大律師公會主席張健利，後來出任首任首席法官的李國能，也有政見完全不同，後來出任首任行政長官的董建華。今天行政會議的成員的資歷難以匹比，政治光譜更是完全單一，結果是行政會議成員脫離群眾，難以提出有見地的意見輔助行政長官，這是用人唯親不能廣納賢才的結果。政府要發展高科技，行政會議成員認為 Instagram 和 Twitter 這些流行多時的應用程式已是高科技，行政會議成員的水平如此，又怎不教人沮喪？今時今日的領袖，是靠實力、能力、魄力和胸襟來領導，既要緊貼民情，又要長袖善舞，能穿梭游刃於不同黨派和中央地方之間。香港不是沒有具備這些條件的精英，但在用人唯親和講求政治正確的領導生態下，又怎可能吸引到這些人士進入政府架構？

二

急流勇退

二〇一一年新加坡國會選舉的結果，不但令舉國驚訝，也備受海外關注。執政黨一夜之間失去近百分之四十選民的支持，雖然因選舉制度令其不失國會大多數席位，但內閣兩名部長失去席位，這是新加坡立國五十年來從未發生的事情。

新加坡在上世紀六十年代脫離馬來西亞獨立，在李光耀的強勢領導下，經濟躍飛，政府清廉，效率快捷，國家規劃井井有條，人民安居，更有花園城市之稱。與此同時，李光耀一黨專政，封殺異己，對批評的聲音動輒以誹謗入罪，規劃由上而下，實行家長式管治，締造了沒有民主仍然可以經濟高速發展的神話。

李光耀退下後仍然在政壇舉足輕重，不少重大政策還是由他老人家作最後決定。近年他深感新加坡人口不足，於是決定大量引入移民，希望將人口由四百萬提升至六百萬。這個決定，甚至不少內閣官員也沒有參與的餘地。然而，大量移民湧入，造成房屋短缺，樓價高企，交通擠塞的社會問題，加上海外投資的湧入，將樓價推至一般市民無力負擔的水平，於是引起民怨沸騰。面書（Facebook）的出現，凝聚了一班不滿的年輕人，他們決定以投票表達對政府的不滿。執政黨在選舉大敗後，一場翻天覆地的變革正在默默醞釀中。

新加坡的經驗帶來兩個啟示，一是它打破了沒有民主仍可有經濟發展的神話，民主政制並非最有效率的制度，但它卻可保證執政黨施政不能太過偏離民意。二是即使是英明神武的領袖，在位太久，總難免權欲薰心，或是囂張跋扈，或是不思進取。領袖最大的挑戰是能在高位時急流勇退，不要在人家均期盼你離去時才黯然下台。可惜，大部分的領袖在該離去的時候，總找到千百個理由令自己留下。

二

好事變壞事：故宮博物館

西九文化區建故宮博物館一事最近在社會鬧得熱哄哄，有人責罵林鄭，有人則組成大聯盟支持政府。本是一件好事，為何也要弄至社會分裂？

社會主流意見是支持興建故宮博物館，大眾批評的是程序問題。一個這樣大的項目，不單香港市民給蒙在鼓裏，就連西九管理層也是在很後期才獲通知，以致項目公布後，不少管理局的成員也無法為決定護航。林鄭最初還沾沾自喜地說這項目真的做到滴水不漏，當事後受到各方批評缺乏諮詢時，她則辯說自己是一位有為和一直為香港做事的官員；也即是說，只要她認為是對香港好，何需諮詢一眾平民百姓？

這本是一個很好的機會去營造社會共識，可以為香港帶來一分新氣象和締造和諧氣氛，結果卻事與願違，歸結原因還是主事官員的能力和態度問題。我絕不質疑林鄭為香港做事的出發點，但現今的管理着重公眾的參與和持份者的歸屬感（Sense of Ownership），家長式地決定一切這一套早已不合事宜，即使決定是出於良好意願，公眾仍會覺得與我何干，政府和公眾的距離自然加深，衝突和抗拒亦隨之而來。上世紀七十年代港英政府便是鑑於政府與市民的矛盾日漸加劇，遂廣開諮詢渠道，廣納不同意見於政府決策過程之中，從而在問題浮現前化解矛盾。諮詢渠道是為凝聚共識，而不是像今天般將公眾任命淪為對支持者的獎賞，將諮詢視為洪水猛獸！

有些項目有一定的敏感性是可以理解的，但這並不表示不能作不同程度的諮詢，如果連西九管理局也不能被信任和受諮詢，那這個政府也真的達至四面楚歌的可堪境地！從政治上而言，西九興建故宮博物館絕對不是具爭議的事，引入新的項目可能意味需要更改一些原有項目，如何照顧原有項目和文化區如何配合故宮博物館是需要商議的。一位有遠見的領袖會看到這是一個可凝聚社會共識的項目，一位有魄力的領袖會有能力引領社會各方走向這共識，而一個尊重民意的領袖會知道獲民意支持和認可的項目是可以增強市民對政府的信任和支持。主事官員在這次事件所展示的能力和態度，極其量只屬拼搏的中庸執行官員，而非能凝聚各方有政治識見的領袖。

二

倒行逆施：馬凱事件

《金融時報》記者馬凱（Victor Mallet）不獲港府續發工作簽證，社會各界的反應都是表示震驚和難以置信。事件隨即引起海外廣泛關注，路透社、《紐約時報》、《時代雜誌》等均第一時間作出報道。馬凱是資深記者，為《金融時報》首席亞洲評論員，熟悉香港和中國事務，更曾獲邀出席世界經濟論壇，與習近平同為論壇的講者。

儘管港府稱不會為個別事件作解釋，但馬凱在香港工作多年，《金融時報》是享譽國際的報章，拒絕給予海外新聞機構的工作者來港的工作簽證的情況極為罕見。於是，幾乎唯一的解釋便是因為外國新聞記者協會日前堅持邀請民族黨的陳浩天作演講，而馬凱作為協會第一副主席，既有參與該決定，亦為當日演講的主持。這明顯是政治理由，法律賦予港府簽證的權力，但同時要求權力必須合理地運用，以簽證作為政治壓迫的手段便屬於濫權，馬凱可以根據《入境條例》向特首提出上訴，在沒有合理的解釋下可以向法院提出司法覆核。

外國記者協會多番強調舉辦演講只是希望從陳浩天口中得悉他的主張，並非支持港獨。對新聞事件求真，聽取不同意見，這是新聞界的責任，也是記者的天職。近日美國副總統彭斯強列批評中國，國內傳媒對該評論隻字不提；國內報章在未弄清事實便說瑞典警方濫權對待中國公民，難道這就是我們希望見到的新聞自由嗎？舉辦論壇便等於支持港獨，甚至要驅逐傳媒，這種無知的國粹主張，正將香港這個國際金融中心逐步推向極權的第三世界！

二

自毀長城

繼早前金融時報記者馬凱不獲續發工作簽證後，政府近日再度拒絕馬凱訪港。中國流亡作家馬建來港出席香港國際文學節，大館突然宣布拒絕提供場地，理由是不願成為任何人促進政治利益的平台！

馬凱事件早已成為國際新聞，西方多國政府以至聯合國人權理事會均表示關注。在西方自由社會，記者訪問異見人士極之尋常，絕不會因此認為記者認同受訪者的立場或見解。馬凱是一名享譽國際的資深記者，香港現時連他入境也不容，理由似乎只是因為他曾主持一場政府不願見的講座，這還如何令人信服香港仍是言論自由之都？

國際文學節是文學界的一大盛事，作為代表香港文化重點之一的大館，卻竟然以一個荒謬的理由拒絕提供場地。馬建其中一個講座是討論他的新作《中國夢》，當中可能有譏諷政權的成分，但古往今來，多少傳世的文學作品不是諷刺政治？喬治歐威爾（George Orwell），米蘭昆德拉（Milan Kundera），以至剛離逝的金庸等，他們的政治小說膾炙人口，政治從來為文學提供大量素材，若因為擔心小說會觸怒現今的領導人而拒絕借出場館，這會是香港的悲哀。雖然最後大館改變初衷，但已難以改變香港漸漸失去言論自由的空間這哀歌。

在國際社會眼中，香港一直是一個自由開放的社會，這國際聲譽得來不易，一國兩制所突顯的正是香港有別於內地，但若香港接二連三的封殺言論自由，當國際社會認為香港已無異於中國的其他城市，那香港對中國也再沒有什麼價值了！

二

禮崩樂壞？彭定康的一席話

二〇一六年底，公民實踐論壇（Project Citizens Forum）舉辦了一個以「香港管治：禮崩樂壞？」為主題的論壇，主講嘉賓之一是前港督彭定康。論壇反應空前熱烈，座無虛席，演講亦實在精采。彭定康雖然有點老態，但仍風采依然，網民的回應是讚不絕口，對他的懷念溢於言表，這也多少反映大家對現屆特首的不滿！

彭定康指出，民主政體並非完美，但卻比其他政體優勝。民主政體並不單指選舉制度，也不單是多數服從少數，而是一種多元和尊重不同意見的價值。以多數強壓於少數人而不去作溝通和對話，只會是民主專制；同樣地，在溝通和對話的基礎上，少數派也得學懂接受輸贏，尊重制度。當香港正日益走向撕裂和兩極化，當大家在不斷將衝突升級，小事化大之際，溝通、聆聽和理性的對話，正是香港當前所需。

他進而指出，港獨可以理解，他們背後有很多對現制度的不滿，這是需要以對話而非打壓來解決。另一方面，港獨只會淡化爭取民主的努力，港人須重新思索爭取民主的定位和方向。泛民中人對港獨一直採取迴避的態度，不支持港獨，並不等如不能談論港獨，香港從來是一個什麼問題均可以談論的地方，這是香港的核心價值；但民主並不等同獨立，香港需要維護一國兩制下所保障的核心價值和自由，不認同港獨，大家仍然可以在爭取民主方面合作！彭定康說出了不少港人的心聲，相信不少中方官員也會認同他這番說話，只是他們惡形惡相，訴諸權力的回應令港人反感。彭定康則以香港人的角度說話，鏗鏘有聲亦令港人信服，特首和一眾中央官員就是太脫離群眾了！

彭定康亦指出大學並非政府機關或其代表，也不是增長國民生產總值的商界附庸。大學是自由開放與多元價值的支柱，香港有數所大學位列世界前茅，這是港人能引以為傲的。大學依賴公帑，須向公眾問責是無可厚非，但問責並不等如可以取締或干預學術自由和院校自主。同一場合喜見港大校長重申保衛學術自由的決心，但他將問責等同院校不能堅持自主則未敢苟同。在回應嘉賓就校委會姑息賄選一事上，校長多番強調在校委會上他只有一票，但這不正說出了沒有院校自主的制度問題所在？

二

廉政公署與良好管治

在七十年代成長的一代，大都會記得楚原先生導演的電影「七十二家房客」，當中一幕是一批消防員到達火場，未進行救火前先向住客說：「有水有水，無水無水，有水過水，無水散水。」意指要開水喉救火便得先付小費，不付小費便不救火；要是馬上付鈔，不然便馬上收隊。當中的「水」字語帶雙關，既傳神又抵死，有不少王爾德的味道，亦一語道出當日貪污在香港的普遍性和嚴重性。那些日子，辦任何事情均要疏通上下，考車牌要給考牌官小費，修理水電要給師傅小費，入醫院要疏通護士和阿嬸！公職人員和執法人員公然受賄，大有大貪，小有小吃，直至一九七六年廉政公署成立後，情況才開始改善。

當日政府決心打擊貪污，由英國請來姬達爵士出任首位廉政專員，由於警隊貪污嚴重，當日政府還得從英國的特務機關軍情六處徵聘調查員。廉署成立後，揖捕四大華探長，拘韓森，捉棄保潛逃的警司葛柏，警隊一時人人自危。一九七七年多名荷槍實彈的警員衝擊廉署總部，政府意識形勢兇險，決定特赦仍未遭調查的警務人員，一場風暴才告平息。其後廉署以檢控、防貪和教育三管齊下，加上政府高層的政治決心和民間社會的普遍支持，終於在八十年代以後，香港贏得廉潔奉公的美譽和國際社會的稱許。

這段歷史指出，今天香港清廉的風氣得來不易。中國貪腐情況嚴重，如何防止香港清廉的核心價值在回歸後遭到蠶蝕，一直是香港面對的最大挑戰之一。要肅貪倡廉，光靠廉署這樣的組織仍不足夠，必須還有政治決心，法治社會和民間的支持。故此，儘管多年來社會上也有些聲音擔心廉署的權力過大，但政府和民間仍是非常支持廉署的工作，亦因此政務司司長指廉署成為政府主要的障礙的言論便格外令人震驚，身居政府要位而說話不知分寸是為失職，若是因同袍麥齊光被廉署調查被拉下馬而心存怨忿，則是公私不分，令人更為失望。

「行李門」

早前在倫敦一個晚宴上遇到前財政司夏鼎基的兒子查理，他憶述當年的官邸球場有點殘破，但父親堅持不使用公帑修葺，並告誡他說，手執公權者必須秉公行事，切忌囂張跋扈，徇私枉法。相比在近日「行李門案」中的高官表現，這種不卑不亢的公僕心態更顯彌足珍貴。

機場人員在機場禁區內發現一件無人看管的行李，其後證實為特首女兒在機場過關時忘記取回的手提行李，機場人員要求她親自前往取回行李和重新辦理過關手續，據報道這合理要求遭梁太拒絕。當時機場的有關規定要求，檢查行李必須在旅客在場的情況下進行，前線人員拒絕在當事人不在場的情況下通過行李安檢。雙方僵持不下，特首女兒致電特首，之後特首親自致電機場管理人員，最後管理層同意例外處理，不用按慣常手續而可取回行李。事件引起社會嘩然。特首辦其後發表聲明指沒有向機場人員施壓，但這和李波說自願返回內地的說法同樣自欺欺人，聰明的港人都心中有數。我絕對明白機場人員的難處，但法律賦予他們處理過關檢查的責任，他們其實可以向特首說不。多年前漁農處處長在一宗發牌申請中，按港督會同行政局的決定而拒絕發牌，結果遭成功司法覆核。法院指出，法律將權力賦予漁農處處長，處長便須獨立行使這權力，港督會同行政局也不能干預漁農處處長的決定。

其後機場人員對管理層的決定提出司法覆核。政府兩年後修改有關規定，並指訴訟因此已沒實際意義，要求撤銷司法覆核。法院駁回這個論據，指政府有充裕的時間修改有關規定，但有關修定卻只在司法覆核獲批准後並針對司法覆核而作出，在這種情況下撤銷司法覆核對申請人並不公平。有關規定由保安局局長批准，保安局局長的責任是監督機管局的運作，他不但沒有責成機管局違反有關規定，反而為一個人而改例！雖然法官厚道，沒有作進一步的批評，但明顯是不齒保安局局長這種迹近濫權的行為！官賈權貴要求獲特權優待，為官者不秉公執法，只知奉承權貴，漠視公眾利益，禮崩樂壞，莫過於此！

高等法院判案時指出，管理層的行為違反當時的規定，這涉及機場的保安，法律面前人人平等，特首夫人或女兒亦沒有特權可獲特殊待遇。

梁小姐忘記行李，應該為自己的行為負責，親身取回行李再辦出境手續也不會花太多時間。作為父母，縱容子女不負責任已教人難過，作為特首竟漠視法治，濫用權力還要推搪責任，上樑不正，社會如何能治理得好？

二　廉潔自持

六十五元可享用十道美食的午宴，菜色包括花膠和清蒸石斑等？美其名是《基本法》研討會，但除了政制事務局局長譚志源作了約二十分鐘的演講外，所謂研討，只有兩三條問題，大部分時間是各人享用美食。醉翁之意不在酒，與會者有多少人有心聽《基本法》的演講？

如果這只是私人活動也只能搖頭嘆息，但這是九龍東區各界聯會獲區議會撥款以公帑資助的推廣《基本法》的活動時則另當別論。撥款的條件規定餐飲不能超越每人六十五元的上限，於是主辦者巧立名目，將場租和餐飲拆成兩項支出。若將二萬八千元的場租計算在內，則人均消費達一百九十二元三角。

主辦者辯稱，將餐飲和場租拆賬是普遍和正常的做法，不然便無法「滿足區議會所謂不太成熟的條例」。換言之，主辦者也承認，巧立名目是為了取得公帑支持這種飲食活動！

在回歸時，不少人擔心內地貪腐之風會蔓延至香港，令香港自七十年代中期辛苦經營的清廉聲譽蕩然無存。前廉政專員湯顯明巧立名目向內地官員作出餽贈，已令社會嘩然。這次濫用公帑的飲食文化，正是追隨內地近年官場流行的腐敗之風。主辦者還振振有詞，甚至覺得理直氣壯，這才令人感到可悲。前一陣子前律政司司長亦慨嘆香港貪腐之風已漸趨普遍，這次並非單一事件，若不嚴謹執法，這些貪腐事件肯定還會陸續有來。

為何香港會變成這樣？盛智文在一篇訪問中談到香港已變成不再是我們熟悉的香港，有能力又願意付出的人給處處封殺，市民看不到出路，怨聲和排外情緒日漸高漲，現在連廉潔這一關也守不住了。廉潔自持並不能單靠執法維持，它是一種個人價值和操守，一旦大家不再堅守廉潔的道德界線，這項香港賴以成功的核心價值便可毀於一旦，香港也會隨之失去它的價值和光采。

二　為與不為

何韻詩撐佔中，同情港獨，結果在香港的演唱會給取消了。贊助商蘭蔻稱取消演唱會是基於安全理由，這和李波稱是自願返回內地同樣可笑，既然是服膺於《環球時報》的壓力，那何必不明言生意人沒辦法？可能大家還會給一點同情分；作出一個沒有人相信的理由，則連最後討回一點良心的寬恕的機會也喪失了！

在商言商，私人機構沒有責任維護社會核心價值，有人願為五斗米而折腰，有人願意堅守原則價值，趨炎附勢與聲譽價值之間是個人的取捨。作為跨國企業，大有能力說不，卻選擇屈服於政治經濟壓力下，只令人慨嘆社會核心價值的逐漸淪亡。今天內地以政治理由封殺一些本地藝人北上，已是見怪不怪，明天香港人自我審查自毀長城也會變成合理常規。核心價值不會一夜消失，卻會不自覺地漸漸褪色。更令人感慨的是政府前高官知法犯法，將寮屋改建為豪宅。香港有優秀的公務員，公務員的傳統價值是克盡本分，清廉守法。公務員有穩定的工作和不俗的退休保障，一定程度上是用以令公務員不用擔憂退休後的生活，從而避免作出有利益衝突的作為。這些行為，有些是法律所不容，有些則只是道德的抉擇。公民社會，需要有知其不可為而為之的魄力，也要有知其可為而不為之的勇氣。有很多事情並非法律規定，而是為與不為之間的取捨。

中央官員問，為何中央給香港這麼多好處，香港人仍是人心不歸向？早在龍剛導演的粵語長片中便經常有這一幕：父母斥責反叛的子女，「我給你供書教學，養育多年，你要什麼都買給你，為什麼你還不滿足？」子女說，「我要的只是你多一點的關心，多一點聆聽我的聲音，多一點的溝通，了解和接受，這些是金錢可以買到的嗎？」劉曉波妻子的哭訴，李波和桂民海在央台前的讀稿式認錯。《環球時報》說，老子有錢，內地的市場比香港大十倍，要在內地市場分一杯羹你便得聽我的！財大氣粗，戾氣專橫，排斥異見，沒有對人的尊重，這便是為何人心未能歸向！

二 黎明再來

黎明演唱會本來只是一宗娛樂新聞，但事情發展卻贏得香港市民的激賞。消防處堅持帳篷物料不符合消防標準，因而食環署拒絕發出臨時娛樂場所牌照，即使是天王巨星，而距離演唱會開幕只有一天，消防處仍以消防涉及生命安全，堅持相關物料必須符合客觀的安全標準，這些正是香港久違了的核心價值。消防處的代表在記者會上的解釋不卑不亢，鏗鏘有力，贏得不少市民的掌聲。演唱會因此一度要延期。換了一些人，小則大發雷霆，大罵消防處官僚，大則找來高官向消防處施加壓力，借助有權勢人士打電話給有關消防隊目，劈頭第一句當然是「不要叫我什麼先生，叫我什麼首」。黎明沒有這樣做，他不單承認是他的疏忽，責任在他，更要求歌迷不要怪責消防處，這種謙卑的態度，為大家樹立了一個好榜樣，更贏得全城擊節稱許。而且他還努力想辦法解決困難，要在一天之內再訂帳篷難度較大，那乾脆不要帳篷便可解決問題！這樹立了另一個榜樣，不要埋怨或諉過於人，努力用不同方法解決問題，這也正是香港的核心價值。

一件事，可以有多種結果，視乎你處理的態度。近日有同學對香港前景看不到出路，問我可以做些什麼？只要大家緊守崗位，堅持香港一貫的處事方法和價值，香港的前景便會是樂觀的。在這紛亂的年代，堅守崗位並不容易。就如近期巴拿馬離岸公司客戶資料外洩的事件，在全球引起廣泛關注，皆因當中涉及不少政要人物，惹人關注的是他們的財富從何而來？名單中也有中國的領導人，但香港的傳媒大部分對此隻字不提，這是沒有新聞價值還是自我審查？而決定作出報道的《明報》總編輯姜國元則突然遭即時解僱。作為第四權，報章若不緊守崗位，堅持新聞自由，而是自我審查，壓迫異見，便只會自毀長城。可惜，在法治不彰的年代，趨炎附勢，阿諛奉承者大不乏人，但亦因此更突顯黎明事件中消防處和黎明各自堅守價值和緊守崗位的可貴。

二 香港特色

一如既往，公民實踐論壇舉辦了一個極高質素的論壇，主題是香港特色。當香港近年擔心被邊緣化時，什麼因素令香港成功？什麼價值香港需要維繫？這是所有關心香港前途的人都必須思考的問題。

前財政司司長曾俊華從政治、經濟及文化層面談到香港的特色，指出文明和非文明的對抗。耶魯大學人類學系蕭鳳霞教授從歷史角度審視本土這概念，所謂本土，在歷史和文化上均遠遠超越香港的地域，從明朝以來，香港從來都是一個多元文化和百家匯聚的地方。文化人梁文道分析身分認同和愛國觀念，他認為絕大部分的香港人都是愛國的，但香港的特色是從來不要求香港人展現愛國。這是一個珍貴的空間，也是香港有別於國內、台灣甚至新加坡的一個特色。演藝界的何韻詩則分享如何在困局中追尋創意，突破語言、文化和疆界的限制，展示香港人那種柔韌的適應能力。這令我想起早前有些朋友問我「黃之鋒案」的判決會否窒礙日後遊行示威的權利？法院的判決只是說訴諸暴力並不可行，卻可以逼令大家重新思考，以更創意的方法帶出重要的社會議題。

在強大的政治壓力下，不少年輕人感到無奈。梁文道說，若我們將所有的社會問題放在一起，無力感是很自然的，但若將不同的問題分開處理，情況便不是那樣悲觀。在逆境時每個人更加需要緊守崗位，如紮鐵工人不馬虎了事，負責鐵路巡查的朋友認真巡查，保存紀錄，負責檢視紀錄的人認真細看，緊守監督的角色，「西九鐵路醜聞」就不會發生。每個人緊守崗位，制度就是這樣建立和維繫的。

VI

佔中篇

政府的寸步不讓，造就了一批對制度失去信心的年輕人，政府贏了一場衝突，卻輸了一代的年輕人。

二 從六七暴動到一九騷亂

一九六六年，天星小輪加價，引起社會廣泛不滿，一名男子在天星碼頭大堂進行絕食抗議。第二天當他拒絕離去後，被警方落案控以阻差辦工，事件隨即觸發大規模騷亂。當晚凌晨時分，近四千人聚集於旺角和油麻地，並向警方擲石，警方施放催淚彈，最終一千四百六十五人被捕。政府其後成立以首席法官為首的委員會，對騷亂作出檢討。報告指出政府和市民缺乏溝通，不少市民感到社會不公但又無能為力；部分政府官員則心態高傲，剛愎自用，未能體恤民困，造成人心離異。

然而，政府並沒正視問題。一九六七年香港膠花廠開除六百五十名工人，引發大規模暴動，時值文化大革命，暴亂隨即染上政治色彩，汽車被焚毀，商舖遭破壞，街上常有寫上「同胞勿近」的土制炸彈，最終導至五十人死亡，一千九百三十六人被判罪。其後周恩來喝停北京和香港新華社的極左派分子製造衝突，事件才告平息。六七暴動成為香港戰後最重大的抗爭事件，也成為香港其後發展的分水嶺。

暴動後政府認真地作出檢討，終於認識到政府與市民的隔膜和脫節，以及暴動改變了市民對香港那份過客心態。政府並重拾一九六六年天星小輪報告書的建議，在七十年代推出大量改革措施。這包括提升中文成為法定語文，加強政府與市民的溝通；廣開諮詢渠道，吸納人才和不同意見；提供六年免費教育，增加社會福利和勞工保障，大幅增建公屋；成立廉政公署打擊貪污。這些改革，造就了香港其後的高速經濟發展。

佔中是回歸以來最重大的社會事件之一，示威人士佔據金鐘和旺角，堵塞馬路，佔領長達七十九天，最後以法院頒發禁制令終結。佔中過後，似乎中央或特區政府皆沒有好好作出檢討，如此大規模和曠日持久的示威行動，政府連一個檢討委員會也沒任命。市民對政府施政的不滿，社會貧富懸殊所帶來的不公平，年輕人對建制的失望和無力感，和新一代對香港的歸屬和投入而產生的本土意識等，這些問題和當年六七暴動的問題有不少相似的地方。五十年前，港府汲取教訓，積極改善施政和溝通，令香港成為國際大都會。今天的政府遺忘歷史的教訓，還不斷挑起事端，管治每況愈下，普羅大眾對前景的信心遠比九七年前為低。中央官員則以大中國心態處理香港問題，威嚇壓迫，又怎不會回歸近二十年，人心卻愈走愈遠？

二〇一九年，這些長期積壓的矛盾終於爆發出來，政府修訂《逃犯條例》引發長達五個多月的抗爭行動，這次行動和佔中有顯著分別：第一，佔中是由上而下，有明顯的領導，修例的抗爭則是沒有所謂「大台」，行動並非集中於一區，這令抗爭變得更有彈性，也令協商解決問題變得更為困難。第二，佔中主張和平，理性和非暴力，稍有暴力衝突示威者及其支持者隨即與暴力行為割席。相反，在二〇一九年，暴力衝突不斷升級，而社會上對使用暴力普通採取較容忍的態度。第三，佔中的議題相對簡單，集中於真普選，二〇一九年的議題相對較複雜，由移交逃犯至警方濫權及對特區政府失去信心，這些議題當中涉及不少情緒反應，令理性討論較難開展。

本書收錄的〈逃犯條例風波系列〉篇章已對修例風波作較詳細分析，完稿時仍未知這風波會如何了結。這次長達五個多月的衝突，在社會上造成很多破壞，不少設施可能要一段長時間才能復修，而不少參與的人士，尤其是年輕人所受的心理創傷，恐怕要更長的時間才能撫平。但願烽煙過後，政府能真正檢討和處理引發這次風波的制度不公和深層矛盾。

二

《白皮書》的失敗

二〇一四年六月，國務院在事前無聲無息下突然高調公布《一國兩制白皮書》，即時牽動了不少港人的神經。白皮書的內容其實並無任何新意，只是重申《基本法》的內容，但有兩點令香港人感到擔憂。第一，白皮書要求法官愛國，並將法官等同行政機關，這和普通法對司法獨立的理解相距甚遠，以致兩位首席法官李國能和馬道立皆要作出澄清，指出法官宣誓已符合愛國的要求，而法官的責任是不偏不倚忠於法律作出公正的裁決。白皮書揭示兩地對司法獨立的不同理解，亦為日後在這方面的爭議揭開序幕。第二，儘管白皮書的內容和《聯合聲明》及《基本法》是基本一致，但表達的手法卻迥異。《聯合聲明》強調一切不變，馬照跑，舞照跳，港人可以放心。白皮書則突顯主權在我，高度自治是國家容忍的產物，但這容忍是有底線，必須以尊重一國和內地實行社會主義為大前提，容忍的程度由國家決定，特區的權力由國家賦予，沒有剩餘權力，兩制亦不享有同等地位。同一內容，不同的表達方法，令香港人對一國兩制的信心冷卻了一大截！

為減低白皮書對港人信心的衝擊，不少建制派人士唯有解說白皮書只是在重申中國政府的立場，並無新意云云。然而，既然要在國際間闡述中國的立場，國際社會作出反應乃自然的事。可是，當人家批評這份白皮書時，中國政府又說人家干預它的內政。既是內政，那又何須以高調告訴他人？

如果白皮書是想爭取外國人對香港問題的理解，那是徹底的失敗。一國兩制建基於中央政府對權力的自律，而白皮書正正失去了這份自律。白皮書發表後，英美的反應基本是中國正在收緊甚至破壞一國兩制，認為這是高度自治的倒退。台灣方面對白皮書有不少報道和分析。台灣正值《服貿協議》推倒重來之際，而《服貿協議》背後的爭論，正是台灣對中國政策的分歧。台灣人的解讀是中英兩國簽署《聯合聲明》，保證香港回歸後的高度自治，但回歸後一切保證皆可撤回。主權至上，一國兩制或一國三制在主權至上的原則下皆隨時可以變得名存實亡。今天的香港可能就是明天的台灣，那台灣人對回歸又怎會有信心？香港一國兩制的構思原為台灣而設，近年隨着兩岸關係改善，中國政府已少提香港對台灣的示範作用。白皮書只會令台灣人望而卻步，亦是對經已積弱的馬英九政府的一次打擊，這影響可能是國務院所始料不及的。

在國際層面，白皮書除了打擊中國政府的國際聲譽外，基本上是一無是處。在香港，白皮書發表時，正值社會在辯論提名特首的方案，當時社會約有十八個方案，中央政府早已表態反對任何形式的公民提名和政黨提名。戴耀廷發起民間公投，由民間選擇當中的三個方案與政府的方案作比較。當時民間對這投票的反應相當冷淡，本來投票可能落得慘淡收場，但白皮書卻激起民憤，結果有八十多萬人投票，而選出的三個方案均包括公民提名！這又一次顯示中央政府錯判民情和不了解香港政局的結果！

八月三十一日，人大常委會作出回應，通過一個相對保守和設有極高門檻的提名委員會。這個八三一決定，在一個月後便觸發波瀾壯濶的佔中運動。

二

佔中雜感：對話

這個週末，相信不少人均會反思，為何香港會變成這樣？為何會有數以萬計的市民上街佔據馬路？為何即使世貿韓農暴力抗爭時也未用上的催淚彈也要用上了，但今次的對象卻是手無寸鐵的普羅市民？在烽煙四起之間，不期然又令人想起六四的學生運動……

在電視鏡頭前看到警方以不分青紅皂白的方式向人群使用胡椒噴霧和催淚彈，實在感到憤怒！我絕對尊重警方執法的權力和明白他們的難處，但以對付暴民的手法來對付不施反抗的平民百姓，實在需要檢討。警方的責任是維持治安，不是懲處示威者，學生觸犯的不是嚴重罪行，幾小時的調查應已足夠，為何要拘留他們四十多小時？拘留的權力是方便警方進行調查，而不是用來懲罰示威人士。

警方最終或可以武力清場，但這並不能解決問題，武力只會激發更多的對抗，解決問題始終要由對話開始。大家說要對話，要建立互信，這其實說了很多年，但卻沒有太多的實際行動。當然，對話要雙方願意，但在官與民的關係中，官永遠處於主導，如果為官者不肯紆尊降貴，不肯耐心和虛心聆聽，而只是擺擺姿態重申立場，這樣並不是對話。

學生發起五日罷課，要求與特首對話，特首的回應是視而不見，董建華最少也和示威者說一句早晨。

台灣五月花事件，如果馬英九在事件初便與學生對話，恐怕未必會發展至日後佔領立法院的事件。對話未必能即時解決問題，但最少可紓緩壓力和情緒。

人大常委會八三一的決定扼殺了不少對話的空間，市民的反應亦清晰指出，港人難以接受重重篩選的選舉。人大硬要推這種方案，結果只會令日後的特首難以管治，今天的情況便是明日管治困局的寫照。

與其重申中央的決定不能改變，難道特首不可以最少向中央傳遞市民對政改的強烈反應？除了要求中央三思，難道特首不能在現存的框架下承諾給予最大的空間，例如廢除公司票及積極擴闊不同界別的選民？可以做的事情多的是，問題是特首願意充當市民的領袖，還是只願作為中央政府的傳話人？

（二〇一四年十月一日）

二

佔中雜感：退一步海闊天空

這個星期，香港經歷了令全球注視的和平示威，也經歷了黑暗的暴民抗爭。執筆時尚未知道學生們是否已撤離金鐘，正如不少關心學生與和平抗爭的人士指出，連日的佔領行動，不單強烈表達了香港人不會接受有篩選的選舉，更令追求民主的意識植根於新一代，而且事件亦已引起全球的關注，可以說是初步成功了。政府已決心清場，暴民亦在部署下一步的襲擊，大家關心的是和平示威者的人身安全，保留實力，不要作無謂的犧牲。

從示威者的角度想，可能他們會擔心一旦撤退便難以延續運動，而且，這時撤走好像有點空手而回，這種擔憂是可以理解的。另一方面，佔領行動本身亦難以曠日持久，一方面，同學畢竟仍要上學，不少成年人亦要上班，而且封路亦確實對社會其他人士引起不便，曠日持久的佔領行動會令受影響人士的民怨增加，此消彼長下，行動更難以持續。

筆者一直支持對話，若能暫時恢復秩序，希望政府能在不設前題下開展對話，而非只是透過電視播出一些唬嚇性，對事情毫無幫助的言論，這是市民對政府的期望。

人大常委會的決定，扼殺了談判和中間落墨的空間，強硬的手法永遠贏不了民心。中央政府應該看到，社會上實在有很多市民不接受這決定，而非只是一小撮人的不滿。大規模的自發行動，亦說明了強行通過這決定，只會引起更大的迴響，亦令日後的特首無法有效管治香港，對香港對中國均毫無好處。退一步而言，中央政府一直問為何回歸十七年仍然人心背向，若中央政府能在這重要關頭重新啟動諮詢，要求特首就近日的民意反響重新提交補充報告，及騰出空間讓各方和政府繼續以對話尋求共識，相信一定能為民心歸向取得正面成果。

中央政府一直擔心直選可能會選出一個它無法駕馭的特首，但同樣地，若推出一個不得民心的特首，只會給中央政府帶來更多的困境。佔中行動發展到這地步，不少是出於特首的不善處理，以致如今成為全球關注的事件，一個不得民心的特首，只會成為中央政府的包袱。

（二〇一四年十月八日）

二

佔中雜感：以退為進

學生的佔領行動至今已超過兩星期，日前政府單方面取消與學生的對話，令事情更難有轉機，事態將可以如何發展？

政府方面的選擇，一是武力清場，二是拖延下去讓民怨加深，令支持抗爭的力量分裂，或讓反佔中人士自行以暴力清場，最後以武力介入，但這些選擇均以武力告終，這會否引發更大規模的反抗？上次警方以催淚彈清場引來的強烈反彈和全球媒體的大幅負面報道，政府必須引以為鑑。而且，武力清場始終解決不了政改的根本問題。於是，最可行的方法還是重啟對話和平解決問題。

政府上次取消對話的理由是學生發動不合作運動，並單方面提高叫價，這是很幼稚的想法。政府的首要目的是解決目前的困局，如果將對話改稱為談判，或許可令思維變得較清晰一點。任何談判，雙方均會儘量提高叫價，然後從中落墨，探討妥協的空間。當日的中英前途談判，雙方對主權的立場南轅北轍，如果用香港政府的思維，中英談判根本無法開展。

近年政府努力推動調解，若學生和政府皆欠缺互信時，又能否借助一些德高望重而雙方均能接受的人士居中調停？

當然，政府在政改問題上有它的限制，但是否完全沒有空間？能否做到是一回事，願不願意做是另一回事。政府向人大常委會提交一份就人大決定後最新的民意取向是不可能嗎？即使人大的決定不能大改，但當中的細節如百分之五十的門檻又可有迴轉空間？即使在人大的框架下，如何增強選委會的代表性，如廢除公司票和擴大選民基礎仍是可能的，這些空間能否滿足學生的要求便要看對話的手腕，而政府要爭取的不單是學生，還有其他對民主有期望的人士的支持。

學生方面，任何群眾運動必須建基於民眾的支持，連日的佔領行動確實對市民造成很多不便，若政府願意開啟對話並重新開放公民廣場，希望同學亦會考慮先結束旺角和銅鑼灣的佔領區，並局部開放金鐘馬路，減低對市民的影響，若對話沒有結果，那時再考慮下一步行動。民主運動必須以民為主，失去民意支持，運動便難有所成，以退為進，望同學們能三思。

（二〇一四年十月十五日）

二 佔中雜感：外國勢力

佔中事件已進入第三周，政府願意開展對話，多少令氣氛緩和了一點，雖然難期望一兩次對話能解決問題，但總算是個開始，希望各方能好好把握這個機會，令事件最終能和平解決。

對話只能解決一些眼前的問題，政改本身仍有很多深層次和制度上的矛盾有待解決。經此一役，追求民主的聲音已深深植根於下一代，不會因為上一代的民運領袖老化而式微。薪火相傳，亦意味政改這問題不會淡化，一天這問題不解決，香港仍會舉步唯艱。有人問為何港英年代不比現在民主，但市民卻不會整天爭取民主？這種論據，尤如問二十年前還沒有手提電話，為何現在人人皆要手執最少一部手提電話？社會在變，從政者也得與時並進，以前書信往來，大家等幾天便收到回覆已興高采烈，現在電郵通訊，若不即時回覆，對方便已極不耐煩，社會的變化比我們想像要快，上一代願意為爭取民主等三十年，新一代已再沒這份耐性。

中國領導人希望維持香港的繁榮穩定的決心是絕對毋庸置疑的，但香港有別於內地其他城市，它是一個充滿活力動感的地方，壓抑式的管治只會令它失去活力。政改其實只是一個內部發展的問題，有人卻將它提升到國家安全和西方陰謀的層次，其實多是杯弓蛇影，就如中國不明白外國為何不相信中國會和平崛起，而將一些正常的外交行為說成霸權擴張，外國亦不明白為何西方的尋常活動會成為圍堵中國的部署？在這種缺乏自信的思維下，與外國國會議員吃飯便成為通奸賣國的證據，商人支持佔中的捐款便說成是外國的捐款，參與外國團體舉辦的研討會也成為勾結海外勢力的罪行，甚至說外國有本手冊教導如何佔中，這種無稽的推論已近乎歇斯底里。試問香港有那個成功的商人在西方政壇沒有朋友？那個成功的專業和外國沒有密切聯繫？整個佔中運動並沒有質疑中共政權甚至港府領導的權威，所謂外國勢力威脅論，多是上綱上線之疑。真的要牽制中國也毋須靠在港搞民主運動。作為國際城市，外國的關注是理所當然的，當一天外國對香港的事情不再關心時，那才是香港的悲哀！

（二〇一四年十月二十二日）

二　佔中雜感：從禁制令到包容社會

近日法院就佔中頒發的禁制令，由於涉及較複雜的法律觀點，以致令不少朋友對我有關的評論有所誤解。我並非說警方不應該執法，也不是說只有律政司司長才可申請禁制令。我認同大家應該遵守法院的禁制令，我所關注的是法院在頒發禁制令時所採納的準則和標準。這是一宗民事訴訟，原告分別是一個小巴公會和一個的士公會，它們指稱佔中行動令它們蒙受經濟損失，故以公眾滋擾（Public Nuisance）為由提出民事索償。在法院未有機會處理民事索償前，為避免損失延續下去，它們同時向法院申請臨時禁制令。

民事訴訟涉及的是私人之間的權益紛爭，維護公安和保障公眾利益則屬於公法的範圍。一般而言，私人無權透過民事程序執行公法，除非當事人蒙受直接、具體和巨大的損失。申請禁制令的目的明顯是要驅散示威者，結束連月以來的佔領行動，這明顯屬公法的範圍，訴訟應該由律政司司長提出，但律政司司長拒絕介入訴訟，為何政府要躲藏在兩個工會之後？法院頒發禁制令後，原告根本無力執行禁令，結果要動用五千警力清場。既然這是民事訴訟，動用警力來執行法院的判令的費用便該由原告肩負，但明顯費用是由納稅人支付，混淆公法和民事訴訟莫過於此。

原告提出公眾滋擾的訴因，便得證明它們蒙受直接、具體和巨大的損失。何謂「直接、具體和巨大的損失」和其舉證標準，便是這案的關鍵，亦會是日後在沒有律政司參與的情況下，若有私人機構透過民事訴訟執行公安或維護公眾利益的重要先例。一般而言，舉證責任在原告，舉證標準是民事舉證的標準。

申請人申請臨時禁制令，目的是維持現狀，不要讓情況惡化，直至法院有機會處理訴訟的主體爭議。故此，法院在決定是否頒發臨時禁制令時，考慮的因素是平衡雙方因頒令或不頒令各自會蒙受的損失。在這案中，不頒令原告會每天繼續蒙受損失，頒令則是示威者要結束佔領，在考慮到他們已有七十多天表達他們的訴求，相互平衡下，頒令該是較少損失的選擇，而且禁制令只是臨時性質，直至法院有機會處理雙方的爭議。

然而，問題是禁制令頒發後，訴訟的目的已達，這類案件有別於一般民事訴訟，原告志不在索償，亦沒興趣或誘因延續訴訟。換言之，臨時禁制令其實等如永久禁制令，那麼，頒發禁制令的門檻是否應該提高？法院明白這憂慮，但頒發臨時禁制令的原則行之已久，法院認為不該輕易更改，但卻因此在法律上留下一大缺口，容許以一個相對低的門檻限制言論和集會自由，這只能留待日後在更高級的法院處理。

禁制令頒發了，佔領行動結束了，原告究竟蒙受了什麼損失，這些損失是否「直接、具體和巨大」，只會是歷史的懸案。

自七月初卸任院長一職後，這段日子我一直在海外教學，直到最近才返港。回來後有一個很深的感受，香港變成一個愈來愈不能包容異見的社會，無異佔中是一個很具爭議的問題。然而，每當提到這話題時，持不同意見的人不單爭持激烈，更往往不容異見，由理性討論演變為人身攻擊，甚至弄至夫妻反目，朋友割席。為何香港會變成這樣？民主社會本來就該是多元和包容，接受社會上有不同的聲音和學習聆聽不同的意見，如果每個人皆堅持自己的觀點為唯一的真理，任何與自己的意見相悖的均為歪理，繼而發展為人身攻擊，這樣和獨裁社會又有甚麼分別？

就如最近關於禁制令的評論，有些朋友直接向我澄清，然後發覺我的解說與在媒體上所聽到的報道相差甚遠，我亦完全接受有不同意見的朋友。也有人選擇向校方投訴，甚至在未清楚理解我的觀點時便斷章取義，上綱上線。更可笑的是憑空捏造，如指我密晤英國領使館的官員，然後向港大校長傳話，要求大學在佔中問題上站穩立場。港大校長是英國人，英國政府要向他傳話，又何需假借於我？況且維護大學自主和學術自由本來就是大學的基本價值，對這種非理性的杜撰和攻擊，除了一笑置之外，也只能惋惜理性的消失。民主不單是一套制度，更是一套價值和一種包容不同意見的人生態度。一個不能包容的社會，只會令持不同意見者各走極端，這將會是香港面對的最大憂慮。

（二〇一四年十一月十九日）

佔中雜感：佔中之後

持續了兩個多月的佔領行動終於在政府大舉清場後以暴力告終，佔領區的馬路回復暢通，大部分市民是舒了一口氣，但跟着會怎樣發展？

政府拒絕以對話去解決問題，然後躲在民事程序背後，借執行法庭命令為名，實行清場為實，以為這樣便可將清場責任推得一乾二淨，結果學生難以接受空手而回，雙學發起包圍政府總部，造成大規模衝突。事情沒有解決，還弄得一個雙輸的局面！政府處理不當是難辭其咎，但學生這種抗爭亦只會變為消極的對抗，對爭取民主贏取民心毫無幫助，希望參與包圍政總的同學三思，保留實力，留待下一階段。

政府當日曾答應在下一階段盡力提高提委會的代表性，撇除政界人士外，提委會首三界別包括三十八個分組界別，從組別而言也算有一定的代表性。問題是這些組別內的選民基礎狹窄，選民的名單基本上由政府控制，政府絕對有能力擴大各組別內的選民基礎。現時提委會的選民只有約二十多萬，如果民主程序須要達半數，那麼提委會的選民也該達選民的半數，以現時約三百二十萬登記選民作基數，政府應以提委會的選民基礎須達一百六十萬為目標，重新界定首三組內各組界別的選民！

如果認為半數選民的目標是太高的話，那要求提名須獲半數委員的支持是否也是同樣不切實際？

與其繼續街頭抗爭，同學們或許可以將精力放在下一階段，要求政府盡快進行下一輪的諮詢和提出方案。之後政府還要提出法案，立法會須以三分之二多數通過，跟着還有下一屆的區議會和立法會選舉。在來臨中的日子，還有不少要角力的舞台。台灣最近的選舉，國民黨幾乎全軍覆沒，不是給大家一個很好的啟示嗎？

另一方面，政府的寸步不讓，造就了一批對制度失去信心的年輕人，政府贏了一場衝突，卻輸了一代的年輕人，為社會未來的發展埋下更大的憂慮。佔中一役，亦令社會完全撕裂，中央政府和港府的處理手法扼殺中間溫和人士，令社會愈趨兩極化，加劇中央與香港和政府與市民之間的互不信任，若不認真處理這些問題，香港的前景將更堪虞！

（二〇一四年十二月三日）

佔中雜感：指鹿為馬

中國幾千年的歷史中，指鹿為馬，阿諛奉承的宵小之輩比比皆是，但面對昏庸君主仍能把持風骨，獨排眾議，忠言進諫者亦大不乏人，可惜他們除了能名流青史外，往往沒有好下場，輕則遠戍邊疆，或貶為庶人，重則身首異處，株連九族！幾千年來中國人從沒好好從歷史中汲取教訓，反而是不斷重複歷史的哀歌，上星期香港也在上演一齣同樣的歷史悲劇。

佔中的出現，近因當然是源於對民主的訴求，但背後亦有幾種不同的成因，一是一些爭取民主幾近三十年者如佔中三子，他們當初參與民主運動時還是血氣方剛的大學生，今天已是兩鬢斑白的中年人，他們所表達的訊息是他們已不願再無了期地等下去。二是一些對現實感到失望的情緒，樓價高企，置業無望，社會貧富差距愈來愈大，社會的流動愈來愈見停滯不前，大學畢業也要競輪公屋，社會變得愈來愈荒謬，年輕人深感制度的不公平以及對命運的無奈和無能，他們最少希望在選舉特首一事上可以有權自主。三是對現政府施政的不滿，梁振英政府上台後只見醜聞不絕，當日承諾「一張椅，一支筆，聽取民意」，今天是催淚彈，胡椒噴霧和低收入人士無資格投票的傲慢。民間對特首的不滿之聲早已不絕於耳，特首民望長期處於低位，甚至商界中人亦不乏怨言。日前更傳出特首收取大筆酬金不作申報，他辯稱有關合約乃於他當選特首前簽訂，但酬金是在他上任後才支付，任何對會計稍有認識者也會知道，財產當然包括可收取但未收取的入息，故連滙豐前主席亦罕有地提出特首該請辭的言論。

在這情況下，田北俊提出特首該請辭，也不過是反映民意，卻換來被逐出政協的後果，說真話就只落得這樣的下場！一些保皇人士還振振有詞地指田少的說話違反政協的身分，政協從來在中國政治上只是政治花瓶，何來集體負責統一口徑這一套？這一役亦清楚說明，所謂愛國，只須要盲從附和，若中央只願聽指鹿為馬的說話，只想要一位只懂投其所好的特首，便難怪中央會擔心港獨這種完全脫離香港現實的憂慮！

（二〇一四年十一月五日）

二

佔中雜感：譴責之後

新春夜旺角的衝突，令社會對暴力事件一再升級感到擔憂，譴責之聲此起彼落。自己絕對反對暴力，亦同意使用暴力者須受法律公平的制裁，這不單包括使用暴力的示威者，亦包括濫用暴力的執法人員。我欣賞黃樂安警長所說：我不會怪任何人，出勤就有可能受傷！這種氣度，正是當前社會所欠缺的。

這並非近年首次的暴力衝突，每次衝突後社會上總有不少人士提出譴責，大家說要理性對話，連建制派也承認社會有深層次矛盾需要解決。然而，譴責過後，大家便忘記了對話，忘記了深層次矛盾。於是，儘管九成的師生校友反對，政府依舊任命李國章出任港大校委會主席，沒有絲毫對話的空間！記者追訪教育局局長吳克儉，他的對話是報警求助！於是，矛盾繼續，暴力升級，警方以暴壓暴的力度亦隨之升級，跟着又來一次譴責暴力，故事繼續循環！

我們絕對不該縱容或姑息暴力行為，但譴責過後，我們又可曾提出建設性的建議修補社會的撕裂？當權者可曾反思如何消除這些深層次的矛盾？如何主動溝通對話？還是依然故我，不理民怨，加強火力準備壓制下一次的暴力事件？

不少年輕的朋友對我說，聲明、集會、遊行、示威、罷課，所有和平的方法也嘗試了，但可有人願意聆聽？願意對話？不少朋友感到失望，亦看不到有任何改變的希望，這種無奈我是絕對理解的，但暴力抗爭並不能解決問題，以眼還眼只會令舉世盲目；以年輕人的創意，必定能想出不少非暴力但仍能有效地引起社會關注的抗爭方法。爭取公義是值得鼓勵的，但失去民意支持的暴力抗爭往往會變得偏激和非理性，有效的社會運動必須要能包容和持久，持久的堅持往往比剎那的轟烈來得更有效！

幾年前看過一齣電影《字裏人間》，主角在網絡年代仍堅持編彙文字字典，為的是保存文字和文化的價值，這是對現實世界的挑戰。沒有激烈的抗爭，卻有持久的堅持，最終完成世紀巨著和贏得社會認同！

當權者望能認真思考社會為何會如此撕裂，認真地去面對深層次的矛盾；年輕人也望能靜下來想一想，怎樣的抗爭才能持久和贏取最大的民意支持！

（二〇一六年二月十七日）

二
「公民廣場案」

二〇一四年九月二十六日，黃之鋒及一眾示威者以重奪公民廣場為名，硬闖政府總部前翼空地（俗稱「公民廣場」）期間和護衛發生肢體衝突。雖然他們成功闖進公民廣場，但最後黃之鋒及其他兩名學運領袖被控非法集會，遭上訴法庭判監六至八個月。終審法院在二〇一八年九月准許他們的刑期上訴，維持原審法官所判的社會服務令，但終審法院指出，當集會者使用暴力時，這便超出和平集會的權利，法院對使用暴力的情況將會作出阻嚇性懲罰，具體刑罰視乎案情及使用暴力的程度。

在差不多同一時間，在二〇一四年九月十七日，一名攝影記者張德榮（譯音）向政府申請在九月十九日星期五在公民廣場舉行集會，政府以申請日期並非公民廣場的開放時間為由，拒絕申請，張德榮就這項決定提出司法覆核。

自二〇一四年七月起，政府關閉了公民廣場，任何在公民廣場的集會必須事先申請，而集會只能在星期日及公眾假期進行。政府指出，公民廣場並非公眾場所，該地為政府總部的出入口，職員、訪客和公眾人士在週日都會使用該處出入政府總部，因而平日在該處進行公眾集會並不適宜。示威者欲向政府表達訴求，可在政府總部附近的其他地方進行。

法院並不同意這個觀點。法院首先指出，根據終審法院在「方國珊案」的判決，某一地方的性質是考慮對言論自由的合理限制的其中一個因素，但並非絕對的因素，因為很多私人地方有不同程度向公眾公開，故此法院仍要考慮有關地方的性質。「方國珊案」涉及立法會的公眾席，終審法院認為雖然立法會議事廳並非公眾地方，但這並不表示在公眾席上的公眾人士會喪失表達和言論自由的權利。同樣地，在這案中，法院指出，雖然示威者無權堅持要在某地點進行示威，但考慮到言論自由在公民社會的重要性，法院得考慮該地點的性質以決定拒絕申請是否符合對言論自由的憲制保障。

法院同時考慮到，公民廣場有它的特殊意義，並非任何其他地方可取代，故此示威者能在其他地方表達訴求並非重點。即使政府要保證員工及公眾人士能使用公民廣場進出政府總部，這並不表示任何形式或任何人數的公眾集會皆會妨礙其他人使用政府總部。政府在考慮是否批准申請時，並沒有考慮到申請的性質和人數，而是一刀切的不批准任何在平日舉行的公眾集會。故此，法院裁定政府的措施違反《基本法》及《人權法案》對言論自由的保障。

黃之鋒硬闖公民廣場並未能改變政府的政策，張德榮不費一兵一卒，以司法覆核成功迫使政府重開公民廣場。當今天的示威者感到絕望，感到除暴力以外沒有其他方法逼令政府聆聽他們的訴求時，這宗案件或許可以令大家反思，和平的方法未必無效，退一步海闊天空。

譴責，譴責，再譴責

最近幾個月，香港牽起一股譴責潮，譴責之聲，此起彼落。暴力要譴責，不譴責暴力的也被譴責，譴責一方而沒有譴責另外一方的也要被譴責，譴責不力的更要被譴責。這幾個月內，特區政府發出的新聞稿幾乎沒有一篇沒有譴責，警方與傳媒的例會，也是隔天便要作出一次譴責。一眾社會賢達，名流巨賈，亦紛紛加入譴責的行列，不少更在各大報章刊登全版廣告作出譴責。聲色俱厲者，當然還少不了那個唯恐天下不亂，努力爭取曝光的過氣政客，由中學校長到大學校長如何處理學生也要由他說三道四。另一邊廂也好不了很多，大學校長不表態要被譴責，態度不夠鮮明又要被譴責；態度較鮮明，只要求警方公正地作出調查，則受到警方幾個工會的譴責，連八間大學校委會主席也要來個聯合聲明。選擇表態要被譴責，選擇不表態也要被譴責。當我們取笑國內因 NBA 火箭球隊的經理在網上發表支持香港的言論而令球隊在國內被封殺時，香港何嘗沒有因為一個人所發表的意見而令整個集團備受牽連和攻擊？

譴責是很容易的，但社會各界精英，與其花時間在譴責，倒不如做點實事，提出一些真知灼見如何走出目前的困局。想不出解決的方法，唯有想出一些令人發笑的方案，例如派一百二十元作旅遊津貼，政府亦確實用心良苦！

區家麟說得好，有心有力的人不受重視，庸碌無能者則充斥高位，其他人則不敢有所作為，這就是香港目前的寫照！

（二〇一九年十月三十日）

二

化悲憤為力量

周梓樂同學的離世令人感到難過，一些年輕人感到悲痛是可以理解的，有人覺得更加應該站出來，有人覺得政府或警方要負上全責，也有人在發洩情緒，甚至無差別地破壞商舖或傷害無辜的人士，包括在場採訪的記者。在宣洩情緒之餘，示威人士是否也該停下來想一想，這場運動究竟何去何從？

任何一場社會運動，必須建基於道德高地和社會人士的支持。警方對示威者濫用暴力並不構成示威者向無辜的第三者施以暴力的理由，以暴易暴只會令你們變成那些被你們批評指罵的施暴者；因為人家發表一些你不同意的言論便要對人家的財物或處所施加破壞，那和政府不同意你的意見而作濫捕濫刑又有什麼分別？和理非的人士不願與暴力分割，但當暴力不斷升級和破壞已經變成為破壞而破壞，搗亂已經只為洩憤時，這場運動便會漸漸失去它的道德力量和社會的支持。

我仍然相信，從制度內去改變制度，總比破壞制度來得有效。如果不是泛民在立法會仍有否決權，二十三條立法可能早已訂立了。若泛民在立法會有大多數，逃犯條例早已給否決了！

與其繼續漫無目的地破壞，不如化悲憤為力量，集中力量在來臨的區議會選舉投票，繼而進軍明年的立法會選舉，唯有一個強而有力的立法會，才能對一個無能的政府作出有效的監察。如果真的相信這是一場革命而非空洞的口號，那便更應努力奪取議會的大多數議席，這樣周同學的逝世才有意義！

（二〇一九年十一月十三日）

二　與同學的一席話

這星期示威者和警方的衝突愈演愈烈，示威者佔據校園，堵塞公路，吐露港公路和紅磡海底隧道被封近一星期，中大和理大的情況尤其嚴重，示威者使用大量汽油彈，大學實驗室的化學物品被盜，校園內火光處處，設施遭嚴重破壞。這情況可以持續多久？

我明白同學希望做一點事情，亦深深感受到同學那種別無選擇的憤怒。同學之間的情緒是相當激動，但大家在作出激烈的行動之前，可以先停下來，想一想嗎？上星期我在校園內見到一些示威者將石頭和磚塊投向薄扶林道，我嘗試叫停他們，他們說要守護校園，不讓警察進來。我說校園下有不少是趕返大學的同事。砸出一塊磚頭很容易，但因此傷及無辜甚至令途人死亡，這便是謀殺罪，這是否他們想達到的目的？對示威者破壞設施，我問他們這樣做有用嗎？他們說政府不肯回應訴求，他們別無選擇？我說當大家向着一條死胡同衝去的時候，自然是無可選擇。但大家退一步走出死胡同，情況便不一樣。我告訴他們，黃之鋒當年衝入公民廣場，並沒有令政府開放公民廣場。公民廣場重開是因為有一名公眾人士入稟法院提出司法覆核，法院頒令政府圍封公民廣場違反言論自由。有人激動地問，法治已死，守法還有用嗎？我說沒有法律，當他們被捕受審時，誰人去幫他們辯護？以暴易暴，是否他們想光復的香港？有人說，我們要復仇，我們不會忘記。我說我們並不要求你們忘記，放棄暴力不等如放棄抗爭，但總會有更有效的方法，選舉在即，示威者可以停下來，令議會成為爭取民主的戰場，這不是他們可以做的嗎？

我不知道我說服了多少示威者，但最少大家可以停下來，十數分鐘的對話，最少令氣氛緩和一點。隨後我和同事去和警察商議，警方同意不進入校園。我們再返回校園，和同學再談了一會。我不知道這談話可以改變多少同學的想法，但最少我們願意和同學對話和聆聽他們的聲音，而不是光在譴責。武力鎮壓解決不了問題，大學不少同事都在嘗試對談，政府高層又可曾聆聽和回應他們？同樣地，示威者的武力抗爭最後會失去民心，希望同學冷靜一下，最少讓來臨的選舉能夠順利進行，以選票代表他們的聲音，以和平的方法爭取民主。

（二〇一九年十一月二十日）

VII

中國篇

在形勢比人強的情況下，無力感是無可避免的，但知識分子最少可以不去為政權搖旗吶喊，不去作政治獻媚！

二

不願回憶，未敢忘記

對於曾經經歷六四的人士，「不願回憶，未敢忘記」這句說話，刻劃了不少人對六四的情懷。不願回憶，因為那是一段悲痛的歷史，不願回憶並不等如忘記。畢竟，發生了的事便是發生了，抹也抹不掉，忘掉只是自欺欺人。未敢忘記，因為我們還欠歷史一個交代。

已經三十年了，當年天安門廣場上的熱血青年，今天已步入中年。有人說：算了吧，已經三十年了！中國已今非昔比，不要再糾纏於過去的包袱，大家向前看吧！南丫海難，我們要追求真相；菲律賓人質事件，我們要菲律賓政府還我公道；剛出生便夭折的嬰孩的父母苦等九年，也是為了尋求真相；天安門母親等了三十年，難道我們不是欠她們一個交待？平反六四，並非要追究責任，而是要還亡者一個公道，是對家人的一個交待，是一個民族對歷史的責任！

三十年前，藉着悼念胡耀邦，學生提出反腐倡廉，要求政府正視貪腐問題。三十年後，中國貪贓枉法的情況是改善了還是變本加厲？一九八九年，學生佔據天安門廣場，絕食抗議，四．二六社論將學運定性為有計劃有預謀的動亂，觸發更多人支持學生；五月十九日，趙紫陽來到廣場探望學生，一句「我來遲了」，一度帶來緩和的希望，但趙紫陽其後的下場如何？戒嚴令下來了，解放軍進入北京城，卻四處遭到市民阻撓。香港風球高掛下仍有近百萬人上街聲援學生。坦克進城了，一名手無寸鐵的男子，以血肉之軀阻擋坦克車，這張圖片震撼全球，這一幕亦在全球電視機畫面上不斷重播。今天，這名男子去了那裏？

六月三日深夜，廣場關燈了，一場舉世震驚的悲劇終於發生了。軍隊荷槍實彈進入廣場進行清場。電視台鏡頭前，聽到槍聲炮火，長安街上，不斷有人以三輪車將傷者送往醫院。第二天，廣場只剩下清洗不去的血迹和震碎了的中國心。

維園的燭光年復一年地延續了三十年，如果你喜歡用其他方法悼念六四，那是你的自由，但請不要攻擊維園的燭光悼念。本是同根生，相煎何太急？如果你不敢或不願去面對這段歷史，也請你不要去破壞六四紀念館，因為這樣做並不能改變歷史。今夜，維園燭光將繼續燃點希望，是對歷史負責的希望，是對中國的希望。

二

以言入罪的悲劇

一九九八年十月，中國簽署了《公民權利和政治權利國際公約》，儘管至今中國仍未批核確認公約，以致公約仍未對中國生效，但簽署了公約已意味着中國原則上接受公約的內容。公約開宗明義指出，尊重個人尊嚴和平等是自由、公義及和平的基石，進而確認和保障每個人的基本權利。一九八二年的《中國憲法》，亦明確列出保障言論、出版、集會、結社、遊行、示威和選舉的權利。

劉曉波因草擬《零八憲章》而被判煽動顛覆國家政權罪成，入獄十一年，在差不多服刑期滿才獲准保外就醫。十年前他還是個滿腔熱血的中年書生，十年後他已是臉容憔悴，在死亡邊緣掙扎的末期肝癌病人。天地悠悠，究竟劉曉波犯了什麼錯要遭到如斯對待？

《零八憲章》就自由、人權、平等、公義、民主和憲政提出十九項主張，這些主張大約可以分為兩部分。第一部分是重申對人權的保障，包括人身自由，不受非法逮捕、拘禁或審問，廢除勞動教養制度，保障公民的自由遷徙權、結社自由、和平集會、言論、出版和學術自由、宗教和信仰自由，實行政教分家。憲章亦倡議保障財產權、改革財稅、建立社會保障體制，保護生態環境和提倡可持續發展。這些主張，無異於中國憲法內對人權的保障，亦和國際人權公約的規定相符。

憲章另一部分提出憲制改革，包括構建分權制衡的現代政府，防止行政權力過分擴張，保障司法獨立，實現軍隊國家化，警察和公務員保持政治中立，全面推行民主選舉制度。最後，也最具爭議性的，乃是通過平等談判和合作尋求海峽兩岸和解方案，在民主憲政的架構下建立中華聯邦共和國。

聯邦共和其實並非新意念，早在多年前已有人提出，甚至在中英前途談判時亦有人提出這個概念。可惜，這個主張令劉曉波賠上性命。一紙文章，竟然可以構成顛覆分裂國家政權罪，這個國家何時變得如此脆弱？

最近又有不少關於二十三條立法的言論，二十三條真正的問題其實並非關於國家安全，因為這早已有足夠法律保障，而是我們是否需要一些以言入罪的罪行。劉曉波是今天中國的悲劇，我們還要多少個劉曉波，才可以容納一些卑微的不同聲音？

二

「劉曉波案」：對中國法治的判決

劉曉波在互聯網上發表多篇文章，並起草《零八憲章》和徵集簽名，因而被判觸犯煽動顛覆國家政權罪，被判有期徒刑十一年。這宗案件在海內外引起極大迴響。三十年前魏京生因其文章而被判監十五年；三十年後，正值中國建國六十周年和改革開放三十年，劉曉波亦遭到同一命運。這篇判詞，不僅是對中國法治改革的判決，也是對中國司法質素的判決。

北京市中級人民法院對劉曉波的判詞共有八頁，當中三頁為劉曉波犯禁文章的節錄，其餘近六頁的判詞，主要列出證明劉曉波曾發表有關文章及草擬《零八憲章》，並曾徵集對《零八憲章》的簽名，對這一點劉曉波基本上並無異議，他的辯護理由是這些文章並不構成煽動顛覆國家政權罪，並屬於憲法保護的言論自由的範圍內。前者屬於刑法解釋，後者則為憲法保護，但法院對這些論點，只有一段籠統的結論，有關的判詞是這樣的：

「北京市人民檢察院第一分院指控被告人劉曉波煽動顛覆國家政權罪的事實清楚、證據確實、充分，指控罪名成立。對於被告人劉曉波在法庭審查中提出的辯解及其辯護人發表的辯護意見，經查，本案庭審查明的事實和證據，已充分證明劉曉波利用互聯網的傳媒特點，以在互聯網上發表誹謗性文章的方式，實施煽動顛覆我國國家政權和社會制度的行為，劉曉波的行為顯已超出言論自由的範疇，構成犯罪。故劉曉波的上述辯解及其辯護人發表的辯護意見均不能成立，本院不予採納。」

這種對檢控書照單全收的結論，既沒有對法例作闡釋，亦沒有解釋法例如何應用到案件的案情，判詞只有結論，沒有理據，這是中國法院判詞常見的情況，但如何從分析證據，推論法理，以達致結論，才是法治的主要的精神。

要考慮劉曉波有否觸犯煽動顛覆國家政權罪，便得先分析有關罪行的元素，中國刑法第一百零五條第二款是這樣的：

「以造謠、誹謗或其他方式煽動顛覆國家政權，推翻社會主義制度的、處五年以下有期徒刑……首要分子或者罪行重大的，處五年以上有期徒刑。」

這罪行是透過「造謠、誹謗或其他方式」煽動顛覆國家政權，「造謠」和「誹謗」皆涉及捏造事實，弄虛作假，法律上沒有對「其他方式」作進一步解釋，但一般推理，「其他方式」該與「造謠」和「誹謗」的性質相類似，是指言論的內容而非發布言論的方法。判詞強調劉曉波利用互聯網傳遞訊息，但這只是傳播的方法及其影響，而非其言論本身是否「造謠」或「誹謗」。

其次，檢控主要針對劉曉波發表的六篇文章及《零八宣言》，這檢控不是對劉曉波畢生的檢控，故筆者同意劉曉波的其他文章與此案無關。另一方面，要決定這些文章是否「造謠」，「誹謗」，「煽動他人推翻國家政權和社會主義制度」，便需對這些文章的背景和內容作深入分析。細看這些文章，法院的判詞最少有三個問題。（一）文章的那一部分屬「造謠」或「誹謗」？「造謠」和「誹謗」涉及捏造事實，但那些地方屬「捏造」？那些只屬「意見」而非「事實」？（二）法院只是抽出文章部分內容，沒有考慮整篇文章，以致出現以偏蓋全，斷章取義的情況。（三）文章那一部分屬「煽動他人推翻國家政權和社會主義制度」？終結一黨獨裁統治是否相等於推翻國家政權？鼓吹改革是否等同顛覆國家？

在劉曉波的判詞中，法院明確提到煽動的例子只有兩則，第一則是在「難道中國人只配接受『黨主民主』」一文是對中國國務院發布的《中國的民主政治建設》白皮書的回應與評論，文章的主要論點是中國長期以來任何社會的進步改革或民生的改善均是由上而下，國人普遍有一種寄望賢明君主的出現，劉曉波對國人的「奴性」作了强烈批評，並指出只有民間尊嚴在觀念上和法律上得以確立，國人的人權才會得到制度性的保障。

這篇文章並沒涉及什麼虛假事實，十三億國人無緣參與國家主席的選舉，六千八百萬黨員也與黨魁選舉無緣，控方並沒指稱這屬捏造虛構的事實。文章其他部分盡是劉曉波的個人觀點。法院判詞指「自由中國的出現，與其寄望於統治者的『新政』，遠不如寄望於民間『新力量』的不斷擴張」，構成顛覆國家政權，但這句說話後緊跟接着的是「民間尊嚴在觀念上和法律上得以確立之日，就是國人的人權得到制度性保障之時。」他認為改革應由下而上，須依靠制度而非賢君明主，這不正是中國一直鼓吹的法治嗎？文章雖然對中共政權作出抨擊，但最多也只是說改革還靠民間力量，那裏有什麼顛覆政權和社會主義的言論？

再看他「通過改變社會來改變政權」一文，便可更肯定他爭取的是一個「可以有尊嚴地活着的人性社會」，他鼓吹的是「非暴力維權運動」，並「不追求奪取政權的目標」，而是一種自下而上，靠民間的自醒來推動，逐步和平地去改變社會的改革。

第二則煽動例子，是在《零八憲章》中提出「取消一黨壟斷執政特權」，及「在民主憲政的架構下建立中華聯邦共和國」。不少論者均已指出，「中華聯邦共和國」這觀念在中共建黨之初經已提出，毛澤東、劉少奇等亦曾多次說過，「一黨專政反民主，共產黨不搞一黨專政」，這些言論又怎會構成顛覆國家政權？

判詞中列舉了一些屬造謠誹謗的說話，如「中共歷代……人的生命」這句說話出自「對黑窑童奴案的繼續追問」，這篇文章是對山西黑窑奴工案的評論，劉痛斥政府官員對山西兒童奴工案的處理草草了事，而山西童奴只是冰山一角，但為何從地方到中央都不斷層層壓止事件曝光，他認為最終這是制度不完善的問題，也是一個態度的問題，從而引申到他的結論：「胡温政權之所以如此冷血，並不是個別官員的缺少人性，而是獨裁制度本身的野蠻性質造成的。只要是獨裁制度，就永遠學不會敬重生命和維護人權……自從中共掌權以來，中共歷代獨裁者，最在乎的是手中的權力，而最不在乎的就是人的生命。如果沒有制度性變革，黑磚窰式的罪惡，非但不能連根拔掉，甚至連枝葉也掉不了幾片。」他談的是制度性的改變，說的是作者的感懷，意見不能說是誹謗，批評又怎算煽動顛覆國家政權？

判詞中的其他例子皆為「誹謗」的例子，姑勿論那些例子屬於個人意見還是捏造事實，誹謗本身並不能構成煽動罪。在這方面，法院似乎遺忘了煽動罪的組成要素。

有人認為，這判詞基本上是政治判決，用法理來分析判詞，似乎是捉錯用神。然而，這正是這判詞可悲的地方，為什麼改革三十年，法院仍只能淪為政治審判的工具？如果法律人不堅持以法理為綱領對判詞作出批判，中國的法治還有希望嗎？

二

太荒唐了：劉霞的錯！

除夕前氣溫驟降，走在街上，寒風凜冽，令人感到寒冬已至。大除夕夜，維港兩岸的璀璨燈火迎來二〇一三年。香港的除夕燈火被列為全球最佳除夕燈火匯演，這是港人值得驕傲的，也再一次印證香港人的創意。

自己素來沒興趣湊熱鬧，尤其是在人多擠逼的環境。除夕夜在家隨手翻看一些舊報紙，當中一段新聞一直令我困擾不安。「太荒唐了！」這是新聞的標題，也是劉霞令人震撼的控訴。劉曉波因為撰寫《零八憲章》被判入獄，諾貝爾和平獎未能給他帶來自由。妻子劉霞亦遭軟禁，家門前長期有公安守候，除了一星期兩次探望家人外，基本上與外界隔絕！

太荒唐了！劉霞究竟干犯何罪而需受軟禁？中國已成為全球第二大經濟體系，擁有核武和太空技術，但莽莽神州，竟容不下一名弱質女子？她唯一的「錯」，是她的丈夫提出了改革和拿到了諾貝爾和平獎，這在很多國家均屬榮譽，在中國卻要換上自由與尊嚴。這是什麼國度？這是什麼法治？除了荒唐以外，我們還能何言以對？

有人說，發展經濟便得犧牲自由人權。我不明白，發展經濟與軟禁一名弱資女子有何相干？以言入罪又如何幫助經濟發展？發展經濟為何不能有公平審訊？經濟要發展到什麼地步才可開始尊重人權自由？如果全球第二大經濟體系還不夠容下一名沒犯任何罪行的女子，這個國家的法治還有什麼希望？

領導人多番強調要推行法治，要以法治國。每次提到法治，便會搬出過往四十年訂立了多少部法例，但被問到實際運作與執行時，又會說中國法治歷時尚短，問題複雜云云。這些推搪，與軟禁劉霞又有何關係？維穩，其實就是打壓異己；要打壓異己，是因為政權交接，內鬥劇烈，最終還是政治封閉使然。沒有政治改革，貪污仍會不絕，人權自由始終只會是一種施予。

後記：二〇一七年七月劉曉波病逝，二〇一八年七月，劉霞終於獲准前往德國定居，結束長達八年的軟禁生涯。

二

法制的悲哀：「趙連海案」

「趙連海案」在港引起廣泛迴響，多名香港人大代表聯署為趙連海求情，不少與中方關係良好的人士亦直接指出這是冤獄，這是過往極少見到的例子。趙連海的孩子因長期服用有問題奶粉而受害，國內有成千上萬的兒童受影響，趙連海作為受害人的父親，希望討回公義，但竟然因此而身陷囹圄。這種是非顛倒，黑白不分的情況，怎不教人痛心疾首？

趙連海上訴期屆滿前夕，新華社罕有地發出新聞稿，指趙連海兒子早已痊癒，又指他有犯罪前科，這次串連其他人士爭取賠償是公然挑戰國家法紀。這份聲明，明顯是想抹黑趙連海，司馬昭之心，路人皆見。這份新聞稿，只會愈加突顯「趙連海案」的冤情。

首先，趙連海是由法院判刑，若要解釋這量刑是否恰當，理應由法院而非由官方媒體作出，這又再一次混淆司法與行政的關係，再一次削弱法院判刑的獨立性。

第二，新聞稿的部分內容並不見於判詞，現時突然加進了一些法院也沒考慮的因素，令人質疑究竟誰主宰判刑？如果這些因素屬實，為何當初沒有在法院提出？

第三，趙連海被判刑後一直不准與他的律師會面，甚至他的辯護律師的人身自由也受到限制。沒律師代表，他提出上訴的權利受到一定限制。即使趙連海真的犯罪，公平審訊，律師代表，提請上訴這些程序的保障為何皆遭抹殺？難道公平審訊也會危害到社會秩序和國家安全嗎？

第四，即使趙連海的兒子經已痊癒，毒奶粉案為害至鉅，至今仍有不少人仍然身受其害，未能痊癒。趙連海要求政府正視這些問題，難道這不是每個相信公義和負責任的政府需面對的嗎？當政府不能面對人民，當為政者不願聆聽忠言，當法律變成箝制忠言的工具時，中國三十多年的法治建設便可以這樣給毀於一旦，這是今天中國法制的悲哀，但願為政者三思。

二

「李旺陽案」

星期天打開報章，每份報章的標題皆是李旺陽遭匆匆火化，感覺是愕然，憤怒和悲哀。李旺陽因六四而判入獄二十一年，失明兼失聰，他日前在醫院上吊一事，疑點重重。他生前最後一天還托家人給他帶部收音機，以便他能重新訓練聽覺。一個能熬過二十年牢獄仍對明天充滿希望的人，又怎會突然自尋短見？

同房的另一病人無緣無故給調離病房，繩結難度並非一般盲人所能結的，而從照片所見，死者頸部並無明顯遭勒的痕迹。如果他並非自殺，那他又是如何喪命？解剖驗屍或可找出答案，而家人亦一直堅持驗屍，以找個水落石出。

然而，就在這敏感關頭，當局忽然匆匆將屍體火化，毀滅了最關鍵的證據。據說火化是家屬同意，但在什麼情況下家屬簽署同意書？傳媒至今仍未能聯絡到死者的家屬，簽同意書是出於自願，還是受壓下被逼同意？為何會改變主意？為何要匆匆火化？為何在火化時家屬並不在場？這些問題，令火化一事顯得欲蓋彌彰。

近年每當中國受到外界批評其人權紀錄時，其中一個回應便是中國已有大堆法例對人權作出保障。誠然，法律建設是一項長遠的工作，但空有美麗的法律條文，卻沒堅決執行法律的決心時，這些法律又有何用處？維權人士外，為何他們的家人也受牽連遭軟禁？如果這只是地方官員自把自為，那中央政府又如何取態？有法不依，執法不嚴，以權代法，這是中國目前面對最大的挑戰。

中國地大人多，人民質素參差，但這絕不是草菅人命姑息罪犯的藉口。逼害異見人士並非維穩之策。一宗李旺陽事件，便足以令中國數十年建立法治的努力付諸流水。萬里神州，竟容不下一個失明失聰的異見人士？如果中國領導人是決心推動法治，那便該下令徹查事件，嚴懲犯事者，並廣泛宣傳以收警惕之效，這方是挽回市民和國際社會對中國推行法治的信心。

二 「南海仲裁案」

二〇一六年七月，位於海牙的常設仲裁法庭就菲律賓提出關於南海的爭議作出裁決。根據《聯合國海洋法公約》，仲裁法庭裁定中國在南海提出的「九段線」並沒有法律依據，黃岩島一帶的爭議海域屬於菲律賓的經濟專屬區，以及中國在相關海域的一些活動為侵犯菲律賓的主權。中國隨即作出強硬回應，不承認也不接受仲裁結果，並同時在相關海域作大規模的軍事演習。這次事件，顯示中國在國際事務上仍欠缺成熟和處理法律問題的稚嫩。

根據《公約》，仲裁法庭有權在爭議一方缺席的情況下作出仲裁，判詞亦顯示，仲裁法庭有充分考慮中方的立場。在一般情況下，仲裁法庭的成員由爭議雙方各自挑選，中國從一開始便表明不參與仲裁，但這便放棄了挑選仲裁法庭成員的權利，成員遂由日籍庭長決定。中國作出此決定的理據似乎有三點：第一，中國不熟悉國際法，這是難以成立的。國內有不少國際法的專家，海外亦不乏專家可供聘用。第二，中國認為菲律賓此舉為一鬧劇，亦對仲裁法庭沒有信心。然而，中國是《公約》締約國之一，菲律賓是按《公約》提出仲裁，沒信心可以是因為中國沒必勝的把握，這多少反映中國缺乏司法獨立的結果。

第三，中國質疑仲裁法庭的司法管轄權，這一點絕對有爭議的空間。根據《公約》，仲裁法庭無權對主權問題作出裁定，但中國不參與仲裁，便失去陳述這論點的機會。中國恐怕出席聆訊便等同同意參與仲裁，但她其實可以表明只參與管轄權的初階爭議，保留不參與仲裁的權利，國際法上不乏這種先例。

仲裁法庭指出，《公約》對海洋區域的權利作出全面分配，並沒保留歷史性權利。其次，經濟專屬區需在相關島嶼二百海浬內，但南沙群島皆屬岩礁而非能維持穩定的人類社群的島嶼。雖然這兩點均可商榷，但中國事後只是重申其歷史性權利，沒針對這兩點作出反駁。

相反，中國的反應是訴諸武力。誠然，菲律賓並沒能力執行仲裁判決，但中國的反應只令國際社會看到中國漠視國際法，只懂強權霸道的一面，在國際聲譽方面是全盤潰敗。若中國決心成為文明大國，欲在國際舞台贏取信任，恐怕還有很多要學習的地方。

二

社會信用評級制度

最近重看喬治歐威爾（George Orwell）的名著《一九八四》，感覺竟然是有點不寒而慄。第一次看這本書應該是在大學一年級，那時候對書內所描寫的政權，感受是有點遙遠和陌生的。一個全面監控人民思想，不斷篡改歷史和不斷透過宣傳機器製造謊言的政府，好像有點不可思議。

隨着科技發展，政府監控人民的行為變得真實和逼切，由早前美國中情局前僱員史諾登披露美國政府對全球網絡進行監控，至近日面書承認容讓網絡程式披露社交媒體用戶的個人資料，均只是冰山一角。大數據的出現，令我們的日常行為在網絡世界中留下足印，或許我們並不介意披露我們的消費模式或我們在互聯網上搜尋資料的紀錄，但當這些資料被收集處理和納入一種評分制度，而這評分制度會影響我們的工作、學業或旅遊時，政府操控市民思想行為的夢魘便指日成真。

中國在二〇一八年推行社會信用評級制度，就每個公民的行為作出評分，例如每人有一千分底分，兩次欠交卡數扣五十分，網上言論詆毀他人扣一百分，參與邪教活動扣五十分，受國家級表彰則加一百分，諸如此類。信用低者，入職和升職均受限制，可能喪失資格購買房地產，被禁止購買機票或火車票，不能獲社會保障，甚至喪失政治權利和株連家人及下一代，子女不能入讀好學校等。這計劃仍在試行階段，據聞將在二〇二〇年全面實施，但據報道已有不少人的出入境自由因評分而受到影響，《一九八四》所描繪的時代終於來臨了。

三 中國的法治建設

二〇一四年十月，中共召開十八大四中全會，首次以法治作為主題，一度引起舉世的關注。中國自一九七八年改革開放以來，在經濟發展方面取得不少成果，但在法治建設方面卻總是向前走一步便往後退兩步。三十多年來，確是修訂了不少法例，但所謂有中國特色的社會主義法制亦僅止於此。「有法可依」大致上做到，但「有法必依」和「違法必究」仍相差甚遠，貪贓枉法舉目皆是，更遑論法治一些更深層次的價值！

因此，四中全會以法治為主題，曾一度引發不少對中國能真正走上法治之道的遐想。四中全會後所發放的文告，卻令人有點失望。一方面它強調黨的領導，令黨要服於法的口號變得有點軟弱無力；黨要堅決執行憲法，卻同時掌控憲法的解釋，憲法不能由法院執行，這又令人質疑所謂法治只不過是以法治國，讓執政掌權者以法律治理他人和以法律的手段去批鬥異己。

文告較實在的地方是對法院的改革，主要的方向是令法院的財政脫離地方政府，從而減低地方政府對法院的干預。強化法院的制度是可喜的改革，在不同的制度下，法院均肩負平衡政府與公民的利益的機構，若法院不能公正持平便會失去它的公信力，這是法治重要的一環，在刑事檢控或涉及政府利益的訴訟中尤為重要。

隨着法律和司法程序變得日益複雜，律師亦成為法治發展中不可或缺的一環。他們代表當事人所爭取的權益可能會觸動一些既得利益，甚至不為政府所歡迎。他們在維護當事人的利益時，可能會揭發當權者濫用權力，甚或以權謀私的情況，但這正是國家走向法治之途所必須經歷的，所謂當權者亦同樣受法律約束，正是這個意思。

近日中國政府在全國大規模拘留維權律師，有些拘留似是明顯違法的，有些甚至牽連家中幼少。隨後一些所謂招認，加上一貫的抹黑，似有強烈的強逼簽署的意味。這種打壓，不但不會令社會安定，更會將多年來努力建設的法治工作毀於一旦。黨依然凌駕於法，司法只能服膺於政治，律師不能質疑政府的決策。權力不受約制，自會滋生貪污舞弊。政令不行，綱紀敗壞，則法治危矣！

二

千秋萬世

二〇一八年，人大修改《中國憲法》，廢除國家主席只能連任兩屆的規定。當年鄧小平有感黨政不分，這將不利於國家現代化，於是規定黨主要負責思想工作，並須在憲法和法律的框架下行事，但這些在黨章內的規定，已在去年黨十九大會遭廢除。這次修憲，清楚列明黨領導一切，黨政分家至此告終。

手執權力者總想做皇帝，而且要千秋萬世，由秦始皇到共和國，這個中國夢都沒有改變，倒是西方社會對這個消息反應極為強烈。《經濟學人》近日便刊登多篇評論文章，指西方社會一直有一種想法，認為當中國富強起來時，政制亦會走向開明和民主，因此多年來他們一直支持中國的經濟改革。然而，中國現在富強起來了，政制卻愈趨專橫和獨裁。除壓制異己，嚴控網絡資訊外，更利用強大的經濟力量，向其他國家和企業施壓。文章報道，德國著名車廠因引用達賴喇嘛的說話作宣傳而遭威嚇禁止其進入中國市場，結果車廠要收回宣傳句語及道歉。文章更指出，西方希望經濟改革可令中國走向開放和民主改革這場賭博，將隨中國的修憲而徹底失敗。隨着商界在中國面對日益增加的政治干預和不公平對待，西方的商界對中國的支持也明顯變得較冷淡。

一些愛國人士可能會認為這只是另一次西方媒體對中國的抹黑，自己接觸所及，這一年來西方社會確實對中國的態度出現了明顯的變化，美國對中國的態度更是跨黨派的共識，不少曾經支持中國的西方學者和政客也對中國的發展感到失望，經濟富強卻贏不到國際社會的尊重。諉說這是抹黑，倒不如認真反省。

搖旗吶喊

最近和一位中國學者閒談，他慨嘆在中國做學者難，做研究憲法的學者更難，因憲法研究的課題涵蓋政府與人民的關係；憲制的理念、設計和實際運作，這些問題往往涉及政治敏感的議題。當年鄧小平提出黨政分家，領導人任期受限制，以及不搞個人崇拜，不少學者當時均認同這是中國政制現代化重要的一步，不少學者紛紛研究權力制衡等議題。事隔三十多年，當年熱烈擁抱鄧小平主張的人士，今天不少仍坐在人民大會堂內，只是他們以同樣的熱情，否定當年他們曾經擁抱的信念！當然，識時務的俊傑，古今中外，比比皆是，但在中國，當黨領導一切的時候，學者不能做一些政治不正確的研究，否則輕則遭削減研究經費，重則教席不保，甚至付上人身自由。國內的大學有七不講：憲制、民主、人權、法治通通不能公開講。他寄語香港人，要好好珍惜僅餘的自由和法治。在形勢比人強的情況下，無力感是無可避免的，但知識分子最少可以不去為政權搖旗吶喊，不去作政治獻媚！

曾幾何時，香港也開始有些不能講的議題，假若港府不是自尋煩惱作高調譴責，相信大部分人都不會知道戴耀廷在台灣講了什麼。儘管我並不認同戴耀廷的莽撞，但我看不到他在台灣的言論有觸犯任何刑事罪行，更遑論除去教席的理據。我更看不到為何維護國家安全便得以言入罪。文革十年，不少知識分子因其思想言論被折騰至死，難道我們真的這樣善忘嗎？

正道·法治——寫在黎明之前

作者：陳文敏
責任編輯：周詩韵、薛綺華
封面設計：陳靖欣
內頁設計：簡雋盈
出版：明報出版社有限公司
發行：明報出版社有限公司
香港柴灣嘉業街 18 號
明報工業中心 A 座 15 樓
電話：2595 3215
傳真：2898 2646
網址：https://books.mingpao.com/
電子郵箱：mpp@mingpao.com
版次：二〇二〇年一月初版
二〇二〇年六月第二版
二〇二〇年九月第三版
ISBN：978-988-8526-31-4
承印：美雅印刷製本有限公司